元 脱脱等撰

宋史

第五册

卷六一至卷七三（志）

中華書局

宋史卷六十一

志第十四

五行一上

水上

天以陰陽五行化生萬物，盈天地之間，無非五行之妙用。人得陰陽五行之氣以爲形，形生神知而五性動，五性動而萬事出，萬事出而休咎生。和氣致祥，乖氣致異，莫不於五行見之。中庸：「至誠之道，可以前知。國家將興，必有禎祥；國家將亡，必有妖孽。見乎蓍龜，動乎四體。禍福將至，善必先知之，不善必先知之。」人之一身，動作威儀，猶見休咎，人君以天地萬物爲體，禎祥妖孽之致，豈無所本乎？故由漢以來，作史者皆志五行，所以示人君之戒深矣。自宋儒周惇頤太極圖說行世，儒者之言五行，原於理而究於誠；其於洪範五行五事之學，雖非所取，然班固、范曄志五行已推本之，及歐陽脩唐志，亦采其說，且於庶徵惟述災眚，而休祥闕焉，亦豈無所見歟？

舊史自太祖而嘉禾、瑞麥、甘露、醴泉、芝草之屬，不絕於書，意者諸福畢至，在治世爲宜。祥符、宣和之代，人君方務以符瑞文飾一時，而丁謂、蔡京之姦，相與傅會而爲欺，其應果安在哉？高宗渡南，心知其非，故宋史自建炎而後，郡縣絕無以符瑞聞者，而水旱、札瘥一切咎徵，前史所罕見，皆屢書而無隱。於是六主百五十年，兢兢自保，足以圖存。易震之彖曰：「震來虩虩，恐致福也。」人君致福之道，有大於恐懼修省者乎？昔禹致羣臣於會稽，黃龍負舟，而執玉帛者萬國。孔甲好鬼神，二龍降自天，而諸侯相繼畔夏。桑穀共生于朝，雉升鼎耳而雊，而大戊、武丁復修成湯之政。穆王得白狼、白鹿，而文、武之業衰焉。徐偃得朱弓矢，宋湣有雀生鸇，二國以霸，亦以之亡。大概徵之休咎，猶卦之吉凶，占者有德以勝之則凶可爲吉，無德以當之則吉乃爲凶。故德足勝妖，則妖不足慮；匪德致瑞，則物之反常者皆足爲妖。妖不自作，人實興之哉！今因先後史氏所紀休咎之徵，彙而輯之，作五行志。

潤下，水之性也。水失其性，則爲災沴。舊說以恆寒、鼓妖、魚孽、豕禍、雷電、霜雪、雨雹、黑眚、黑祥皆屬之水，今從之。醴泉、河淸雖爲瑞應，苟非其時，未必不爲異，故雜附于編。他如甘露、嘉禾、芝草一切祥瑞之物，見于後者，因其事而考其時，則休咎自見，故亦各以類相從云。

建隆元年十月，棣州河決，壞厭次、商河二縣居民廬舍、田疇。二年，宋州汴河溢。孟州壞堤。襄州漢水漲溢數丈。四年八月，齊州河決。九月，徐州水損田。

乾德二年四月，廣陵、揚子等縣潮水害民田。七月，泰山水，壞民廬舍數百區，牛畜死者甚衆。三年二月，全州大雨水。七月，蘄州大雨水，壞民廬舍。開封府河決，溢陽武。河中府、孟州並河水漲，孟州壞中潬軍營、民舍數百區。河壞隄岸石，又溢于鄆州，壞民田。泰州潮水損鹽城縣民田。淄州、濟州並河溢，害鄒平、高苑縣民田。四年，東阿縣河溢，損民田。觀城縣河決，壞居民廬舍，注大名。又靈河縣隄壞，水東注衞南縣境及南華縣城。七月，滎澤縣河南北隄壞。八月，宿州汴水溢，壞堤。淄州淸河水溢，壞高苑縣城，溺數百家及鄒平縣田舍。泗州淮溢。衡州大雨水月餘。五年，衞州河溢，毀州城，沒溺者甚衆。

開寶元年六月，州府二十三大雨水，江河汎溢，壞民田、廬舍。七月，泰州潮水害稼。

八月，集州霖雨河漲，壞民廬舍及城壁、公署。二年七月，下邑縣河決。是歲，青、蔡、宿、淄、宋諸州水，眞定、澶滑博洛齊潁蔡陳亳宿許州水，害秋苗。三年，鄭、澶、鄆、淄、濟、虢、蔡、解、徐、岳州水災，害民田。四年六月，汴水決宋州穀熟縣濟陽鎭。又鄆州河及汶、清河皆溢，注東阿縣及陳空鎭，壞倉庫、民舍。鄭州河決原武縣。蔡州淮及白露、舒、汝、廬、潁五水並漲，壞廬舍、民田。七月，青、齊州水傷田。五年，河決澶州濮陽。絳、和、廬、壽諸州大水。六月，河又決開封府陽武縣之小劉村。宋州、鄭州並汴水決。忠州江水漲二百尺。六年，鄆州河決楊劉口。懷州河決獲嘉縣。潁州〔一〕淮、淠水溢，渰民舍、田疇甚衆。七月，歷亭縣御河決。單州、濮州並大雨水，壞州廨、倉庫、軍營、民舍。是秋，大名府、宋亳淄青汝澶滑諸州並水傷田。七年四月，衞、亳州水。泗州淮水暴漲入城，壞民舍五百家。安陽縣河漲，壞居民廬舍百區。八年五月，京師大雨水。濮州河決郭龍村。六月，澶州河決頓丘縣。沂州大雨，水入城，壞居舍、田苗。九年三月，京師大雨水。淄州水害田。

太平興國二年六月，孟州河溢，壞温縣堤七十餘步，鄭州壞榮澤縣寧王村堤三十餘步；又漲于澶州，壞英公村堤三十步。開封府汴水溢，壞大寧堤，浸害民田。忠州江漲二十五丈。興州江漲，毀棧道四百餘間。管城縣焦肇水暴漲，踰京水。濮州大水，害民田凡五千七百四十三頃。潁州潁水漲，壞城門、軍營、民舍。七月，復州蜀、漢江漲，壞城及民田、廬舍。集州江漲，汎嘉川縣。三年五月，懷州河決獲嘉縣北注。又汴水決宋州寧陵縣境。六月，泗州淮漲入南城，汴水又漲一丈，塞州北門。十月，滑州靈河已塞復決。四年三月，河南府洛水漲七尺〔二〕，壞民舍。泰州雨水害稼。宋州河決宋城縣。衞州河決汲縣，壞新場堤。八月，梓州江漲，壞閣道、營舍。九月，澶州河漲。鄆州清、汶二水漲，壞東阿縣民田〔三〕。復州沔陽縣湖鼎漲，壞民舍、田稼。五年五月，潁州潁水溢，壞堤及民舍。徐州白溝河溢入州城。七月，復州江水漲，毀民舍，堤塘皆壞。六年，河中府河漲，陷連堤，溢入城，壞軍營七所、民舍百餘區。鄜、延、寧州並三河水漲，溢入州城：鄜州壞軍營，建武指揮使李海及老幼六十三人溺死；延州壞倉庫、軍民廬舍千六百區；寧州壞州城五百餘步，諸軍營、軍民舍五百二十區。七年三月，京兆府渭水漲，壞浮梁，溺死五十四人。四月，耀、密、博、衞、常、潤諸州水害稼。六月，均州涓水、均水、漢江並漲，壞民舍，人畜死者甚衆。又河決臨邑縣。漢陽軍江水漲五丈。七月，大名府御河漲，壞范濟口〔四〕。南劍州江水漲，壞居民舍一百四十餘區。京兆府咸陽渭水漲，壞浮梁，工人溺死五十四人。九月，梧州江水漲三丈，入城，壞倉庫及民舍。十月，河決懷州武陟縣，害民田。八年五月，河大決滑州房村，徑澶、濮、曹、濟諸州，浸民田，壞居民廬舍，東南流入淮。六月，陝州河漲，壞浮梁；又永定澗水漲，壞民舍、軍營千餘區。河南府澍雨，洛水漲五丈餘，壞鞏縣官署、軍營、民舍殆盡。又壞穀、洛、伊、瀍四水暴漲，壞京城官署、軍營、寺觀、祠廟、民舍萬餘區，溺死者以萬計。又壞河清縣豐饒務倉庫、軍營、民舍百餘區。雄州易水漲，壞民廬舍。鄜州河水漲，溢入城，壞官寺、民舍四百餘區。荆門軍長林縣山水暴漲，壞民舍五十一區，溺死五十六人。八月，徐州清河漲丈七尺，溢出，塞州三面門以禦之。九月，宿州睢水漲，汎民舍六十里。是夏及秋，開封、浚儀、酸棗、陽武、封丘、長垣、中牟、尉氏、襄邑、雍丘等縣河水害民田。九年七月，嘉州江水暴漲，壞官署、民舍，溺者千餘人。八月，延州南北兩河漲，溢入東西兩城，壞官寺、民舍。淄州霖雨，孝婦河漲溢，壞官寺、民田。孟州河漲，壞浮梁，損民田。雅州江水漲九丈，壞民廬舍。新州江漲，入南砦，壞軍營。

雍熙二年七月，朗江溢，害稼。八月，瀛、莫州大水，損民田。三年六月，壽州大水。

端拱元年二月，博州水害民田。五月，英州江水漲五丈，壞民田及廬舍數百區。七月，磁州滏、漳二水漲。

淳化元年六月，吉州大雨，江漲，漂壞民田、廬舍。黄梅縣堀口湖水漲，壞民田、廬舍皆盡，江水漲二丈八尺。洪州漲壞州城三十堵、民廬舍二千餘區，漂二千餘戶。孟州河漲。二年四月，京兆府河漲，陝州河漲，壞大堤及五龍祠。六月乙酉，汴水溢于浚儀縣〔五〕，壞連堤，浸民田；上親臨視，督衞士塞之。辛卯，又決于宋城縣。博州大霖雨，河漲，壞民廬舍八百七十區。亳州河溢，東流汎民田、廬舍。七月，齊州明水漲，壞黎濟砦城百餘堵。許州沙河溢。雄州塘水溢，害民田殆盡。嘉州江漲，溢入州城，毀民舍。復州蜀、漢二江水漲，壞民田、廬舍。泗州招信縣大雨，山河漲，漂浸民田、廬舍，死者二十一人。八月，藤州江水漲十餘丈，入州城，壞官署、民田。九月，邛州蒲江等縣山水暴漲，壞民舍七十區，死者七十九人。是秋，荆湖北路江水注溢，浸田畝甚衆。三年七月，河南府洛水漲，壞七里、鎭國二橋；又山水暴漲，壞豐饒務官舍、民廬，死者二百四十人。十月，上津縣大雨，河水溢，壞民舍，溺者三十七人。四年六月，隴城縣大雨，牛頭河漲二十丈，沒溺居人、廬舍。九月，澶州河漲，衝陷北城，壞居人廬舍、官署、倉庫殆盡，民溺死者甚衆。梓州玄武縣涪河漲二丈五尺，壅下流入州城，壞官私廬舍萬餘區，溺死者甚衆。十月，澶州河決，水西北流入御河，浸大名府城，知府趙昌言壅城門禦之。

至道元年四月甲辰，京師大雨雷電，道上水數尺。五月，虔州江水漲二丈九尺，壞城，流入深八尺，毀城門。二年六月，河南瀍、澗、洛三水漲，壞鎭國橋。七月，建州溪水漲，溢入州城，壞倉庫、民舍萬餘區。鄆州河漲，壞連堤四處。宋州汴河決穀熟縣。閏七月，陜州河漲。是月，廣南諸州並大雨水。

咸平元年七月，侍禁、閤門祗候王壽永使彭州回，至鳳翔府境，山水暴漲，家屬八人溺死。齊州淸、黃河泛溢，壞田廬。二年十月，漳州山水泛溢，壞民舍千餘區，民黃拏等十家溺死。三年三月，梓州江水漲，壞民田。五月，河決鄆州王陵埽。七月，洋州漢水溢，民有溺死者。四年七月，同州洿谷水溢夏陽縣，溺死者數十人。五年二月，雄霸瀛莫深滄諸州、乾寧軍水，壞民田。六月，京師大雨，漂壞廬舍，民有壓死者；積潦浸道路，自朱雀門東抵宣化門尤甚，皆注惠民河，河復漲，溢軍營。

景德元年九月，宋州汴水決，浸民田，壞廬舍。河決澶州横隴埽。二年六月，寧州山水泛溢，壞民舍、軍營，多溺死者。三年七月，應天府汴水決，南注亳州，合浪宕渠東入于淮。八月，青州山水壞石橋。四年六月，鄭州索水漲，高四丈許，漂滎陽縣居民四十二戶，有溺死者。鄧州江水暴漲。南劍州山水泛溢，漂溺居人。七月，河溢澶州，壞王八埽。八月，横州江漲，壞營舍。

大中祥符元年六月，開封府尉氏縣惠民河決。二年七月，徐、濟、青、淄大水。八月，鳳州大水，漂溺民居。十月，京畿惠民河決，壞民田。三年六月，吉州、臨江軍並江水泛溢，害民田。九月，河決河中府白浮梁村。四年七月，洪、江、筠、袁州江漲，害民田，壞州城。八月，河決通利軍，大名府御河溢，合流壞府城，害田，人多溺死。九月，河溢于孟州溫縣。蘇州吳江汎溢，壞廬舍。十一月，楚、泰州潮水害田，人多溺者。五年正月，河決棣州聶家口。七月，慶州淮安鎭山水暴漲〔六〕，漂溺居民。六年六月，保安軍積雨河溢，浸城壘，壞廬舍，判官趙震溺死，又兵民溺死凡六百五十人。七年六月，泗州水害民田。河南府洛水漲。秦州定西砦有溺死者。八月，河決澶州。十月，濱州河溢于安定鎭〔七〕。八年七月，坊州大雨河溢，民有溺死者。九年六月，秦州獨孤谷水壞長道縣鹽官鎭城橋及官廨、民舍二百九十五區，溺死六十七人。七月，延州洎定平、安遠、塞門、栲栳四砦〔八〕山水泛溢，壞堤、城。九月，雄、霸州界河泛溢。利州水漂棧閣萬二千八百間。

天禧三年六月，河決滑州城西南，漂沒公私廬舍，死者甚衆，歷澶州、濮、鄆、濟、單至徐州，與清河合，浸城壁，不沒者四板。明年既塞，六月，復決于西北隅。

乾興元年正月，秀州水災，民多艱食。十月己酉夜，滄州鹽山、無棣二縣海潮溢，壞公私廬舍，溺死者甚衆。是歲，京東、淮南路水災。

天聖初，徐州仍歲水災。三年十一月辛卯，襄州漢水壞民田。四年六月丁亥，劍州、邵武軍大水，壞官私廬舍七千九百餘區，溺死者百五十餘人。是月，河南府、鄭州大水。十月乙酉，京山縣山水暴漲，漂死者衆，縣令唐用之溺焉。是歲，汴水溢，決陳留堤，又決京城西賈陂入護龍河，以殺其勢。五年三月，襄、潁、許、汝等州水。七月辛丑，泰州鹽官鎭大水，民多溺死。六年七月壬子，江寧府、揚眞潤三州江水溢，壞官私廬舍。是月，雄、霸州大水。八月甲戌，臨潼縣山水暴漲，民溺死者甚衆。是月，河決楚王埽。七年六月，河北大水，壞澶州浮橋。

明道元年四月壬子，大名府冠氏等八縣水浸民田。

景祐元年閏六月甲子，泗州淮、汴溢。七月，澶州河決橫隴埽。八月庚午，洪州分寧縣山水暴發，漂溺居民二百餘家，死者三百七十餘口。三年六月，虔、吉諸州久雨，江溢，壞城廬，人多溺死。四年六月乙亥，杭州大風雨，江潮溢岸，高六尺，壞堤千餘丈。八月甲戌，越州大水，漂溺居民。

寶元元年，建州自正月雨，至四月不止，谿水大漲，入州城，壞民廬舍，溺死者甚衆。

康定元年九月甲寅，滑州大河泛溢，壞民廬舍。

慶曆元年三月，汴流不通。八年六月乙亥，河決澶州商胡埽。是月，恆雨。七月癸丑，衞州大雨水，諸軍走避，數日絕食。是歲，河北大水。

皇祐元年二月甲戌，河北黃、御二河決，並注于乾寧軍。河朔頻年水災。二年，鎭定復大水，並邊尤被其害。三年七月辛酉，河決館陶縣郭固口。八月，汴河絕流。四年八月，鄜州大水，壞軍民廬舍。

嘉祐二年六月，開封府界及京東西、河北水潦害民田。自五月大雨不止，水冒安上門，門關折，壞官私廬舍數萬區，城中繫栰渡人。七月，京東西、荆湖北路水災。淮水自夏秋暴漲，環浸泗州城。是歲，諸路江河決溢，河北尤甚，民多流亡。三年七月，京、索、廣濟河溢，浸民田。五年七月，蘇、湖二州水災。六年七月乙酉，泗州淮水溢。七年六月，代州大雨，山水暴入城。七月，竇州山水壞城。河決北京第五埽。

治平元年，慶許蔡潁唐泗濠楚廬壽杭宣鄂洪施渝州、光化軍水。九月，陳州水災。二年八月庚寅，京師大雨〔九〕，地上涌水，壞官私廬舍，漂人民畜產不可勝數。是日，御崇政殿，宰相而下朝參者十數人而已。詔開西華門以洩宮中積水，水奔激，殿侍班屋皆摧沒，人畜多溺死，官爲葬祭其無主者千五百八十人。

熙寧元年秋，霸州山水漲溢，保定軍大水，害稼，壞官私廬舍、城壁，漂溺居民。河決恩、冀州，漂溺居民。二年八月，河決滄州饒安，漂溺居民，移縣治於張爲村。泉州大風雨，水與潮相衝泛溢，損田稼，漂官私廬舍。四年八月，金州大水，毀城，壞官私廬舍。七年六月，熙州大雨，洮河泛溢。八年四月，潭、衡、邵、道諸州江水溢，壞官私廬舍。九年七月，太原府汾河夏秋霖雨，水大漲。十月，海陽、潮陽二縣海潮溢，壞廬舍，溺居民。十年七月，河決曹村下埽，澶淵絕流，河南徙，又東匯于梁山、張澤濼，凡壞郡縣四十五，官亭、民舍數萬，田三十萬頃。洺州漳河決，注城。大雨水，二丈河、陽河水湍漲，壞南倉，溺居民。滄、衞霖雨不止，河濼暴漲，敗廬舍，損田苗。

元豐元年，章丘河水溢，壞公私廬舍、城壁，漂溺民居。舒州山水暴漲，浸官私廬舍，損田稼，溺居民。四年四月，澶州臨河縣小吳河溢北流，漂溺居民。五月，淮水泛漲。五年秋，陽武、原武二縣河決，壞田廬。七年六月，靑田縣大水，損田稼。七月，河北東、西路水。北京館陶水，河溢入府城，壞官私廬舍。八月，趙、邢、洺、磁、相諸州河水汎溢，壞城郭、軍營。是年，相州漳河決，溺臨漳縣居民。懷州黃、沁河泛溢，大雨水，損稼，壞廬舍、城壁。磁州諸縣鎭，夏秋漳、滏河水泛溢。臨漳縣斛律口決，壞官私廬舍，傷田稼，損居民。

元祐四年，夏秋霖雨，河流泛漲。八年，自四月雨至八月，晝夜不息，畿內、京東西、淮南、河北諸路大水。詔開京師宮觀五日，所在州令長吏祈禱，宰臣呂大防等待罪。

紹聖元年七月，京畿久雨，曹、濮、陳、蔡諸州水，害稼。

元符元年，河北、京東等路大水。二年六月，久雨，陝西、京西、河北大水，河溢，漂人民，壞廬舍。是歲，兩浙蘇、湖、秀等州尤罹水患。

大觀元年夏，京畿大水。詔工部都水監疏導，至于八角鎭。河北、京西河溢，漂溺民戶。十月，蘇、湖水災。二年秋，黃河決，陷沒邢州鉅鹿縣。三年七月，階州久雨，江溢。四年夏，鄧州大水，漂沒順陽縣。

政和五年六月，江寧府〔一〇〕、太平宣州水災。八月，蘇、湖、常、秀諸郡水災。七年，瀛、滄州河決，滄州城不沒者三版，民死者百餘萬。

重和元年夏，江、淮、荆、浙諸路大水，民流移、溺者衆，分遣使者振濟。發運使任諒坐不奏泗州壞官私廬舍等勒停。

宣和元年五月，大雨，水驟高十餘丈，犯都城，自西北牟駝岡連萬勝門外馬監，居民盡沒。前數日，城中井皆渾，宣和殿後井水溢，蓋水信也。至是，詔都水使者決西城索河堤殺其勢，城南居民冢墓俱被浸，遂壞藉田親耕之稼。水至溢猛，直冒安上、南薰門，城守凡半月。已而入汴，汴渠將溢，於是募人決下流，由城北入五丈河，下通梁山濼，乃平。十一月，東南州縣水災。四年十二月戊戌，詔：「訪聞德州有京東、西來流民不少，本州振濟有方，令保奏推恩。餘路遇有流移，不即存恤，按劾以聞。」六年秋，京畿恆雨。河北、京東、兩浙水災，民多流移。

建炎二年春，東南郡國水。

紹興二年閏月，徽、嚴州水，害稼。三年七月丙子，泉州水三日，壞城郭、廬舍。五年秋，西川郡國水。六年冬，饒州雨水壞城四百餘丈。十四年五月丙寅，婺州水。乙丑，蘭溪縣水侵縣市，丙寅中夜，水暴至，死者萬餘人。十六年，潼川府東、南江溢，水入城，浸民廬。十八年八月，紹興府、明婺州水。二十二年，淮甸水。二十三年，金堂縣大水。潼川府江溢，浸城內外民廬。宣州大水，其流泛溢至太平州。七月，光澤縣大雨，溪流暴湧，平地高十餘丈，人避不及者皆溺，半時卽平。二十七年，鎭江建康紹興府、眞太平池江洪鄂州漢陽軍大水。二十八年六月丙申，興、利二州及大安軍大雨水，流民廬，壞橋棧，死者甚衆。九月，江東、淮南數郡水。浙東、西沿江海郡縣大風水，平江紹興府、湖常秀潤爲甚。二十九年七月戊戌，福州水入城，閩、候官、懷安三縣壞田廬，官吏不以聞，憲臣樊光遠坐黜。三十年五月辛卯夜，於潛、臨安、安吉三縣山水暴出，壞民廬、田桑，溺死者甚衆。三十一年八月，建始縣大水，流民廬，死者甚衆。三十二年四月，淮溢數百里，漂民田廬，死者尤衆。六月，浙西郡縣山涌暴水，漂民舍，壞田覆舟。

隆興元年八月，浙東、西州縣大風水，紹興平江府、湖州及崇德縣爲甚。二年七月，平江鎭江建康寧國府、湖常秀池太平廬和光州、江陰廣德壽春無爲軍、淮東郡皆大水，浸城郭，壞廬舍、圩田、軍壘，操舟行市者累日，人溺死甚衆。越月，積陰苦雨，水患益甚，淮東有流民。

乾道元年六月，常、湖州水壞圩田。二年八月丁亥，温州大風，海溢，漂民廬、鹽場、龍朔寺，覆舟溺死二萬餘人，江濱胔骼尙七千餘。三年六月，廬、舒、蘄州水，壞苗稼，漂人畜。七月己酉，臨安府天目山湧暴水，決臨安縣五鄉民廬二百八十餘家，人多溺死。八月，湖秀州、上虞縣水，壞民田廬。時積潦至于九月，禾稼皆腐。江東山水溢，江西諸郡水，隆興府四縣爲甚。四年七月壬戌，衢州大水，敗城三百餘丈，漂民廬、孳牧，壞禾稼。諸暨縣大水害稼。江寧、建康府水。是歲，饒、信亦水。五年七月丁巳，建寧府瑞應場大漈、山棗等山暴水湧出，漂民廬，溺死甚衆。是歲夏秋，温、台州凡三大風，水漂民廬，壞田稼，人畜溺死者甚衆，黄巖縣爲甚，郡守王之望、陳巖肖不以聞，皆黜削。六年五月，平江建康寧國府、温湖秀太平州、廣德軍及江西郡大水，江東城市有深丈餘者，漂民廬，湮田稼，潰圩隄，人多流徙。八年五月，贛州、南安軍山水暴出，及隆興府、吉筠州、臨江軍皆大雨水，漂民廬，壞城郭，潰田害稼。六月壬寅，四川郡縣大雨水，嘉眉邛蜀州、永康軍及金堂縣尤甚，漂民廬，決田畝。九年五月戊午，建康隆興府、嚴吉饒信池太平州、廣德軍水，漂民居，壞圩湮田，分水縣沙塞四百餘畝，采石流民多渡江。六月，湖北郡縣水。

淳熙元年七月壬寅、癸卯，錢塘大風濤，決臨安府江隄一千六百六十餘丈，漂居民六百三十餘家，仁和縣瀕江二鄉壞田圃。三年八月辛巳，台州大風雨，至于壬午，海濤、溪流合激爲大水，決江岸，壞民廬，溺死者甚衆。癸未，行都大雨水，壞德勝、江漲、北新三橋及錢塘、餘杭、仁和縣田，流入湖、秀州，害稼。浙東西、江東郡縣多水，婺州、會稽嵊廣德軍建平三縣尤甚。四年五月庚子，建寧府、福南劍州大雨水，至于壬寅，漂民廬數千家。己亥夜，錢塘江濤大溢，敗臨安府隄八十餘丈；庚子，又敗隄百餘丈。明州瀕海大風，海濤敗定海縣隄二千五百餘丈、鄞縣隄五千一百餘丈，漂沒民田。九月丁酉、戊戌，大風雨駕海濤，敗錢塘縣隄三百餘丈；餘姚縣溺死四十餘人，敗隄二千五百六十餘丈；敗上虞縣隄及梁湖堰及運河岸；定海縣敗隄二千五百餘丈；鄞縣敗隄五千一百餘丈。五年六月戊辰，古田縣大水，漂民廬，圮縣治市橋。閏月己亥，階州水，壞城郭。乙巳，興化軍及福清縣及海口鎮大水，漂民廬、官舍、倉庫，溺死者甚衆。六年夏，衢州水。秋，寧國府、温台湖秀太平州水，壞圩田，樂清縣溺死者百餘人。七年五月戊戌，分宜縣大水，決田害稼。八年五月壬辰，嚴州大水，漂浸民居萬九千五百四十餘家、壘舍六百八十餘區。紹興府大水，五縣漂浸民居八萬三千餘家，田稼盡腐；漁浦敗隄五百餘丈，新林敗隄通運河。是歲，徽、江二州亦水。十年五月辛巳，信州大水入城，沈廬舍、市井。襄陽府大水，漂民廬，蓋藏爲空。江東、浙東數郡亦水。八月辛酉，雷州大風激海濤，沒瀕海民舍，死者甚衆。九月乙丑，福漳州〔三〕大風雨，水暴至，長溪、寧德縣瀕海聚落、廬舍、人舟皆漂入海，漳城半沒，浸八百九十餘家。丁卯，吉州龍泉縣大水，漂民廬，壞田畝，溺死者衆。十一年四月，和州水，湮民廬，壞圩田。五月丙申，階州白江水溢，決隄圮城，浸民廬、壘舍、祠廟、寺觀甚多。建康府、太平州水。

六月甲申，處州龍泉縣大雨，水浸民舍，壞杠梁，匯田害稼。七月壬辰，明州大風雨，山水暴出，浸民市，圮民廬，覆舟殺人。十二年六月，婺州及富陽縣皆水，浸民廬，害田稼。八月戊寅，安吉縣暴水發棗園村，漂廬舍、寺觀，壞田稼殆盡，溺死千餘人，郡守劉藻不以聞，坐黜。是歲，鄂州自夏徂冬，水浸民廬。九月，台州水。十四年三月辛未，汀州水，漂百餘家、軍壘六十餘區。十五年五月，淮甸大雨水，淮水溢，廬濠楚州、無爲安豐高郵盱眙軍皆漂廬舍、田稼，廬州城圮。荆江溢，鄂州大水，漂軍民壘舍三千餘。江陵常德德安府、復岳澧州、漢陽軍水。戊午，祁門縣羣山暴漲爲大水，漂田禾、廬舍、冢墓、桑麻、人畜什六七，浮胔甚衆，餘害及浮梁縣。六月，建寧隆興府、袁撫州、臨江軍水圮民廬。七月，黄巖縣水敗田瀦。番易湖溢番易縣，漂民舍、田稼，有流徙者。十六年四月甲戌，紹興府新昌縣山水暴作，害稼湮田，漂民廬。五月丙辰，沅、靖州山水暴溢至辰州，常德府城没一丈五尺，漂民廬舍。汀州大水，浸民廬千五百餘家，溺死三千人。分宜縣水。丁巳，階州白江水溢，浸城市民廬。六月庚寅，鎮江府大雨水五日，浸軍民壘舍三千餘。辛卯，潼川府東南二江溢，決隄，毁橋，浸民廬，涪城、中江、射洪、通泉、郪縣沒田廬。

紹熙二年三月，寧化縣連水漂廬舍、田畝，溺死二十餘人。五月戊申，建寧州水。己酉，福州水，浸附郭民廬，懷安、候官縣漂千三百餘家，古田、閩清縣亦壞田廬。庚午，利州東江溢，壞隄、田、廬舍。辛未，潼川府東、南江溢；六月戊寅，又溢，再壞隄橋，水入城，沒廬舍七百四十餘家，鄜、涪、射洪、通泉縣匯田爲江者千餘畝。七月癸亥，嘉陵江暴溢，興州圮城門、郡獄、官舍凡十七所，漂民居三千四百九十餘，潼川崇慶府、緜果合金龍漢州、懷安石泉大安軍、魚關皆水。時上流西蕃界古松州江水暴溢，龍州敗橋閣五百餘區，江油縣溺死者衆。三年五月壬辰，常德府大雨水，浸民田廬。乙未，潼川府東、南江溢，後六日又溢，浸城外民廬，人徙於山。己亥，池州大雨水連夕，青陽縣山水暴湧，漂田廬殺人，蓋藏無遺；貴池縣亦水。庚子，涇縣大雨水，敗隄，圮縣治、廬舍。六月辛丑，建平縣水，敗隄入城，漂浸民廬。甲戌，祁門縣水。七月壬申，天台、仙居縣大水連夕，漂浸民居五百六十餘，壞田傷稼。襄陽、江陵府大雨水，漢江溢，敗隄防，圮民廬、沒田稼者逾旬；復州、荆門軍水，亦如之。鎭江府三縣水，損下地之稼。四年四月，上高縣水，浸二百餘家。五月壬申、癸酉，奉新縣大雷雨水，漂浸八百二十餘家。五月辛未、丙子，鎭江府大雨水，浸營壘六千餘區。戊寅，安豐軍大水，平地三丈餘，漂田廬，絲麥皆空。是月，諸暨、蕭山、宣城、寧國縣大水，壞田稼。廣德軍屬縣水害稼。筠州水浸民廬。戊寅，進賢縣水，圮百二十餘家。六月丙申，興國軍水，池口鎭及大冶縣漂民廬，有溺死者。戊戌，靖安縣水，漂三百二十餘家。是夏，江贛州、江陵府亦水。七月乙酉，豐城縣水，壬午，臨江軍水，皆圮民廬。丁亥，新淦縣漂浸二千三百餘家。八月辛丑，隆興府水，圮千二百七十餘家。吉州水，漂浸民廬及泰和縣官舍。自夏及秋，江西九州三十七縣皆水。是歲，興化軍大風激海濤，漂沒田廬尤多。五年五月辛未，石埭、貴池、涇縣皆水，圮民廬，溺死者衆。是月，泰州大水。七月壬申，慈溪縣水，漂民廬，決田害稼，人多溺死。乙亥，會稽、山陰、蕭山、餘姚、上虞縣大風駕海濤，壞隄，傷田稼。八月辛丑，錢塘、臨安、新城、富陽、於潛縣大雨水，餘杭縣尤甚，漂沒田廬，死者無算。安吉縣水，平地丈餘。平江鎭江寧國府、明台温嚴常州、江陰軍皆水。是秋，武陵縣江溢，圮田廬甚衆。

慶元元年六月壬申，台州及屬縣大風雨，山洪、海濤並作，漂沒田廬無算，死者蔽川，漂沉旬日；至于七月甲寅，黃巖縣水尤甚。常平使者莫漳以緩於振恤坐免。七月，臨安府水。二年秋，浙東郡國大水。三年九月，紹興府屬縣二、婺州屬縣二，水害稼。五年秋，台、温、衢、婺水，漂民廬，人多溺死，衢守張經以匿災慳振坐黜。六年五月，建寧府、嚴衢婺饒信徽南劍州及江西郡縣皆大水，自庚午至于甲戌，漂民廬，害稼。

嘉泰二年七月丙午，上杭縣水，圮田廬，壞稼，民多溺死。建安縣漂軍民廬舍百二十餘，山摧，覆民廬七十七家，溺壓死者六十餘。丁未，長溪縣漂民廬二百八十餘家。古田縣漂官舍、民廬甚衆，溺死者二百七十。劍浦縣圮三百五十餘家，死者亦衆。三年四月，江南郡邑水害稼。

開禧元年九月丙戌，漢、淮水溢，荆襄、淮東郡國水，楚州、盱眙軍爲甚，圮民廬，害稼。二年五月庚寅，東陽縣大水，山千七百三十餘所同夕崩洪，漂聚落五百四十餘所，湮田二萬餘畝，溺死者甚衆。 三年，江、浙、淮郡邑水，鄂州、漢陽軍尤甚。

嘉定二年五月己亥，連州大水，敗城郭百餘丈，沒官舍、郡庠、民廬，壞田畝聚落甚多。六月辛酉，西和州水，沒長道縣治、倉庫。 丙子，昭化縣水，沒縣治，漂民廬。 成州水，入城，圮壘舍。 同谷縣及遂寧府、閬州皆水。 七月壬辰，台州大風雨激海濤，漂圮二千二百八十餘家，溺死尤衆。 三年四月甲子，新城縣大水。 五月，嚴衢婺徽州、富陽餘杭鹽官新城諸暨淳安大雨水，溺死者衆，圮田廬、市郭，首種皆腐。 行都大水，浸廬舍五千三百，禁旅壘舍之在城外者半沒，西湖溢。 四年七月辛酉，慈溪縣大水，圮田廬，人多溺者。 八月，山陰縣海敗堤，漂民田數十里，斥地十萬畝。 五年五月庚戌，嚴州水。 六月丁丑，台州及建德、諸暨、會稽縣水，壞田廬。 六年六月丁丑，淳安縣山涌暴水，陷淸泉寺，漂五鄉田廬百八十里，溺死者無算，巨木皆拔。 丁亥，於潛縣大水。 戊子，諸暨縣風雷大雨，山涌暴作，漂十鄉田廬，溺死者尤多。 錢塘縣、臨安餘杭於潛安吉縣皆水。 九年五月，行都及紹興府、嚴衢婺台處信饒福漳泉州、興化軍大水，漂田廬，害稼。 十年冬，浙江濤溢，圮廬舍，覆舟，溺死甚衆。 蜀、漢二州江沒城郭。十一年六月戊申，武康、吉安縣大水，漂官舍、民廬，壞田稼，人畜死者甚衆。十二年，鹽官縣海失故道，潮汐衝平野三十餘里，至是侵縣治，廬州〔三〕、港瀆及上下管、黄灣岡等場皆圮；蜀山淪入海中，聚落、田疇失其半，壞四郡田，後六年始平。十四年，建康府大水。十五年七月，蕭山縣大水。時久雨，衢、婺、徽、嚴暴流與江濤合，圮田廬，害稼。十六年五月，江、浙、淮、荆、蜀郡縣水，平江府、湖常秀池鄂楚太平州、廣德軍爲甚，漂民廬，害稼，圮城郭、隄防，溺死者衆。鄂州江湖合漲，城市沈沒，累月不泄。是秋，江溢，圮民廬。餘杭、錢塘、仁和縣大水。福漳泉州、興化軍水壞稼十五六。十七年五月，福建大水，漂水口鎮民廬皆盡，候官縣甘蔗砦漂數百家，人多溺死；建寧府沒平政橋，入城；南劍州圮郡治、城樓、郡獄、官舍，城壞，民避水樓上者皆死。乙卯，建昌軍大水，城不沒者三板，漂民廬，圮官舍、城郭、橋梁，害稼。

紹定二年，天台、仙居縣大水。四年，沿江水災。

端平三年三月辛酉，蘄州大雨水，漂民居。是年，英德府、昭州及襄、漢江皆大水。

嘉熙元年，饒、信州水。二年，浙江溢。

淳祐二年，紹興府、處婺州水。七年，福建水。十年，嚴州水。十一年八月甲辰，汀州山水暴至，漂人民。九月，江陵水。是年，江、浙多水，饒州亦水。十二年六月，建寧府、嚴衢婺信台處南劍州、邵武軍大水，冒城郭，漂室廬，死者以萬數。

寶祐元年七月，温、台、處、信、饒州大水。

開慶元年五月己未，婺州水，漂民廬。是歲，滁、嚴州水。

景定二年，浙東水。

咸淳六年五月，大雨水。七年五月甲申，諸暨縣大水，漂廬舍。是月，重慶府江水泛溢者三，漂城壁，壞樓櫓。十年三月，廬州水。四月，紹興府大雨水。八月，臨安府水，安吉、武康縣水。

太平興國四年八月，滑州黎陽縣河清。

端拱元年二月，澶、濮二州河清二百餘里。

大中祥符三年十一月丁酉，陝西河清。十二月乙巳，河再清，當汾水合流處清如汾水。

元豐四年十月，環州河水變甘。

大觀元年八月，乾寧軍河清。二年十二月，陝州河清，同州韓城縣、郃陽縣〔三〕至清及百里，涉春不變。自是迄政和、宣和，諸路數奏河清，輒遣郎官致祭，宰臣等率百官拜表賀，歲以爲常。

大中祥符元年二月，醴泉出蔡州汝陽鳳原鄉，有疾者飲之皆愈。八年十一月，通州軍言醴泉出汶山下，有疾者飲之皆愈。

熙寧元年五月，京師開化坊醴泉出。

政和五年正月，河陽臺觀醴泉出。

校勘記

〔一〕潁州　原作「潁川」。按宋無「潁川」，通考卷二九六物異考作「潁州」，是，據改。

〔二〕河南府洛水漲七尺　「洛」字原脫。按通考卷二九六物異考說：「四年三月，河南府洛水漲七尺五寸。」下文太平興國八年六月、淳化三年七月條都提到河南府洛水漲，通考作「洛水」是。據補。

〔三〕壞東阿縣民田　「東阿」，原作「東陽」。按東陽縣屬兩浙路，不在鄆州。通考卷二九六物異考說：「鄆州清、汶二水漲，壞東阿縣民田。」本卷上文開寶四年六月條也說：「鄆州河及汶、清河皆溢，注東阿縣及陳空鎮。」「陽」字顯爲「阿」字之訛，據改。

〔四〕范濟口　「范」字原脫，據長編卷二三、通考卷二九六物異考補。

〔五〕汴水溢于浚儀縣　「汴水」二字原脫，據本書卷五太宗紀、通考卷二九六物異考補。

〔六〕山水暴漲　原脫「水」字，義不可通，據通考卷二九六物異考補。

〔七〕安定鎮　「安」字原脫，據長編卷八三、通考卷二九六物異考補。

〔八〕定平安遠塞門栲栳四砦　「遠」字原脫，據長編卷八七、通考卷二九六物異考補。

〔九〕京師大雨　「京師」二字原脫，據本書卷一三英宗紀、通考卷二九七物異考補。

〔一〇〕江寧府　原作「江寧州」，按江寧南唐時爲府，開寶八年改爲昇州，天禧二年又改江寧府，見本書卷八八地理志、九域志卷六，未嘗爲「江寧州」。通考卷二九七物異考作「江寧府」，據改。

〔一一〕漳州　原作「潭州」，據本條下文「漳城半沒」句及通考卷二九七物異考改。

〔一二〕盧州　按本書卷九七河渠志記此事說：海水泛漲，橫衝沙岸，「侵入鹵地，蘆洲、港瀆蕩爲一壑」。宋會要食貨六一之一四所記同。此處「盧州」疑是「蘆洲」之誤。

〔一三〕郃陽縣　原作「部陽縣」，據本書卷八七地理志、通考卷二九七物異考改。

宋史卷六十二

志第十五

五行一下

水下

建隆三年春，延、寧二州雪盈尺，溝洫復冰，草木不華。丹州雪二尺。

太平興國七年三月，宣州霜雪害桑稼。

雍熙二年冬，南康軍大雨雪，江水冰，勝重載。

端拱元年閏五月，鄆州風雪傷麥。

淳化三年九月，京兆府大雪殺苗稼。四年二月，商州大雪，民多凍死。

咸平四年三月丁丑，京師及近畿諸州雪損桑。

天禧元年十二月，京師大雪，苦寒，人多凍死，路有僵尸，遣中使埋之四郊。二年正月，永州大雪，六晝夜方止，江、溪魚皆凍死〔一〕。

慶曆三年十二月丁巳，大雨雪。

皇祐四年十二月己丑，雪。初，帝以愆亢，責躬減膳，每見輔臣，憂形於色。龐籍等因言：「臣等不能燮理陰陽，而上煩陛下責躬引咎，願守散秩以避賢路。」帝曰：「是朕誠不能感天而惠不能及民，非卿等之過也。」是夕，乃得雪。

至和元年正月，京師大雪，貧弱之民凍死者甚衆。

嘉祐元年正月甲寅朔，御大慶殿受朝。前一夕，殿庭設仗衞既具，而大雨雪折宮架。是日，帝因感風眩，促禮行而罷。壬午，大雨雪，泥塗盡冰。都民寒餓，死者甚衆。

元祐二年冬，京師大雪連月，至春不止。久陰恆寒，罷上元節遊幸，降德音諸道。八年十一月，京師大雪，多流民。

元符二年正月甲辰朔，御大慶殿受朝賀，以雪罷。

政和三年十一月，大雨雪，連十餘日不止，平地八尺餘。冰滑，人馬不能行，詔百官乘轎入朝。飛鳥多死。七年十二月，大雪。詔收養內外乞丐老幼。

靖康元年閏十一月，大雪，盈三尺不止。天地晦冥，或雪未下時，陰雲中有雪絲長數寸墮地。二年正月丁酉，大雪，天寒甚，地冰如鏡，行者不能定立。是月乙卯，車駕在青城，大雪數尺，人多凍死。

建炎三年六月，寒。

紹興元年二月寒食日，雪。五年二月乙巳，雨雪。六年二月癸卯，雪。十三年三月癸丑，雨雪。十七年二月丙申，雪。十八年二月癸卯，雪。二十八年三月丙寅，雨雪。二十九年二月戊戌，大雪。三十一年正月戊子，大雨雪，至于己亥，禁旅壘舍有壓者，寒甚。

乾道元年二月，大雪。三月，暴寒，損苗稼。二年春，大雨，寒，至于三月，損蠶麥。二月丙申，雪。四年二月癸丑，大雪。五年二月戊子，雪。六年五月，大風雨，寒，傷稼。七年二月丙辰，雨雪。

淳熙十二年，淮水冰，斷流。是冬，大雪。自十二月至明年正月，或雪，或霰，或雹，或雨水，冰沍尺餘，連日不解。台州雪深丈餘，凍死者甚衆。十六年四月戊子，天水縣大雨雪傷麥。

紹熙元年三月，留寒至立夏不退。十二月，建寧府大雪深數尺。查源洞寇張海起，民避入山者多凍死。二年正月，行都大雪積沍，河冰厚尺餘，寒甚。是春，雷雪相繼，凍雨彌月。四年二月己未，雪。

慶元五年二月庚午，雪。六年二月乙酉，雪。五月，亡暑，氣凜如秋。

開禧三年二月戊申，雪。

嘉定元年二月甲寅，雪。四年二月丙子，雪。六年二月丁亥，雪。六月，亡暑，夜寒。九年二月乙酉、丙申，雪。十年二月庚申、壬戌，雪。十七年三月癸丑，雪。

寶慶元年四月辛卯，雪。

紹定四年二月己巳，雨雪。六年三月壬子，雨雪。

端平元年二月癸酉，雨雪。二年三月乙未，雨雪。

嘉熙二年二月乙未，雨雪。

淳祐六年二月壬申，雨雪。

寶祐元年二月壬子，雨雪。二年三月戊子，雨雪。六年二月，雨雪。

開慶元年二月庚辰，雨雪。

景定五年二月辛亥，雨雪。

建隆三年春，厭次縣隕霜殺桑，民不蠶。

淳化三年三月，商州霜，花皆死。
景德四年七月，渭州瓦亭砦早霜傷稼。
大中祥符九年十二月，大名、澶相州並霜害稼。
至和二年，河東自春隕霜殺桑。
紹興七年二月庚申，霜殺桑稼。
淳熙十六年七月，階、成、鳳、西和州〔三〕霜，殺稼幾盡。
紹熙三年九月丁未，和州隕霜連三日，殺稼。是月，淮西郡國稼皆傷。
嘉熙元年三月，霜。

建隆元年十月，臨淸縣雨雹傷稼。二年七月，義川、雲岩二縣大雨雹。四年七月，海州風雹。
乾德二年四月，陽武縣雨雹。宋州寧陵縣風雨雹傷民田。六月，潞州風雹。七月，同州郃陽縣雨雹害稼。八月，膚施縣風雹霜害民田。三年四月，尉氏、扶溝二縣風雹，害民田，桑棗十損七八。

開寶二年，風雹害夏苗。

太平興國二年六月，景城縣雨雹。七月，永定縣大風雹害稼。五年四月，冠氏、安豐二縣風雹。七年五月，蕪湖縣雨雹傷稼。八年五月，相州風雹害民田。

端拱元年三月，霸州大雨雹殺麥苗。閏五月，潤州雨雹傷麥。

淳化元年六月，許州大風雹，壞軍營、民舍千一百五十六區。魚臺縣風雹害稼。

至道二年十一月，代州風雹傷田稼。

咸平元年九月，定州北平等縣風雹傷稼。三年四月丁巳，京師雨雹，飛禽有隕者。六年四月甲申，京師暴雨雹，如彈丸。

大中祥符三年丙申〔三〕，京師雨雹。五年八月丙辰，京師雨雹。

天禧元年九月，鎮戎軍彭城砦風雹，害民田八百餘畝。

天聖元年五月丙辰，大雨雹。二年七月壬午，大雨雹。六年，京師雨雹。

嘉祐四年四月丙戌，震雷雨雹。

熙寧元年秋，鄜州雨雹。三年七月、七年四月五月，京師雨雹。八年夏，鄜州、涇州雨雹。九年二月，京師雨雹。十年夏，鄜州雨雹。秦州大雨雹。

紹聖二年十月辛未，西南方有雷聲，次大雨雹。四年閏二月癸卯，京師雨雹，自辰至申。

建中靖國元年二月丙申，京師雨雹。五月辛酉，京師大雨雹。

崇寧三年十月辛丑，京師雨雹。

大觀元年十月己巳、三年五月戊申，京師大雨雹。

政和七年六月，京師大雨雹，皆如拳，或如一升器，幾兩時而止。

宣和四年二月癸卯，京師雨雹。四年三月朔，雨雹。

靖康元年十二月己卯、庚辰，京師雨雹。

建炎三年八月甲戌，大雨雹。

紹興元年二月壬辰，高宗在越州，雨雹震雷。二年二月丙子，臨安府大雨雹。三年正月，雨雹震雷。四年三月己未，大雨雹傷稼。五年閏月乙巳朔，雨雹而雪。十月丁未夜，秀州華亭縣大風雹，雨雹，大如荔枝實，壞舟覆屋。十二月戊辰，雨雹。七年二月癸丑，雨雹。先一夕雷，後一日雪，癸丑又雹。八年六月丙辰，大雨雹。九年二月甲戌，雨雹傷麥。十二月辛未，雨雹。十年二月辛亥，大雨雹。十二月庚辰，雨雹。十一年正月辛酉，雨雹。十三年二月甲子，雨雹傷麥。五月戊午夜，雹。七月庚午、壬申，雹害稼。十一月己未，雨雹。十七年正月庚辰，雨雹；五月丙寅，又雹。二十一年三月己卯，雹傷禾麥。二十八年四月辛亥，雨雹。二十九年二月戊戌，雹損麥。

隆興元年三月丙申夜，雨雹。二年二月丁丑，雹與霰俱。四月庚午，雹。六月，雨雹。七月丁未，雨雹。十月辛卯，雨雹。十二月己亥，雨雪而雹。閏月，雨雹。

乾道元年二月庚寅夜，雹。二年十月辛卯，雨雹。三年二月壬午，雪；癸未，雹。四年正月癸未夜，雹，有霰。二月丁酉、癸丑，雨雹；乙卯，雹而雪。五年二月丙午，雹損麥；六年二月壬午，亦如之。八年七月壬辰，雨雹。

淳熙三年四月丁亥，雨雹。癸巳，天台、臨海二縣大風雹，傷麥。四年正月，建康府雨雹。五月丙寅，雨雹。五年，建康府雨雹者再。六年正月丁丑，雹傷麥。三月壬申夜，大雨雹。八年十二月甲寅，雨雹。十二年二月辛酉夜，雨雹。十三年閏月丙午，雨雹。十五年二月丁亥，雨雪而雹。六月丁卯，雨雹。十六年二月己卯，雹而雨。

紹熙元年二月丙申，雪；丁酉，雹。二年正月戊寅，大雨雹，震雷電以雨，至二月庚辰，大雪連數日。是月庚寅朔，建寧府大風雨雹，仆屋殺人。三月癸酉，大風雨雹，大如桃李實，平地盈尺，壞廬舍五千餘家，禾麻、蔬果皆損；瑞安縣亦如之，壞屋殺人尤衆。秋，祐川縣大風雹，壞粟麥。

慶元三年二月戊辰，雪；己巳，雹。四月乙丑，雨雹，大如桮，破瓦，殺燕爵。

嘉泰元年三月丙寅，雨雹三日。五月丁丑，雨雹。七月癸亥，大雨而雹。二年四月庚寅，雨雹傷稼。六月庚子，大風雹而寒。四年正月壬辰，雪而雹。

開禧二年正月己酉，雹而雷。

嘉定元年閏月壬申，雨雹害稼。二年三月乙未，雨雹。六年夏，江、浙郡縣多雨雹害稼。十五年九月癸丑，大震雨雹。十六年秋，雨雹。

紹定元年五月丁酉，雨雹。五年九月壬寅，雨雹。六年三月丙辰，大雨雹。

端平二年五月乙未，雹。三年六月庚戌，雨雹。

嘉熙元年二月壬辰，雨雹。

淳祐二年四月壬申，雨雹。八年二月壬辰，雨雹。三月乙丑，雨雹。九年正月，雨雹。

寶祐三年五月，嘉定府大雨雹。

開慶元年五月辛亥，雨雹。

景定元年二月庚申，雨雹。

建隆四年四月癸巳，宿州晝日無雨，雷霆暴作，軍校傅韜震死。是夜夜半，雷起于京師。開封縣署役夫劉延嗣、萬進震死，頃之復蘇，有煙焰自牖入室，因駭仆，徧體焦灼。

乾德二年正月辛巳，雷起京師西南，東行有電。五月戊寅，大名府大雨，雷震焚藁聚。四年七月，海州雷震長吏廳，傷刺史梁彥超。

開寶七年六月，易州雷震，死耀武軍士八人。八年八月，邛州延貴鎮震死民費貴及其子四人。

太平興國二年七月，景城縣震死牛商馮異。

端拱二年八月，興化軍民劉政震死，有文在胸曰「大不孝」。

淳化三年七月，泗州大風雨，震僧伽塔柱。

至道元年三月甲戌，雷未發聲，召司天監寺趙昭問之〔四〕，答云：「按占書，雷不發聲，寬政之應也。」七月，泗州大風雨，雷震僧伽塔及壞鍾樓。

咸平元年正月戊寅，京師西北有雷電。十一月，瀛州、順安軍並東北有雷。三年冬，黃州西北雷震，似盛夏時。十二月，眞定府東南雷。四年十月乙巳，京師西南雷電。閏十二月，大名府雷。六年十一月甲午，京師暴雷震，司天言：「國家發號布德，未及黎庶。」時議改元肆赦，詔宰相增廣條目，采民病悉除之。

景德三年九月丙寅夕，京師大震雷。

大中祥符元年正月癸未，京師西北方雷。五年十二月己巳，京師西北雷電。九年五月，殿侍張信〔五〕奉南海祝版乘驛至唐州，震死。

嘉祐四年四月丙戌，大震雷，雨雹。

慶曆六年五月，雷雹地震〔六〕。

紹聖三年十月十五日，西南方有雷聲，次雨雹。

大觀三年十月戊子，大雷雹而雨。

建炎四年正月己未，雷。時御舟次溫州章安鎭，高宗謂宰臣曰：「雷聲甚厲，前史以爲君弱臣強，四夷兵不制。」是夕，金人破明州。壬戌，又雷。

紹興五年九月戊寅，雷。十月丁巳，雷。六年十月丙午，雷。九年九月甲午、十月丁卯，雷。十一年十一月己酉，雷。十五年十月辛卯、十二月甲寅，雷。十六年，溫州大雷電，震死六人於龍翔寺。十八年閏月甲戌，雷。十九年十月甲寅，雷。二十一年二月辛未，南安軍大雷電，大庾縣震死四人。十一月辛未夜，震雷。十二月癸酉，雷。二十二年十二月戊寅、己卯，雷。二十六年十二月甲子，雷。二十七年九月癸未，雷。三十一年正月丁丑，雷。

乾道三年十一月丙寅，雷雨，不克郊。戊辰，日南至，大震雷。八年九月乙酉，雷。九年閏月癸卯，雷。

淳熙九年九月壬午，雷。十二年十一月戊子，雷。十二月丁丑，雷。十三年正月己丑，雷；後三十五日雪。十四年十一月乙卯，雷。十六年七月乙丑，大雷震太室齋殿東鴟吻。

紹熙元年九月辛酉，雷。十一月壬午，日南至。郊祀，風雨大至，帝震恐，因致疾。四年十一月己卯，日南至；辛巳，雷。五年十月癸巳，大雷雹。

慶元二年正月戊子，雷。十一月，雷。三年十月癸亥，雷。六年九月己未，雷。

嘉泰二年正月己巳，雷。三年正月，雷。四年正月辛卯，雷。

開禧二年正月，雪雷。九月，雷。三年十月辛未、癸酉，雷。

嘉定二年九月戊子，雷。三年正月，雷。十月壬申，雷。八月辛丑、九月辛酉，雷〔七〕。四年九月，雷。五年七月戊辰，雷雨震太室之鴟吻。十月丁酉，雷。六年閏月壬辰，雷震電；乙未昧爽，洊雷。七年九月癸亥，雷。八年九月丙寅，雷。十一年九月辛巳，祀明堂，肆赦，震雷。十四年十月庚午，雷。十五年九月癸丑，雷。十六年九月乙卯、十二月壬辰，雷。十七年九月丁亥，雷。

寶慶二年九月庚申、十月辛丑，雷。

紹定二年九月庚辰，雷。五年九月壬寅，雷。

端平二年十二月辛亥，雷。三年九月庚午，雷。是月，祀明堂，大雨震電。十月戊戌，雷。

嘉熙元年九月丁巳，雷。二年九月己酉、十月庚戌，雷。

淳祐元年十二月丙寅，雷。二年九月己丑，雷。三年三月丙辰，雷。十年十一月壬午，雷。十二年十二月丁丑，雷。

寶祐三年九月，雷。

開慶元年十月乙酉，雷。

景定二年十月戊戌，雷電；己亥，雷電。

咸淳四年閏月丁巳、九月庚申，雷。九年十月癸亥、十二月丙辰、壬戌，雷。

建炎七年五月〔八〕，汴京無雲而雷。

紹興三十年十月壬戌，晝漏半，無雲而雷；癸亥，日過中，無雲而雷。

淳熙十四年六月甲申昧爽，禱雨太乙宮，乘輿未駕，有大聲自內發，及和寧門，人馬辟易相踐，有失巾屨者。

至道元年十二月，廣州大魚擊海水而出。魚死，長六丈三尺，高丈餘。

政和七年夏中，有二魚落殿中省廳屋上。

宣和二年三月，內出魚，純赤色，蔡京等乞付史館，拜表賀。

紹興十八年，漳浦縣崇照鹽場海岸連有巨魚，高數丈。割其肉數百車，剜目乃覺，轉鬣而傍艦皆覆。又漁人獲魚，長二丈餘，重數千斤，剖之，腹藏人骼，膚髮如生。二十四年四月，海鹽縣海洋有巨鰍，羣鰕從之，聲若謳歌。抵岸偃沙上，猶揚鬣撥刺，其高齊縣門。

乾道六年，行都北關有鮎魚，色黑，腹下出人手於兩傍，各具五指。七年十一月丁亥，洞庭湖巨黿走沙擁舟，身廣長皆丈餘，升舟，以首足壓重艦沒水。

淳熙十三年二月庚申，錢塘龍山江岸有大魚如象，隨潮汐復逝。十六年六月甲辰，錢塘旁江居民得魚，備五色，鯽首鯉身。民詭言夢得魚，覺而在手猶躍。事聞，有司令縱之。

慶元三年二月，饒州景德鎮漁人得魚，頳尾鯉鱗而首異常魚。鎮之老人言其不祥。紹興二年嘗出，後爲水災。蓋是歲五月，鎮果大水，皆魚孽也。

嘉定十七年，海壞畿縣鹽官地數十里。先是，有巨魚橫海岸，民臠食之，海患共六年而平。

建隆元年七月，澶州蝗。二年五月，范縣蝗。三年七月，深州蝻蟲生。四年六月，澶、濮、曹、絳等州有蝗。七月，懷州蝗生。

乾德二年四月，相州蝻蟲食桑。五月，昭慶縣有蝗，東西四十里，南北二十里。是時，河北、河南、陝西諸州有蝗。三年七月，諸路有蝗。

開寶二年八月，冀、磁二州蝗。

太平興國二年閏七月，衞州蝻蟲生。六年七月，河南府、宋州蝗。七年四月，北陽縣蝻蟲生，有飛鳥食之盡。滑州蝻蟲生。是月，大名府、陝州、陳州蝗。七月，陽穀縣蝻蟲生。

雍熙三年七月，鄄城縣有蛾、蝗自死。

淳化元年七月，淄澶濮州、乾寧軍有蝗；滄州蝗蝻蟲食苗；棣州飛蝗自北來，害稼。三年六月甲申，京師有蝗起東北，趣至西南，蔽空如雲翳日。七月，貝、許、滄、沂、蔡、汝、商、兗、單等州，淮陽軍、平定彭城軍〔九〕，蝗、蛾抱草自死。

至道二年六月，亳州、宿密州蝗生，食苗。七月，長葛、陽翟二縣有蝻蟲食苗。歷城、長清等縣有蝗。三年七月，單州蝻蟲生。

景德二年六月，京東諸州蝻蟲生。三年八月，德、博蝝生。四年九月，宛丘、東阿、須城三縣蝗。

大中祥符二年五月，雄州蝻蟲食苗。三年六月，開封府尉氏縣蝻蟲生。四年六月，祥符縣蝗。七月，河南府及京東蝗生，食苗葉。八月，開封府祥符、咸平、中牟、陳留、雍丘、封丘六縣蝗。九年六月，京畿、京東西、河北路蝗蝻繼生，彌覆郊野，食民田殆盡，入公私廬舍；七月辛亥，過京師，羣飛翳空，延至江、淮南，趣河東，及霜寒始斃。

天禧元年二月，開封府、京東西、河北、河東、陝西、兩浙、荆湖百三十州軍，蝗蝻復生，多去歲蟄者。和州蝗生卵，如稻粒而細。六月，江、淮大風，多吹蝗入江海，或抱草木僵死。二年四月，江陰軍蝻蟲生。

天聖五年七月丙午，邢、洺州蝗。甲寅，趙州蝗。十一月丁酉朔，京兆府旱蝗。六年五月乙卯，河北、京東蝗。

景祐元年六月，開封府、淄州蝗。諸路募民掘蝗種萬餘石。

寶元二年六月癸酉，曹、濮、單三州蝗。四年，淮南旱蝗。是歲，京師飛蝗蔽天。

皇祐五年，建康府蝗。

熙寧元年，秀州蝗。五年，河北大蝗。六年四月，河北諸路蝗。是歲，江寧府飛蝗自江北來。七年夏，開封府界及河北路蝗。七月，咸平縣鸜鵒食蝗。八年八月，淮西蝗，陳、潁州蔽野。九年夏，開封府畿、京東、河北、陝西蝗。

元豐四年六月，河北蝗。秋，開封府界蝗；五年夏，又蝗；六年夏，又蝗。五月，沂州蝗。

元符元年八月，高郵軍蝗抱草死。

崇寧元年夏，開封府界、京東、河北、淮南等路蝗。二年，諸路蝗，令有司酺祭。三年、四年，連歲大蝗，其飛蔽日，來自山東及府界，河北尤甚。

宣和三年，諸路蝗。五年，蝗。

建炎二年六月，京師、淮甸大蝗。八月庚午，令長吏修酺祭。

紹興二十九年七月，盱眙軍、楚州金界三十里，蝗爲風所墮，風止，復飛還淮北。三十二年六月，江東、淮南北郡縣蝗，飛入湖州境，聲如風雨；自癸巳至于七月丙申，徧于畿縣，餘杭、仁和、錢塘皆蝗。丙午，蝗入京城。八月，山東大蝗。癸丑，頒祭酺禮式。

隆興元年七月，大蝗。八月壬申、癸酉，飛蝗過都，蔽天日；徽、宣、湖三州及浙東郡縣，害稼。京東大蝗，襄、隨尤甚，民爲乏食。二年夏，餘杭縣蝗。

乾道元年六月，淮西蝗，憲臣姚岳貢死蝗爲瑞，以佞坐黜。

淳熙三年八月，淮北飛蝗入楚州、盱眙軍界，如風雷者逾時，遇大雨皆死，稼用不害。九年六月，全椒、歷陽、烏江縣蝗。乙卯，飛蝗過都，遇大雨，墮仁和縣界。七月，淮甸大蝗，眞、揚、泰州窖撲蝗五千斛，餘郡或日捕數十車，羣飛絕江，墮鎭江府，皆害稼。十年六月，蝗遺種于淮、浙，害稼。十四年七月，仁和縣蝗。

紹熙二年七月，高郵縣蝗，至于泰州。五年八月，楚、和州蝗。

嘉泰二年〔一〇〕，浙西諸縣大蝗，自丹陽入武進，若煙霧蔽天，其墮亘十餘里，常之三縣捕八千餘石，湖之長興捕數百石。時浙東近郡亦蝗。

開禧三年，夏秋久旱，大蝗羣飛蔽天，浙西豆粟皆旣于蝗。

嘉定元年五月，江、浙大蝗。六月乙酉，有事于圜丘、方澤，且祭酺。七月又酺，頒酺式于郡縣。二年四月，又蝗，五月丁酉，令諸郡修酺祀。六月辛未，飛蝗入畿縣。三年，臨安府蝗。七年六月，浙郡蝗。八年四月，飛蝗越淮而南，江、淮郡蝗，食禾苗、山林草木皆盡。乙卯，飛蝗入畿縣。己亥，祭酺，令郡有蝗者如式以祭。自夏徂秋，諸道捕蝗者以千百石計，飢民競捕，官出粟易之。九年五月，浙東蝗。丁巳，令郡國酺祭。是歲，荐饑，官以粟易蝗者千百斛。十年四月，楚州蝗。

紹定三年，福建蝗。

端平元年五月，當塗縣蝗。
嘉熙四年，建康府蝗。
淳祐二年五月，兩淮蝗。
景定三年八月，兩浙蝗。

紹興十年春，有野豕入海州，市民刺殺之。時州已陷，夏，鎮江軍帥王勝攻取之；明年，以其郡屬金，悉空其民。
乾道六年，南雄州民家豕生數豚，首各具他獸形，有類人者。
慶元初，樂平縣民家豕生豚，與南雄同而更具他獸蹄。三年四月，餘干縣民家豕生八豚，其二爲鹿。古田縣豕食嬰兒。

淳化三年六月，黑風晝晦。
景祐四年七月，黑氣長丈餘，出畢宿下。
康定元年，黑風晝晦。

元豐末，嘗有物大如席，夜見寢殿上，而神宗崩。元符末，又數見，而哲宗崩。至大觀間，漸晝見。政和元年以後，大作，每得人語聲則出。先若列屋摧倒之聲，其形廑丈餘，髣髴如龜，金眼，行動硜硜有聲。黑氣蒙之，不大了了，氣之所及，腥血四灑，兵刃皆不能施。又或變人形，亦或爲驢，自春歷夏，晝夜出無時，遇冬則罕見。多在掖庭宮人所居之地，亦嘗及內殿，後習以爲常，人亦不大怖。宣和末，寖少，而亂遂作。

政和三年夏至，宰臣何執中奉祀北郊。有黑氣長數丈，出自齋宮，行一里許，入壇壝，繞祭所，皆近人穿燈燭而過。俄又及於壇，禮將畢，不見。

宣和中，洛陽府畿間，忽有物如人，或蹲踞如犬。其色正黑，不辨眉目。始，夜則掠小兒食之；後雖白晝，入人家爲患，所至喧然不安，謂之「黑漢」。有力者夜執槍棒自衞，亦有託以作過者，如此二歲乃息。已而北征事起，卒成金人之禍。三年春，日有眚，忽青黑無光，其中洶洶而動，若銋金而湧沸狀。日旁有黑正如水波，周迴旋繞，將暮而稍止。

建炎三年二月甲寅，日初出，兩黑氣如人形，夾日旁，至巳時乃散。

乾道四年春，舒州雨黑米，堅如鐵，破之，米心通黑。

淳熙十一年二月，臨安府新城縣深浦天雨黑水終夕。十六年六月，行都錢塘門啓，黑風入，揚沙石。

慶元元年，徽州黃山民家古井，風雨夜出黑氣，波浪噴湧。

咸平元年五月，撫州王羲之墨池水色變黑如雲。

大中祥符元年五月丁丑，泰山王母池水變紅紫色。四年二月己未，河中府寶鼎縣瀵泉有光，如燭焰四五炬，其聲如雷。三年八月，解州鹽池紫泉場水次二十里許不種自生〔一〕，其味特嘉，命屯田員外郎何敏中往祭池廟。八月，東池水自成鹽，僅半池，潔白成塊，晶瑩異常。祀汾陰經度制置使陳堯叟繼獻，凡四千七百斤，分賜近臣及諸列校。

紹興十四年，樂平縣河衝里田隴數十百頃，田中水類爲物所吸，聚爲一直行，高平地數尺，不假隄防而水自行；里南程氏家井水溢，亦高數尺，夭矯如長虹，聲如雷，穿牆毀樓。二水鬥于杉墩，且前且卻，約十刻乃解，各復故。

天聖四年十月甲午，昏霧四塞。

靖康元年正月丁未，霧氣四塞，對面不見。

建炎二年十一月甲子，北京大霧四塞，是夕，城陷。三年三月，車駕發溫州航海，乙丑，次松門，海中白霧，晝晦。六月，久陰。四年三月乙丑，四方霧下如塵。

紹興三年，自正月陰晦，陽光不舒者四十餘日。五年正月甲申，霧氣昏塞。七月，劉豫毀明堂，天地晦冥者累日。七年，氛氣翳日。八年三月甲寅，晝晦，日無光，陰霧四塞。乙卯，晝夜雲氣昧濁。四月，積雨方止，氛霧四塞，晝日無光。

隆興元年五月丙午，朝霧四塞。二年六月，積陰彌月。

乾道二年十一月，久陰。五年正月甲申，晝蒙。六年五月，連陰。六月，日青無光。

淳熙六年十一月乙丑，晝蒙；十三年正月丁亥，亦如之。

慶元二年二月己卯，晝暝，四方昏塞。三年二月丁卯，晝晦，昏霧四塞。六年十二月辛卯、嘉定三年正月丙午、十年正月乙未、十三年三月壬辰，皆晝蒙。

建炎四年三月辛亥，白虹貫日。

紹興八年三月辛巳，白虹亘天。二十七年二月壬寅，白虹貫日。三十年十二月辛酉，曲虹見日之西。

乾道三年十月丙申，虹見。

淳熙元年十月戊寅，曲虹見日東。二年十月庚辰，虹見。五年十月丁巳，曲虹見日東。

慶元元年正月丙辰，白虹貫日。

嘉泰三年七月壬午，亦如之。四年十一月，虹見。

嘉定十一年二月丙辰，白虹貫日。

嘉熙三年十月乙丑，虹見。四年二月辛丑，白虹貫日。

淳祐十年十二月丁巳，虹見。

寶祐五年十月，虹見。

太祖從周世宗征淮南，戰于江亭，有龍自水中向太祖奮躍。

乾德五年夏，京師雨，有黑龍見尾于雲際，自西北趨東南。占主大水。明年，州府二十四水壞田廬。

開寶六年四月，單父縣民王美家龍起井中，暴雨飄廬舍，失族屬，及壞舊鎮廨舍三百五十餘區，大木皆折。七年六月，棣州有火自空墮于城北門樓，有物抱東柱，龍形金色，足三尺許，其氣甚腥。旦視之，壁上有煙痕，爪跡三十六。

大中祥符二年八月，青蛇出無爲軍廨，長數尺。

宣和元年夏，雨，晝夜凡數日。及霽，開封縣前茶肆中有異物如犬大，蹲踞臥榻下。細視之，身僅六七尺，色蒼黑，其首類驢，兩頰作魚頷而色正綠，頂有角，生極長，於其際始分兩歧，聲如牛鳴，與世所繪龍無異。茶肆近軍器作坊，兵卒來觀，共殺食之。已而京城大水，訛言龍復讐云。

紹興初，朱勝非出守江州，過梁山，龍入其舟，纔長數寸，赤背綠腹，白尾黑爪甲，目有光，近龍孽也。行都柴垛橋旌忠廟三蛇出沒庭廡，大者盈尺，方鱗金色，首脊有金錢，遇霽，或變化數百于蕉卉間。廟徙而蛇孽亦絕。十一年四月，衡山縣淨居巖有蛇長二丈，身圍數尺，黑色而方文，震死，山水大至。先是，山氣遇夜輒昏昧，蛇斃始明。二十五年六月，湖口縣赤龍橫水中如山，寒風怒濤，覆舟數十艘，士卒溺者數十人。三十年春，宜黃縣大蛇見于丞治，長二丈。捕之縱數里外，俄復至者數四。

乾道五年七月乙亥，武寧縣龍門于復塘村，大雷雨，二龍奔逃，珠墜，大如車輪，牧童得之。自是連歲有水災。

太平興國三年，靈州獻官馬駒，足有二距。
雍熙二年，虔州吏李祚家馬生駒，足有距。四年，鄜州直羅縣民高英家馬生前兩足如牛。
端拱二年，夏州民程眞家馬生二駒。
大中祥符九年十二月，大名監馬生駒，赤色，肉尾無鬉。
宣和五年，馬生兩角，長三寸，四足皆生距。時北方正用兵。
紹興八年，廣西海壖有海獸如馬，蹄鬣皆丹，夜入民舍，聚衆殺之。明日海溢，環村百餘家皆溺死，近馬禍也。五年，廣西市馬，全綱疫死。
淳熙六年十二月，宕昌西馬、金州馬皆大疫。十二年，黎、雅州獻馬，有角長二寸。京房易傳曰：「臣易上，政不順，厥妖馬生角〔三〕，茲謂賢士不足。」
紹熙元年二月丙申〔三〕，右丞相留正乘馬早朝，入禁扉，馬斃，近馬禍也。
嘉定五年正月，史彌遠入賀于東宮，馬驚墮地，衣幘皆敗，其額微損，事與上同。

建隆元年，雄州歸義軍民劉進妻產三男。二年，孟州民孟福、定州民孟公禮等妻各產三男。三年，齊州、晉州大旱，民家多生魃。龍岡縣民林嗣妻、京師龍捷軍卒宜超妻產三男。

乾德三年，江陵府民劉暉妻產三男。四年，安州驍健軍卒趙遠妻產三男。五年，光州民高與、德州民趙嗣、乾寧軍卒王進妻產三男。

開寶元年，沂州民王政、澶州民謝興妻產三男。二年，閬州民孫延廣、開州民董遠妻產三男。七年，青城縣王宥妻產三男。河南府民劉元妻產三男。

太平興國二年，邢州招收軍卒李遇、汝州歸化軍卒魚霸、常州民謝祚妻產三男。晉原縣民楊萬妻產三男。七年，澶州龍衞軍卒靳興、普州民鄭彥福妻產三男。汾州民鄭訓妻產三女。鴈門縣民劉習妻產四男。滑州歸化軍卒安旺妻產二男一女。八年，揚州順化軍卒俞釗、温州民李遇、榮州民李祚妻產三男。九年，揚子縣民妻生男，毛被體半寸餘，面長、頂高、烏肩、眉毛粗密，近髮際有毛兩道，軟長眉，紫唇、紅耳、厚鼻，大類西域僧。至三歲，畫圖以獻。

雍熙二年，奉新縣民何靖妻產三男。三年，魯山縣民張美、相州林慮縣民張欽妻產三男。四年，晉原縣民周承暉、固始縣民楊昇妻產三男。

男。

端拱元年，祁州民馮遇妻產三男。二年，齊州民徐美、幷州民侯遠、常州卒徐流妻產三男。

淳化元年正月，河陽縣民王斌、新息縣民李珪妻產三男。八月，汾州悉達院僧智嚴頭生角三寸。二年，晉陵縣民黄釗、南充縣民彭公霸、龍陽縣民周信、王屋縣民李淸、臨淸縣民國忠、鄰水縣吏謝元昇、奉化縣卒朱旺妻產三男。瀛州民胡立、邢州民高德妻產三男。四年，邯鄲縣民鄭安、河間縣民王希輦、安州民宋和妻產三男。五年，雍丘縣營卒盛泰妻產三男。

至道元年，保州敵軍校〔四〕李深、宋城縣民王洽、臨淮縣民賀用、永淸縣民董美、鄄城縣民馬方妻產三男。二年，安豐縣民王構、伊陽縣民張壽、成都縣民彭操妻產三男。三年，汾州民趙演、沂州民李嗣、南劍州民劉相、饒安縣民睦鸞、衞州宣武軍卒李筠妻產三男。

咸平元年，台州永安縣王旺、澶州靜戎軍卒鄭穗妻產三男。莘縣民懷深、獲嘉縣民王貴、永康縣民羅彥瑫、温縣民楊榮、毗陵縣民魏吉妻產三男。三年，睢縣民朱進、鄆州武威軍卒徐遶、深州民彭遠妻產三男。四年，望都縣民郭瑩、邕州澄海軍卒梁濟妻產三男。五年，夏津縣民趙朁妻產三男。六年，石城縣民劉誂、堂邑縣民戴興妻產三男。平鄉縣民郭讓妻產四男。

景德元年，南昌縣民李聰妻產三男。二年，奉新縣民魏勇妻產三男。四年，八作司匠趙榮、南頓縣民任登老、棗強縣民張緒妻各產三男。

大中祥符元年，高郵軍民王言妻產四男。二年，崞縣民張留、淸平軍民楊泉妻產三男。三年，獲嘉縣民馮可妻產三男。宋城縣民李悔妻產二男二女。四年，河池縣民馮守欽妻產三男。五年，大名府宣勇軍卒徐璘、贊皇縣民李釗妻產三男。七年，銅鞮縣民李謙、宋城縣民白德、霍丘縣民朱璘、平涼縣民焦思順妻產三男。八年，河南府民宋再興、眞陽縣民周元、歷亭縣民田用侯言、霍丘縣民王忠杜戩、濛陽縣民衞志聰、定州驍武軍卒張吉、雍丘縣懷勇軍卒黃進妻產三男。永嘉縣民張保妻產四男。九年，曹州雄勇軍卒聶德、瀛州民劉元、澧州民張貴、廣州民劉吉妻產三男。

天禧元年，連江縣民陳霸妻產三男。三年，錢塘縣民謝文信、遂安縣民李承遇妻產三男。四年，孝感縣民杜明、平恩縣民劉順妻產三男。七月，耒陽縣民張中妻產三男，其額有白誌方寸餘，上生白髮。

自天聖迄治平，婦人生四男者二，生三男者四十四，生二男一女者一；熙寧元年距元豐七年，郡邑民家生三男者八十四，而四男者一，三男一女者一；元豐八年至元符二年，生三男者十八，而四男者二，三男一女者一；元符三年至靖康，生三男者十九，而四男者一。

前志以爲人民蕃息之驗。

宣和六年，都城有賣青果男子，孕而生子，蓐母不能收，易七人，始免而逃去。豐樂樓酒保朱氏子之妻，可四十餘，楚州人，忽生髭，長僅六七寸，疏秀而美，宛然一男子，特詔度爲女道士。

紹興三年，建康府桐林灣婦產子，肉角有齒。是歲，人多產鱗毛。二十年八月，眞符縣民家一產三男。

隆興元年，建康民流寓行都而婦產子，二首具羽毛之形。

乾道五年，衡、湘間人有化爲虎者。餘杭縣婦產子，青而毛，二肉角，又有二家婦產子亦如之，皆連體兩面相鄉。三家才相距一二里。潮州城西婦孕過期產子，如指大、五體皆具者百餘，蠕蠕能動。

淳熙十年，番易南鄉婦產子，肘各有二臂，及長，鬥則六臂並運。十三年，行都有人死十有四日復生。十一月辛未，鄧家巷婦產肉塊三，其一直目而橫口。十四年六月，臨安府浦頭婦產子，生而能言，四日，暴長四尺。

紹熙元年三月癸酉，行都市人夜以殺相驚，奔迸者良久乃定。是歲，峴山縣工采石而山壓；三年六月，它工采石鄰山，聞其聲呼，相應答如平生。其家鑿石出之，見其妻，喜曰：

「久閉乍風，肌膚如裂。」俄頃，聲微噤不語，化爲石人，貌如生。

慶元元年，樂平縣民婦產子有尾。永州民產子首有角，腋有肉翅；二年七月，進賢縣婦產子亦如之，而面有三目。

嘉定四年四月，鎭江府後軍妻生子，一身二首而四臂。

淳化五年六月，京師疫，遣太醫和藥救之。

至道三年，江南頻年多疾疫。

大觀三年，江東疫。

建炎元年三月，金人圍汴京，城中疫死者幾半。

紹興元年六月，浙西大疫，平江府以北，流屍無算。秋冬，紹興府連年大疫，官募人能服粥藥之勞者，活及百人者度爲僧。三年二月，永州疫。六年，四川疫。十六年夏，行都疫。二十六年夏，行都又疫，高宗出柴胡製藥，活者甚衆。

隆興二年冬，淮甸流民二三十萬避亂江南，結草舍偏山谷，暴露凍餒，疫死者半，僅有還者亦死。是歲，浙之飢民疫者尤衆。

乾道元年，行都及紹興府饑，民大疫，浙東、西亦如之。六年春，民以冬燠疫作。八年夏，行都民疫，及秋未息。江西饑民大疫，隆興府民疫，遭水患，多死。

淳熙四年，眞州大疫。八年，行都大疫，禁旅多死。寧國府民疫死者尤衆。十四年春，都民、禁旅大疫，浙西郡國亦疫。十六年，潭州疫。

紹興二年春〔三〕，涪州疫死數千人。三年，資、榮二州大疫。

慶元元年，行都疫。二年五月，行都疫。三年三月，行都及淮、浙郡縣疫。

嘉泰三年五月，行都疫。

嘉定元年夏，淮甸大疫，官募掩骼及二百人者度爲僧。是歲，浙民亦疫。二年夏，都民疫死甚衆。淮民流江南者饑與暑幷，多疫死。三年四月，都民多疫死；四年三月，亦如之。十五年，贛州疫。十六年，永、道二州疫。

德祐元年六月庚子，是日，四城遷徙，流民患疫而死者不可勝計，天寧寺死者尤多。二年閏三月，數月間，城中疫氣薰蒸，人之病死者不可以數計。

熙寧元年七月戊子夜，西南雲間有聲鳴，如風水相激，寖周四方。主民勞，兵革歲動。

六年七月丙寅夜，西北雲間有聲如磨物，主百姓勞。七年七月庚子夜，西北天鳴，主驚憂之事。

紹興二十一年八月乙亥，天有聲如雷，水響于東南，四日乃止。

開禧元年六月壬寅，天鳴有聲。

天禧三年正月晦，沈丘縣民駱新田閭震，頃之，隕石入地七尺許。

淳熙十六年三月壬寅，隕石于楚州寶應縣，散如火，甚臭腥。

慶元二年六月辛未，黃巖縣大石自隕，雷雨甚至，山水瀽湧。

校勘記

〔一〕江溪魚皆凍死　「江」下原有「陵」字。按本條所敍是永州事，永州在荆湖南路，江陵在北路，於地理上不合；通考卷三〇五物異考無此「陵」字，「陵」字當衍，據删。

〔二〕階成鳳西和州　「成」，原作「城」；「西」，原作「泗」。按通考卷三〇五物異考作「階、成、鳳、西和四州」，此四州同在秦鳳路，「城」和「成」、「泗」和「西」又都音近、形近易訛，當以通考爲是。據改。

〔三〕大中祥符三年丙申　按大中祥符三年歲次庚戌，不是丙申。通考卷三〇五物異考作「大中祥符三年八月丙辰」，此處當有脫誤。

〔四〕召司天監寺趙昭問之　此處「寺」字有誤，通考卷三〇七物異考「寺」作「丞」，疑是。

〔五〕殿侍張信　「殿侍」，原作「殿中」，據長編卷八七、通考卷三〇七物異考改。

〔六〕慶曆六年五月雷雹地震　按編年順序，本條應移置上文「嘉祐四年」之前。

〔七〕八月辛丑九月辛酉雷　按是年八月無辛丑，九月無辛酉；且此條不應繫於十月之後，疑有誤。

〔八〕建炎七年五月　按建炎無七年，繫年要錄卷一一一紹興七年五月：「是月，汴京無雲而雷，有龍起摵宣德門，滅『宣德』二字。」當卽此條所記之事。疑「建炎」爲「紹興」之誤。

〔九〕彭城軍　按本書卷八五地理志，彭城，縣名，屬徐州，不是軍；通考卷三一四物異考作「鎮戎軍」，疑此處有誤。

〔一〇〕嘉泰二年　「泰」，原作「定」，據宋會要瑞異三之四六、通考卷三一四物異考改。

〔一一〕三年八月解州鹽池紫泉場水次二十里許不種自生　「水」，原作「也」；「十」，原作「年」，文理難通。據通考卷二九七物異考改。按編年順序，本條應移至「四年二月」條之前。

〔一二〕厥妖馬生角　「生」字原脫，據漢書卷二七下之上五行志所引京房易傳、通考卷三一一物異考補。

〔一三〕紹熙元年二月丙申　「紹熙」，原作「紹興」。按本條所記是留正充右丞相時事，據本書卷二一三宰輔表，留正於淳熙十六年正月任右丞相，紹熙元年七月乙卯除左丞相，通考卷三一一物異考作「紹熙元年」，是，據改。

〔四〕保州敵軍校　文義不可通。按本書卷一八七兵志載河北保州有無敵軍，疑「保州」下脫「無」字。

〔五〕紹興二年春　按上文是淳熙十六年，下文是慶元元年，其間的年號是紹熙，不得有紹興紀年。此處「紹興」疑爲「紹熙」之誤。

宋史卷六十三

志第十六

五行二上

火

炎上，火之性也。火失其性，則爲災眚。舊說以恆燠、草妖、羽蟲之孽，羊禍、赤眚、赤祥之類，皆屬之火，今從之。

建隆元年，宿州火，燔民舍萬餘區。二年三月，內酒坊火，燔舍百八十區，酒工死者三十餘〔一〕。三年正月，滑州甲仗庫火，燔儀門及軍資庫一百九十區，兵器、錢帛並盡。開封府通許鎭民家火，燔廬舍三百四十餘區。二月，安州牙吏施延業家火，燔民舍并顯義軍營六百餘區。五月，京師相國寺火，燔舍數百區。海州火，燔數百家，死者十八人。乾德四年二月，岳州衙署、廩庫火，燔市肆、民舍殆盡，官吏踰城僅免。三月，陳州火，燔民舍數十區。潭州火，燔民舍五百餘區；踰月，民周澤家火，又燔倉廩、民舍數百區，死者三十六人。是春，諸州言火者甚衆。八月，衡州火，燔公署、倉庫、民舍僅千餘區。五年，京師建隆觀火。

開寶三年八月，辰州廨火，燔軍資庫。五年七月，忠州火，倉庫殆盡。七年九月，永城縣火，燔民舍一千八百餘區。八年四月，洋州火，燔州廨、民舍千七百區。永城縣火，燔軍營、民舍千九百八十區，死者九人。

太平興國七年八月，益州西倉災。

雍熙元年五月丁丑，乾元、文明二殿災。初夕，陰雲雷震，火起月華門，翌日辰、巳方止。二年九月庚寅夜，楚王元佐宮火，燔舍數百區，王自是以疾廢于家。三年，光化軍民卻勳家火，延燔軍廨、舍、庫。

端拱元年二月，雲安軍威棹營火。二年三月，衡州火，燔州縣官舍、倉庫、軍營三百餘區。又崇賢坊有烏燔數十處〔三〕，七日不滅。

淳化三年十月，蔡州懷慶軍營火，燔汝河橋民居、官舍三千餘區，死者數人。十二月，建安軍城西火，燔民舍、官廨等殆盡。四年二月，永州保安津舍火，飛焰過江，燒州門及民屋三百餘家。

咸平二年四月，池州倉火，燔米八萬七千斛。

景德元年正月，平虜軍營火，焚民居廬舍甚衆。四年十一月，郢州火，燔倉庫並盡。

大中祥符元年正月，桂州甲仗庫災。二年四月，昇州火，燔軍營、民舍殆盡。四年八月，徐州草場火。十月，鎮州城樓、戰棚火。七月，雄州甲仗庫火。八年二月甲寅，宗正寺火。四月壬申夜，榮王元儼宮火，自三鼓北風甚，癸酉亭午乃止，延燔左承天祥符門、內藏庫、朝元殿〔三〕、乾元門、崇文院、祕閣、天書法物內香藏庫。九年五月甲子，左天廐坊草場火。

天禧二年二月戊寅，北宅蔡州團練使德雍院〔四〕火，延燔數百區。三年春，京師多火。六月，永州軍營火，延民舍數百餘區。五年四月丁巳，事材場火。

天聖三年二月丁卯，蘄州榷貨務火。五年四月壬辰，壽寧觀火。七年六月丁未，玉清昭應宮災。初，大中祥符元年，詔建宮以藏天書。七年，宮始成，凡二千六百一十楹。至是，火發夜中，大雷雨，至曉而盡。

明道元年八月壬戌，修文德殿成。是夜，禁中火，延燔崇德、長春、滋福、會慶、延慶〔五〕、崇徽、天和、承明八殿。

景祐三年七月庚子，太平興國寺火起閣中，延燔開先殿及寺舍數百楹。是夕，大雨雹。十月己酉，澶州橫龍水口西岸料物場火，焚薪芻一百九十餘萬。

寶元二年六月丁丑，益州火，焚民廬舍二千餘區。

康定元年六月乙未，南京鴻慶宮神御殿火。

慶曆元年五月癸亥，慶州草場火，延燔州城樓櫓。三年十一月丙寅，上淸宮火。四年三月丙戌夜，代州五臺山寺火。六月丁未，開寶寺靈感塔災。七月甲子，燕王宮火。六年七月辛丑，洪福禪院火。八年正月壬午，江寧府火。初，李景江南大建宮室、府寺，其制多倣帝室，至是一夕而焚，唯玉燭殿〔六〕獨存。

皇祐五年正月丁巳，會靈觀火。

至和元年四月辛丑，祥元觀火。二年，并州太宗神御殿火。

嘉祐三年正月，温州火，燔屋萬四千間，死者五十人。

治平四年十二月壬子夜，睦親宮火，焚九百餘間；甲寅，廣親宮又火。

熙寧六年二月丙申，永昌陵上宮火，燔東城門。七年九月壬子，三司火，自巳至戌，焚屋千八百楹，案牘殆盡。十一月，洞眞宮火。九年十月，魯王、濮王宮火。十年正月，仙韶院火，撤屋二百五十楹。三月丙子，開封府火。

元豐元年八月，邕州火，焚官舍千三百四十六區，諸軍衣萬餘襲，穀帛軍器百五十萬。四年六月，衡州火，燒官舍、民居七千二百楹。欽州大雷震，火焚城屋。五年二月，洞眞宮火。八年二月辛巳，開寶寺火。時寓禮部貢院於寺，點校試卷官翟曼、陳之方、馬希孟焚死，吏卒死者十四人。

元祐元年三月，宗室宮院火。六年十二月，開封府火。

紹聖三年三月七日，內尙書省火，尋撲滅。上諭執政：禁中屢火，方醮禳，已罷春宴，仍不御垂拱殿三日。四年七月甲子，禁中火。

元符元年四月，宗室宮院火。

建中靖國元年六月壬寅，集禧觀火，大雨中久而後滅。

崇寧二年六月，中太乙宮火。三年三月辛丑，大內火。

政和三年四月，蘇州火，延燒公私屋一百七十餘間。五月，封州火，延燒公私屋六百八十二間。五月辛丑，京師大盈倉火。是歲，成都府大慈寺、温州絳州皆火。

重和元年九月，掖庭大火，自甲夜達曉，大雨如傾，火益熾，凡爇五千餘間，後苑廣聖宮及宮人所居幾盡，焚死者甚衆。

靖康元年十二月丙子夜，尙書省火，延燒禮、祠、工、刑、吏部，拆尙書省牌擲火中禳之乃息。二年三月戊戌，天漢橋火，焚百餘家。頃之，都亭驛又火。己酉，保康門〔七〕火。

紹興元年十月乙酉，臨安府、越州大火，民多露處。十二月辛未，越州火，焚吏部文書，乙酉，移蹕錢塘。二年正月丁巳，宣州火，燔民居幾半。五月庚辰，臨安府大火，亙六七里，燔萬數千家。十二月甲午，行都大火，燔吏刑工部、御史臺、官府、民居、軍壘盡，乙未旦乃熄。三年九月庚申，行都闕門外火，多燔民居。四年正月戊寅，行都火，燔數千家。六年二月，行都屢火，燔千餘家。十二月，行都大火，燔萬餘家，人有死者。時高宗親征劉豫，都民之暴露者多凍死。七年正月辛未，平江府火。二月辛丑，鎭江府、楚眞揚太平州火。是歲，臨安府火。八年二月丁酉，太平州〔八〕大火，宣撫司及官舍、民居、帑藏、文書皆盡，死者甚衆，錄事參軍呂應中、當塗縣丞李致虛死焉。九年二月己卯，行都火。七月壬寅，又火。十年十月，行都火，燔民居，延及省部。十一月丁巳，温州大火，燔州學、酤征舶等務、永嘉縣治及民居千餘。十一年七月癸亥，婺州大火，燔州獄、倉場、寺觀曁民居幾半。九月甲寅，建康府火，燔府治三十餘區，民居三千餘家。十二年二月辛巳，鎭江府火，燔倉米數萬石，芻六萬束，民居尤衆。是月，太平、池州及蕪湖縣皆火。三月丙申，行都火。四月，行都又火。十四年正月甲子，行都火。十五年，大寧監火，燔官舍、帑藏、文書。九月甲子，行都火，經夕，漸近太室而滅。十七年八月，建康府火。十二月辛亥，靜江府火，燔民舍甚衆。二十年正月壬午，行都火，燔吏部文書皆盡。二十五年，汴京宮室悉焚。二十六年，潭州南嶽廟火。二十九年四月，鎭江府火，焚軍壘、民居。十二月丙子，夔州大火，燔官舍、民居、寺觀，人有死者。

乾道元年正月，泰州火，燔民舍幾盡。是年春，德安府應城縣廐驛火。二年冬，眞州六合縣武鋒軍壘火。十二月，婺州火。自是火患不息，人火之也。三年五月，泉州火。五年十二月壬申，太室東北垣外民舍火。七年十一月丁亥，禁垣外閹人私舍火，延及民居。九年九月，台州火，經夕，至于翌日晝漏半，燔州獄、縣治、酒務及居民七千餘家。

淳熙元年十二月丁巳，泉州火，燔城樓及五十餘家。二年六月戊午，潭州南嶽廟火。八月，嚴州火。十一月癸亥，麗正門內東廡災。是歲，瀘州火，坐上焚民居不實，守臣貶秩。三年九月，大內射殿災，延及東宮門。四年十一月辛酉，鄂州南市火，暴風通夕，燔千餘家。五年四月庚寅，興州沙市火，燔三百四十餘家，有死者。十一月，和州牧營火，燔一百六十區。七年二月，江陵府沙市大火，燔數千家，延及船艦，死者甚衆。八月，温州試士，火作于貢闈。八年正月，揚州火。九月乙亥，行都火。九年九月，合州大火，燔民居幾盡，官舍僅有存者。十一年二月辛酉，興元府義勝軍壘舍火。十二年八月，温州火，燔城樓及四百餘家。十月，鄂州大火，燔萬餘家。江風暴作，結廬隄上、泊舟岸下者，焚溺無遺。十四年五月，大內武庫災，戎器不害。六月庚寅，行都寶蓮山民居火，延燒七百餘家，救焚將校有死者。五月，成都府市火，燔萬餘家。十六年九月，南劍州大火，民居存者無幾。

紹熙元年八月壬寅〔九〕，處州火，燔數百家。十二月戊申，建寧府浦城縣火。時查洞寇張海作亂〔一〇〕，焚五百餘家。二年四月，行都傳法寺火，延及民居。言者以戚里土木爲孽火數起之應。是月，徽州大火，夜燔州治、譙樓、官舍、獄宇、錢帑庫務，凡十有九所，五百二十餘區，延燒千五百家，自庚子至于壬寅，乃熄。五月己巳，金州火，燔州治、官舍、帑藏、保勝軍器庫、城內外民居甚衆。三年正月己巳，行都火，通夕，至于翌日，闤闠焚者半。十一月，又火，燔五百餘家。十二月甲辰，鄂州火，至于翌日，燔八百家。

慶元二年八月己酉，永州火，燔三百家。三年閏月甲申〔一一〕，金州都統司中軍壘舍火，焚千三百餘區。閏六月乙酉〔一二〕，又火，燔二千餘區。是冬，紹興府僧寺火，延燒數百家。六年八月戊戌，徽州火，燔州獄、官舍，延及八百餘家。

嘉定元年三月戊寅，行都大火，至于四月辛巳，燔御史臺、司農寺、將作軍器監、進奏文思御輦院、太史局、軍頭皇城司、法物庫、御廚、班直諸軍壘，延燒五萬八千九十七家。城內外亙十餘里，死者五十有九人，踐死者不可計。城中廬舍九燬其七，百官多僦舟以居。火作於寶蓮山御史臺胥楊浩家，諫議大夫程松請戮浩以謝都民。疏再上，始黥配萬安軍，猶免決。自是民訛言相驚，亡賴因縱火爲姦利。二年六月己卯，臨安府火。三年正月丁酉，襄陽府火作而風暴，選鋒軍校于友直死於救焚，止延燒六十餘家。帥、漕臣上其功，贈二秩，官其子二。十一月甲午，福州火，燔四百餘家。四年三月丁卯，行都大火，燔尙書中書省、樞密院、六部、右丞相府、制勑粮料院、親兵營、修內司，延及學士院、內酒庫、內宮門廡，夜召禁旅救撲。太室撤廟廡，遷神主幷册、寶於壽慈宮。翼日戊辰旦，火及和寧門鴟吻，禁卒張隆飛梯斧之，門以不焚。火作時，分數道，燔二千七十餘家。又翌日己巳，神主還太室。時省部皆寓治驛、寺。四月丙申，臨安府梵天寺火。六月，盱眙軍天長縣禁軍營火，鎧械爲盡。八月壬辰，鄂州外南市火，燔五百餘家。

開禧二年二月癸丑，壽慈宮災。四月壬子，行都火，燔數百家。

嘉定二年八月己巳，信州火，燔二百家。九月丁酉，吉州火，燔五百餘家。是歲，瀘州火，燔千餘家。十一月丁亥，建寧府政和縣火，燔百餘家。四年閏二月己卯，紹興府嵊縣浦橋火，燔百餘家。三月，滁州火〔三〕，燔民居甚多。十月，撫州火。辛卯，福州一夕再火，燔城門、僧寺，延燒千餘家，死者數人。五年五月己未，和州火，燔二千家。八年八月辛丑，湖州火，燔寺觀，延燒三百家。九年七月甲戌，南劍州沙縣火，燔縣門、官舍及千一百餘家，民有死者。十一年二月，行都火，燔數百家。九月己巳，禁垣外萬松嶺民舍火，燔四百八十餘家。十三年二月庚寅，安豐軍故步鎮火，燔千餘家，死者五十餘人。八月庚午，慶元府火，燔官舍、第宅、寺觀、民居甚衆。十一月壬子，行都火，燔城內外數萬家、禁壘百二十區。十七年四月丁卯，西和州焚軍壘及居民二千餘家，人火之也。守臣尙震午誤以爲金人至而遁。六月丁亥，岳州火，燔岳陽樓、州獄、帑庫，延及八十家。己丑，又火，燔百餘家。

紹定元年三月，行都火，燔六百餘家。

嘉熙元年六月，臨安府火，燔三萬家。

淳祐元年，徽州火。十二年十一月丙申，行都火，至丁酉夜始熄。

景定四年，紹興火。五年，臨安府大火。

德祐元年，玉牒所災。

乾德二年冬，無雪。五年冬，無雪。

開寶元年冬，京師無雪。二年冬，無雪。

淳化二年冬，京師無冰。

至道元年冬，無雪。二年冬，無雪。
大中祥符二年，京師冬温，無冰。
天聖五年，夏秋大暑，毒氣中人。
嘉祐六年冬，京師無冰。
治平四年冬，無雪。
元豐八年冬，無雪。
元祐元年冬，無雪。四年冬，京師無雪。五年冬，無冰雪。
紹興五年五月，大燠四十餘日，草木焦槁，山石灼人，暍死者甚衆。三十一年冬，無雪。
乾道三年，冬温，少雪無冰。五年，冬温，無雪。六年，冬温，無雪冰。
紹熙三年冬，潼川路不雨，氣燠如仲夏，日月皆赤，榮州尤甚。
慶元元年冬，無雪。二年冬，無雪。四年冬，無雪。越歲，春燠而雷。六年，冬燠無雪，桃李華，蟲不蟄。
開禧三年冬，少雪。
嘉定元年，春燠如夏。六年冬，燠而雷，無冰，蟲不蟄。八年夏五月，大燠，草木枯槁，百泉皆竭，行都斛水百錢，江、淮杯水數十錢，暍死者甚衆。九年冬，無雪。十三年冬，無冰雪。越歲，春暴燠，土燥泉竭。

建隆二年九月，亳州獻芝一株。

乾德四年閏八月，黄岡縣民段贇屋柱生紫芝一本二莖，知州鄧守忠以獻。十二月，登州獻芝五莖。

開寶四年，成都府民羅達家生芝。六年正月，知梓州趙延通獻芝一本。河中府大明觀殿芝草生，節度使陳思讓以聞。七年七月，陳州節度党進獻控鶴營卒孫洪家芝二本。八月，又獻芝一本，四十九莖。九月，廊城縣廨芝生柱上，刺史王明以獻。十月，梓州獻芝草。

太平興國二年八月，青城縣民家竹一本，上分雙莖。三年六月，項城縣令王元正獻芝草。七月，廣州獻芝草。八月，功臣堂柱生芝二本，知州范旻畫圖以獻。四年八月，廣州獻芝草。九月，華山道士丁少微獻白芝、黝芝各一器。五年五月，眉山縣竹一莖十四節，上分二枝，長丈四尺。九月，眞定府行宮殿梁生芝，如荷花，知府趙賢進以圖來上。十月，龍水縣華嚴寺舊截竹爲筒引水，忽生枝葉，長二丈許，知州姜宣以聞。六年三月，廣州獻黃芝一本九莖。七月，新津縣趙豐村竹一莖十二節，上分兩岐，知州崔憲以聞。七年六月，知黄州裴仁鳳獻芝草。七月，知羅江縣陳覃，於羅璝山獲芝四本以獻。湘陰縣萬壽寺松根，芝草二本生，轉運副使趙昌獻芝。八月，再生四本，昌又獻。潭州民歐陽進、夏侯敏園中芝三本。宜興縣民長孫裕家生芝，紫莖黃蓋。十月，雄州實信院竹叢生芝草，僧致仁釆之復生，悉以上獻。八年二月，知福州何允昭獻芝二本。五月，漢州獻芝。十月乙酉，蜀州獻瑞竹一本十六節，上分兩枝。知連州史昭文獻芝二莖。十一月，婺源縣民王化於王陵山石上，得紫芝一本，叢生五莖。金州監軍廨生芝三本。九年十月，金州獻芝三本，永康軍獻芝九莖，同日至闕下。十一月，知梓州沈護獲芝三莖。

雍熙二年七月，靈州芝草生，知州侯贇刻木爲其狀來獻。三年三月，殿前承旨張思能使楚、泗，獻所得芝草五本。四月，眉山縣獻異竹圖。八月，刑部尚書宋琪家牡丹三華。

端拱元年五月，知襄州郝正獻芝五本。八月，廣州鳳集合歡樹下，得芝三本。二年七月，彭山縣民家生異竹。舒州芝草生，知州趙孚以獻。十月，密州獻芝草。

淳化元年四月，永州監軍廨芝草生，知州克憲以聞。八月，黃州刺史魏丕獻芝草。二年二月，射洪縣安國寺竹二莖同本。六月，舒州竹連理，知州樂史以聞。十一月，陵州民趙崇家慈竹二莖，長六尺許，其上別有根柢，莖分十枝，長丈餘；又一本三莖並聳。三年十月，朗州異竹生。京師太平興國寺牡丹生華，占云：「有喪。」是月，恭孝太子薨。四年正月，知興化軍馮亮獻芝草。十月，彭門芝草生。十二月，榮州獻異竹圖。五年正月，密州獻芝草四本，枝葉扶疎。二月，知温州何士宗獻芝草五本；十月，又獻十本。

至道元年十一月，潭州監軍廨生竹一本，長二尺許，枝葉萬餘，尤爲殊異。二年六月，虔州龍泉縣合龍院一竿分兩枝。河南縣民張知遠家芝草生，判府呂蒙正表上之。閏七月，密州獻芝二本。三年二月，廣東轉運使康戩獻紫芝。

咸平元年十二月，宣化縣保聖山瑞竹生一本二枝。二年閏二月，宣、池、歙、杭、越、睦、衢、婺諸州箭竹生米如稻。時民飢，采之充食。九月，劍州驛廳梁上生芝草，一枝三朵，其色黃白，知州李仁衡圖以獻。四年正月，濰州獻芝草一本，如佛狀。十二月，知淮陽軍王礪獻芝草三本。六年五月，導江縣民潘矩田生芝，三層，黃紫色，高五寸許。九月，相州牧龍坊生芝一莖，色紫黃，長尺餘，分七枝，枝如手五指狀。其最上枝類鳳者，知州張鑑以獻。

景德三年八月，蔡州獻芝草。四年十月，知廣安軍王奇上芝草圖。十二月，蓬州上瑞竹圖。

大中祥符元年四月，温州獻瑞竹圖。五月辛未，以東封，遣經度制置使王欽若祭文宣王廟，於孔林得芝五株，色黃紫，如雲色及人戴冠冕之狀。詔內侍楊懷玉祭謝。復得芝四本，輕黃，如雲氣之狀。癸未，內侍江德明於白龍潭石上，得紫黃芝一本以獻。六月，瑕丘縣民宋固於堯祠前得黃紫芝九本，連理者四；又縣民蔡珍得芝一本；王欽若以獻。欽若又於岱嶽及堯祠前，再得芝二十二本，連理者二，及有貫草石者。七月，欽若親獲芝十一本，又州長及民所得二十六本，有重臺連理及外白內紫之狀，且言：「泰山至日生芝草，軍民競采，請給緡帛。」從之。兗州獄空，司理參軍郭保讓掃除其間，得芝四本。八月，須城縣民家芝草生。乾封縣民家屋柱生芝，滋長連亙，色鮮潔，如繪畫。欽若獻芝草八千一百三十九本，有貫草木、附石、連理及飾爲寶山者。黃州獻異竹一本雙莖。九月，趙安仁來獻五色金玉丹紫芝八千七百十一本。鞏縣柴務牡丹華。十月，泰山芝草再生者甚衆。辛丑，車駕次鄆州，知州馬元方獻芝草五本。甲辰，欽若等又獻泰山芝草三萬八千五十本，有並五連、三連理者，五色重暈如寶蓋，下相連帶，凡草木五穀如寶山、靈禽、瑞獸之象者六百四十二。詔令封禪日列天書輦前，又送諸路名山勝景及賜宰相。是月，復州獻芝草，類神仙佛像。河中府酒廚梁上生芝一本十二葉，其色如玉。安陽縣段贊家紫芝連理，長尺餘。又民李釗屋柱生芝三本。霍丘縣河亭及聖惠坊並有紫芝生。十二月，福州懷安縣龍眼樹上紫芝連理。溫州獻靈芝圖。二年正月，福州荔枝樹生連理芝二本。二月，饒州獻芝草四本。七月，遂州皇澤寺芝草生，凡五十本。九月，榮州廨庭中生芝二本。十月，果州青居山獻金暈連理芝草。十一月，華山張超谷石上生紫芝二本。嵩岳生芝草五十本。石首縣文宣王廟殿柱芝草生。又龍蓋山萬福里民宗永昌園藤上芝草生一本雙莖。十二月，漢州芝草生。黔州芝草一莖十二枝，若山峰狀。三年正月，井研縣三惠寺生芝草十本。二月，昌州廨廳柱芝生四本。閏二月，饒州芝草生。三月，西充縣青蓮塔院、太平觀並生芝草。四月，京師竹有華，占云：「歲不豐。」六月，繇、邵、鄂州並芝草生。七月，虢州聖女觀生芝草三本。八月，潁縣〔四〕民得田芝十二本。蜀州生芝草，一莖九葉。江陵縣民張仲家竹自根上分幹，其一幹又分三莖。九月，江陵府永泰寺竹出地七節，分爲兩莖，長丈餘，知府陳堯咨以聞。華州敷水民侯元則入華陽川石罅，得芝一本，知州顧端以獻。十月，內侍任文慶詣茅山，設醮洞中，獲芝草二十八本，有如人手者。十一月，安鄉縣謝山獲芝二十二本，其七狀如珊瑚而色紫。十二月，神泉縣獲芝四本。四年正月，知華州崔端獻芝草，狀如仙人掌。須城縣民李道安於黃仙公洞臺上得芝草一本以獻。二月，崔端又獻芝草十本。知益州任中正獻芝草二十二本。知遂州毋賓古獻芝草。四月，古田縣僧舍竹一本，上分三莖。端昌縣〔五〕民李讓家筆竹一本，去地五尺許，分爲二莖，知州范應辰以聞。六月，夔州芝草生廩舍中。七月，知亳州徐泌、知江州王文震並獻芝草。知郴州袁延慶獻芝草十本。八月，邕州雲封寺柏樹生芝五本，知州劉知詰以獻。西充縣廣川王廟生芝十本，其三連理。八月，知信州李放獻瑞竹圖三本。十一月，河中府獻芝草。眞源縣民王順慈、司徒揵家生芝各一本。岳州、道州並獻芝草。南嶽奉册使薛映、副使錢惟演過荆門軍神林石上，獲芝草以獻。十二月，鉛山縣仁壽僧舍生芝草一本，雙枝，長尺八寸。五年六月，潯州六祖院法堂紫芝雙秀，知州高志寧以聞。八月，亳州獻芝草。十月，澤州廳事梁上，生白莖紫蓋芝二十四本。閏十月，常州芝草生。又蕭山縣芝生李樹上十一本。十一月，廣州獻芝草二百三十七本。晉原縣僧舍芝草一本。十二月，隨州芝草生。亳州獻鹿邑縣民所獲芝草四本。候官縣山上生芝草五十四本。閩縣望泉寺生芝草十本。寧德縣支提山石上生芝草十五本。六年二月，江州廬山崇聖院生芝九本，知州王文震以獻。四月，饒州承天院東山生芝四本，連葉。六月，壽丘縣獲紫莖金芝一本。景陵縣管陽山林中獲芝三十本。七月，內侍石延福登兗州壽丘，獲芝一本，貫草而生，又旁得三十本。亳州團練使高漢英獻芝八本。鼎州城門柱下生芝一本。八月，繼照堂生芝一本，紫莖黃蓋。奉祀經度制置使丁謂至眞源縣，太淸宮道士、瀨陽鄉民繼獲芝八十本以獻。乙丑，又獲二百五十本，有一本三莖，一莖如雲氣佛像者。九月，又得宋城縣民所獲芝五十本獻之。十月，丁謂來朝，獻芝草三萬七千一百八本，飾以仙人、寶禽、異獸之狀；十一月，又獻九萬五千一百本。明年，車駕至眞源，民有詣行闕獻者，又一萬八千本。是冬，兗州景靈宮芝草生。慶成軍大寧廟聖製碑閣生金芝二本。昭州龍嶽山資壽寺芝草生。潯州廳廨柱芝生一本，上分爲二，其上又生二本，凡三重。無錫縣民曹誂家食案生芝，赤黃有光，長尺許。又知南安軍章得一獻芝草。七年正月，明州獻茹侯山石上芝草一本四莖。二月，知信州歐陽陟獻芝草七本，忠州獻芝五本。四月，福州獻芝草二本。五月，鄞縣西上石崖生紫芝十五本。七月，華州民入華山，得白石上芝草，雙莖連蓋。八月，均州、獻州獻芝千二百二十七本。十月，慶成軍大寧廟石雙莖芝生，其上合幹。明、英二州芝草生。十一月，蜀州芝草二本生竹根。八年二月，青州武成王廟柱生芝一本，知州張知白以圖獻。三月，榮州應靈縣彌陀佛舍生紫芝三本，其一雙幹，上如蓋。四月，昌州有芝生石上，一本四莖，其色黃白。四月，彰明縣民家竹一根，上分二本、十三節。又開元寺桃竹一莖，上分十八節，皆相對。五月，道州舜祠旁生芝二十一本。六月，盩厔縣民家芝草三莖，共成一葉，又石芝一本。十月，晉原縣民柏屐家生芝三根，合爲一本。九年七月，知信州董温獻芝十二本。八月，知廬州余獻卿獻芝二本。九月，涪城縣石壁生芝二本。十一月，武岡縣民何文化園竹生兩株同本，上分四莖。十二月，晉原縣民李彥滔家竹一本，雙莖對節，知州王世昌圖以獻。

天禧元年三月，新津縣平蓋下玉皇案下芝草生。鄂州天慶觀聖祖殿芝草生。四月，邵陽等縣竹生穗如米，民饑食之。又浮梁縣竹生穗如米。七月，漢陽軍太平興國寺異竹一本，生二莖，節皆相對。十二月庚午，內出芝草如眞武像。二年正月庚子，內出眞遊、崇徽二殿梁上芝草圖示宰相。五月，兗州景靈宮昭慶殿生金芝二本。三年六月，漢陽軍芝草生，一百五十餘本。七月，嵩山崇福宮獲芝草一百本，有重臺連理、貫草者，知河南府馮拯以獻。四年四月，梁山軍民王崇㞒竹園，生金暈紫芝五本。十一月，上饒縣民王壽園中生芝草三本，皆金暈，其二連理。

乾興元年六月，蘇、秀二州湖田生聖米，居民取以食。興州竹有實，如大麥，民取以食，占曰：「大饑。」八月，洋州民李永負土成母墳，芝生墳上。

天聖元年五月，興州竹有實如大麥，民取以食之，占曰：「竹有實，大饑。」八月甲寅，有芝生于天安殿柱，召輔臣觀之。九月戊午，城西下木場芝草生。三年七月，梓州城門生芝二本。四年正月，梓州民家生芝四本。九月，榮州芝生。

明道元年七月，榮州、連州並芝生。

景祐二年九月，嘉州芝草生。四年五月丙寅，有芝生于化成殿楹。

慶曆元年二月丙午，京師雨藥。二年八月，梓州芝草生。五年八月，洪州章江禪院堂柱芝草生，高一尺三寸，葉二十一層，色白黃，有紫暈；旁生小芝，葉九層，上有氣如煙。

皇祐元年七月，福州生芝一十二本。十月，湖州芝草生。三年六月丁亥，無爲軍獻芝草，凡三百五十本。上曰：「朕以豐年爲上瑞，賢臣爲寶，至於草木、魚蟲之異，焉足尙哉！」五年閏七月，榮州芝草生。

嘉祐三年十一月，河南府芝草生。六年正月，清川縣漢光武祠生芝草，一本三岐。八月，施州歌羅砦生芝四本。十月，汝州新砦巡檢廨舍生芝五本。

熙寧元年，益陽縣雷震山裂，出米可數十萬斛，賫至京師，信米也，但色黑如炭。八年七月，鼎州產芝三本，其一類珊瑚，枝葉摎結。鹽官縣自三月地產物如珠，可食；水產菜如菌，可爲菹，饑民賴之。九年五月，流江縣產芝二十一本。

元豐二年四月，眉州生瑞竹。六月，忠州雨豆。七月甲午，南賓縣雨豆。十一月，全州芝生十二本。三年六月，安州芝生二十九本，其一連理。臨江軍芝生四十三本。四年十月，鄞縣天慶觀生瑞竹一本，自第九節分莖雙起。五年七月，永康縣生紫芝九本。十一月，閬中縣生紫芝六、金芝七。永康縣生紫芝九。六年八月，吉州芝生三十三本。十二月，滕縣官舍生異草，經月不腐。七年四月，景靈宮芝生六本於天元殿門。五月，開化縣芝生九本，黃白紫色。八月，永安陵下宮芝生一本。十月，青州芝生二十一本。

元祐元年七月，武安軍言：「前祕書省正字鄧忠臣母墳前生芝草一本，紫莖黃蓋。」三年六月，臨江縣塗井鎭雨白黍；七月，又雨黑黍。四年九月，江津縣石上生芝草二本六莖。五年二月，晉原縣生芝草四十二本。七年十一月，滁州生芝二百餘本。

紹聖三年九月，淄川縣生芝草，有穀十科穿芝草生二枝。十月，河南府大內地生芝草，元符二年正月，處州民田生瑞竹。二月，瀘州生芝草一本，同根駢幹，至蓋復合爲一。又衡州郡廳生紫芝一根十六葉。

崇寧元年八月，盤石縣芝草連理。三年十月，復州、澤州芝草生。四年正月，戎州、宿州芝草生。七月，瀘州芝草、瑞竹生。五年冬，澶州、安州芝草生。

大觀元年三月，宣、鄆、湖、潤州皆芝草生。廬州雨大豆。九月，崇天臺及兗州孔林芝草生。二年，陳兗鄧州、廣德軍芝草生。三年秋，西京、湖海普渠州、南安軍芝草生。

政和元年正月，萊州芝草生。十一月，處州聖祖殿芝草生。二年二月戊子，河南府新安縣蟾蜍背生芝草。自是而後，祥瑞日聞。玉芝產禁中殆無虛歲，凡殿宇、園苑及妃嬪位皆有之，外則中書尚書二省、太學、醫學亦產紫芝。四年八月，建州境內竹生米數千萬石。五年十一月癸酉，越州承天寺瑞竹一竿七枝，幹相似，其葉圓細，生花結實。詔送祕書省，仍拜表賀。五年五月，禁中芭蕉連理。八月甲子，蘄州進芝草一萬一千六百枝，內一枝紫色，九幹。十二月己未，汝州進六萬本，其間連理、雙枝者一千八百八十，有司不勝其紀。初猶表賀，後以爲常，不皆賀也。時朱勝非爲京東提舉學事，行部至密州界，見縣令部數百夫入山採芝。彌漫山谷，皆芝菌也。或附木石，或出平地，有一本數十葉，層疊高大，衆色咸備。郡守李文仲採及三十萬本，每萬本作一綱入貢。文仲尋進職，授本道轉運使。

建炎二年九月癸卯，權知密州杜彥獻芝草，五葉，如人指掌，色赤而澤。宰臣黃潛善奏：「色符火德，形像股肱之瑞。」高宗不啓視，却之。

紹興元年七月乙未，浙西安撫大使劉光世，以枯秸生穗奏瑞。高宗曰：「朕在潛邸，梁間生芝草，官僚皆欲上聞，朕手碎之，不欲寶此奇怪。」乃却之。十六年正月辛未，瀘州天雨豆，近草妖也。十六年〔六〕，梅州孔子廟生芝。二十一年，紹興府學御書下生芝。番陽縣石門民家籬竹生重萼牡丹，又民家竈鼎生金色蓮華。房州治所綵山下生蕙。萬州、虔州放生池生蓮，皆同蔕異萼。二十三年六月，汀州生蓮，同蔕異萼者十有二。二十五年五月，太室楹生芝九莖，秦檜帥百官觀之，稱賀。勾龍庭、沈中立以獻頌遷擢，周麟之請繪之鹵簿行旗。檜孫禮部侍郎塤請以黎州甘露降草木、道州連理木、鎭江府瑞瓜、南安軍瑞蓮、嚴信州瑞芝，悉圖之旗。是冬，檜薨，高宗曰：「比年四方奏瑞，文飾取悅，若信州林機奏秦檜父祠堂生芝，佞諛尤甚。」明年四月甲午，詔郡國無獻瑞。

乾道元年七月，池州竹生穗，實如米，飢民采之以食，守臣魯詧爲野穀生竹圖以獻。御史劾詧不以民食草木爲病，坐佞免官。

慶元五年八月，太室西北夾室楹生白芝，四葉，前史以白芝爲喪祥。明年八月，國連有大喪。

嘉泰二年十一月，祕書省右文殿楹生芝二莖。

校勘記

〔一〕酒工死者三十餘　「三十」，原作「三千」，據本書卷一太祖紀、宋會要瑞異二之三一改。

〔二〕有烏燔數十處　原刊文義不明，通考卷二九八物異考作「有烏銜火燔數十處」，疑本句「烏」下當有「銜火」二字。

〔三〕朝元殿　原作「朝天殿」，據玉海卷一六〇、宋會要瑞異二之三二改。

〔四〕德雍院　「院」字原脫，據宋會要瑞異二之三三、通考卷二九八物異考補。

〔五〕延慶　原缺，據本書卷八五地理志、宋會要瑞異二之三三、長編卷一一一補。

〔六〕玉燭殿　「玉」字原脫，據長編卷一六二、通考卷二九八物異考補。

〔七〕保康門　原作「康門」，通考卷二九八物異考作「保康門」。按本書卷八五地理志，東京舊城南有三門，中曰保康；又見孟元老東京夢華錄卷一。此處當脫「保」字，據補。

〔八〕太平州　原作「太平府」。按宋無「太平府」，據繫年要錄卷一〇九、通考卷二九八物異考改。

〔九〕紹熙元年八月壬寅　「紹熙」原作「紹興」。按上文已敍至淳熙十六年，下文紀元爲慶元二年，中間不得有紹興紀年；且是年下所記處州火見通考卷二九八物異考，張海事見本書卷三六光宗紀，都繫於紹熙元年，據改。

〔一〇〕查洞寇張海　本書卷六二五行志作「查源洞寇張海」。

〔一一〕閏月甲申　通考卷二九八物異考作「五月甲申」。

〔一二〕閏六月乙酉　同上書同卷同篇作「閏六月乙酉」。

〔一三〕滁州　原作「除州」。按宋無「除州」，據通考卷二九八物異考改。

〔一四〕穎縣　按宋無此縣，疑誤。

〔一五〕端昌縣　疑爲「瑞昌縣」之訛。

〔一六〕十六年　此三字重出，當有衍誤。通考卷二九九物異考作「十八年」，疑是。

宋史卷六十四

志第十七

五行二下

火

乾德二年十月，眉州獻禾生九穗圖。四年四月，府州、尉氏縣、雲陽縣並有麥兩歧。五月，魚臺縣麥秀三歧。六月，南充縣民何約田禾一莖十三穗，一莖十一穗；七月，又生一莖九穗。

開寶二年五月，梓、蜀二州；六年四月，東明縣；八年五月，鄭州、梓州、合州巴川縣；並獻瑞麥。

太平興國元年九月，隰州獻合穗禾，長尺餘。十月，渝州獻九穗禾。三年四月，夏縣；

五月，舒州；六月，閬州：麥並秀兩歧。四年七月，洛州獻嘉禾。邛、資二州禾並九穗。八月，涇州民田並有嘉禾。九月，知温州何士宗獻嘉禾九穗圖。五年七月，蓬萊縣民王明田穀隔壠合穗，相去一尺許。八月，知慈州張愈獻合穗禾。九月，流溪縣；六年五月，汝陰縣；九年五月，施州：麥並秀兩歧。

端拱元年五月，陳州；淳化元年四月，魏城縣；七月，閬州；二年四月，蔡州；五月，陳州、陵州仁壽縣；四年五月，達州；五年四月，永城縣：並獻瑞麥。

至道元年六月，嘉禾生眉山縣蕭德純田，一本二十四穗。七月，金水縣胥羅翊田禾生九穗。舒州監軍吳光謙廨粟畦兩本，歧分十穗。臨渙縣民侯正家二禾合成一穗。八月，綿竹縣禾生九穗。夏州團練使趙光嗣獻嘉禾一函。十月，濠州獻瑞穀圖。二年五月，泗州獻瑞麥。三年二月，洋州嘉禾合穗，知州施翊以聞。四月，唐州、遂州、磐石縣並獻瑞麥。五月，黃州、建昌軍麥秀二三穟。八月，雅州禾一莖十四穗。雄州嘉禾生。九月，知代州李允正獻嘉禾穗一匣。

咸平元年五月，曲水縣麥秀二三穗。七月，嘉禾生後苑，一莖二十四穗。百丈縣民李文寶禾生一莖十七穗。八月，蘇州廨後園、邠州民田並禾生合穗。平夷縣民王義田禾兩穗合爲一。化城縣民張美田禾九穗。二年五月，華州麥秀二三穗。七月，資官縣吏董昭美禾一莖九穗者各一。棣、洺二州嘉禾合穗。彭城縣民張福先田粟一莖分四穗。八月，鄞縣趙範粟一莖九穗。玄武縣民李知進田粟一莖，上分五苗，成二十一穗。榆次縣民周貴田禾三莖共穗。三年五月，鄚縣、海陵縣並麥秀二三穗。七月，眞定府禾三莖一穗。達州民李國清田禾一苗九穗。八月，辰州公田禾生一莖三穗者四。隰州嘉禾合穗，圖以獻。四年八月，舒州嘉禾生。九月，知河中府郭堯卿獻嘉禾合穗圖。五年八月，臨汾縣民吉遇、洪洞縣民范思安田並禾生隔二隴上合爲一。六年七月，涉縣民連罕田隔四壠同穎。銅梁縣民楊彦魯禾一莖九穗。

景德元年正月，寧晉縣民耿待問田禾合穗者三本，知州王用和圖以獻。二年七月，獲鹿縣禾合穗。八月，滎陽縣及相州嘉禾異畝同穎。九月，幷州貢嘉禾圖。三年八月，大名府、滄州並嘉禾生。眞定府禾異畝同穎。九月，滎州禾一莖十八穗。四年六月，南雄州保昌民田禾一本九穗，以圖來獻。七月，神泉縣民張篆田禾一苗九穗。貝、兗二州嘉禾合穗。九月，衞德二州、廣安軍並上嘉禾圖。

大中祥符元年，曲水縣、南鄭縣並麥秀二三穗。七月，乾封縣奉高鄉民田禾異壠同穎，判州王欽若以聞。八月，鄆州獻嘉禾。淳化縣民賀行滿田禾隔四壠，相去四尺許，合爲一穗。新平縣民尹遇田禾合穗者二本。眞定府粟生二穗。九月，澧州嘉禾一莖十穗。虢州團練使綦興獻合穗禾。嘉州民潘德麟田禾二莖各九穗。麟州嘉禾生。二年六月，簡州民集若寧家禾九穗。七月，黔州嘉禾異畝合穗。八月，嘉州廨有一莖十四穗生庭中，岐山縣禾異畝同穎，知州施護以聞。三年四月，同州麥秀二三穗。七月，冀、淄、昭三州嘉禾多穗，異畝同穎。八月，寧化軍嘉禾合穗；寶鼎縣民張知友田禾隔四壠，相去二尺許合穗，判府陳堯叟以聞。樓煩縣民田禾異本同穎。劍州嘉禾生，一莖九穗。四年三月辛巳，帝至西京，福昌縣民朱懿文嘉禾一本七穗。昌元縣民舒元晃田禾一莖九穗，知州柴德方以聞。金水縣民田禾一莖三十六穗。四月，六安縣麥秀二三穗。五月，唐、汝、廬、宿、泗、濠州麥自生。八月，蜀州禾一莖九穗。長壽縣民常自天田禾合穗者二。蒲縣禾異畝同穎。九月，知虢州李昭獻合穗禾。五年四月，遂州麥秀兩穗或三穗。七月，華州禾一莖兩穗。眞定府四縣嘉禾合穗。八月，京兆府嘉禾生。九月，巴州禾一莖二十二穗，一莖十七穗。六年三月，邕州麥秀兩穗或三穗。七月，益州嘉禾九穗至十穗。朝邑縣民田禾八莖同穎。己未，召近臣觀嘉穀于後苑，有七穗至四十八穗，繪以示百官。八月，龍門縣、永寧軍博野縣〔一〕民田並嘉禾生合穗。瀛州嘉禾生，知州馮守信以聞。忻州秀容、定襄二縣民田禾合穗。保定軍公田、大通監並嘉禾生。九月，京兆府獻長安縣嘉禾圖，一枝雙穗。七年，通泉縣尉劉定廨官廨禾一本六穗。邯鄲縣民馬乂田禾隔壠合穗者二本。滁州榷酒署內禾一莖二穗。晉原、平原二縣民田禾並一本十二穗。三月，鄜城縣麥秀兩穗、三穗。八月，知亳州李迪獻禾一莖三穗至十穗。府谷縣民劉善田禾隔三壠合成一穗。嵐州牙吏燕清田禾一莖八穗，一莖五穗。遂州平城民田禾隔二壠合穗，有十三本或二十一本合爲一者。九月，施州禾一莖九穗至十二穗。眞定、貝州並嘉禾合穗。八年，湖陽縣麥秀兩穗、三穗。四月，旭川縣民任慶和田禾一莖九穗。閏六月，眉山縣民楊文繼、邛州李義田禾並一莖九穗。七月，永靜軍禾隔壠合穗者二，軍使仲甫以聞。八月，桂陽監民何文勝田粟一本二穗。九年四月，建初縣麥秀兩穗或三穗。八月，判大名府魏咸信獻合穗禾。永靜軍阜城縣民田穀隔三壠合穗者二本。廣州嘉禾生。安化縣民吳景延田禾穗長尺五寸。九月，知鳳翔府趙湘、知邠州王守斌並獻嘉禾圖。

天禧元年七月，流江縣禾一莖九穗。二年九月，河北安撫副使張昭遠獻穀穗三，各長尺餘。資州禾一莖九穗。三年七月，饒陽縣民楊宣田禾二壠，相去二尺許，合爲一穗。益州嘉禾一莖九穗。四年八月，內出玉宸殿瑞穀圖示近臣，每本有九穗、十穗者。九月，鄠縣民岑貫田禾一莖九穗，知州蘇維甫以聞。五年四月，河南府民田嘉禾合穗，知府王欽若以聞。七月，導江縣民趙元賞、靑城縣民王偉田禾並一莖九穗。

乾興元年五月，南劍州麥一本五穗。綿州麥秀兩岐。八月，洋州嘉禾合穗。十一月，高陵縣嘉禾合穗。

天聖二年八月乙酉，寧化軍嘉禾異畝同穎。四年九月，滎州禾一本九穗。五年，資州禾一本九穗。六年，忻州禾異本同穎。五月乙未，陳州瑞麥一莖二十穗。六月，陳州獻瑞麥圖。七年七月，河南府嘉禾合穗。八年八月壬午，召近臣觀瑞穀於元眞殿。九年，膚施縣禾異畝同穎。

景祐元年七月，磁州嘉禾合穗。八月，大名府嘉禾合穗。九月，涇州、磁州、保德軍並嘉禾合穗。十月，孝感、應城二縣稻再熟。成德軍禾一本九穗。三年九月，滎州禾一莖九穗。四年七月己巳，臨清縣穀異畝同穎者六十本。

康定元年六月，蜀州、懷安軍並禾九穗。

慶曆二年，壽安縣嘉禾合穗。六年五月，昭化縣禾一莖兩歧。八月，趙州、懷州並嘉禾異畝同穎。九月，定襄縣嘉禾隔二壟合穗。長江縣禾一莖十穗。十二月，石照諸縣野穀穭生。七年九月，邠州、滎州、德州並嘉禾合穗。

皇祐元年，密州禾合穗者五本。永康軍禾一莖九穗。二年九月，延州、石州並嘉禾異畝合穗。永康軍嘉禾一莖九穗。十二月，密州禾十莖合一穗。石州四莖合一穗。三年五月，彭山縣上瑞麥圖，凡一莖五穗者數本。帝曰：「朕嘗禁四方獻瑞，今得西川麥秀圖，可謂眞瑞矣！其賜田夫束帛以勸之。」是月，滁州麥一莖五穗。四年八月，嘉州、蜀州並嘉禾一莖九穗。九月，南劍州有禾一本，雙莖二十穗。五年三月，資州嘉禾一莖九穗。閏六月，資州麥秀兩歧。七月，鄆州、祁州禾異畝同穎。九月，成德軍嘉禾異畝同穎。綿州禾一莖九穗。

至和元年十二月，蜀州嘉禾一莖九穗。二年五月，亳州麥秀兩歧。六月，應天府貢大麥一本七十穗，小麥一本二百穗。八月，邛州嘉禾一莖九穗。

嘉祐三年六月，綿州麥一穗兩歧。七月，泰山上瑞麥圖，凡五本五百一穗。四年六月，彰明縣有麥兩歧百餘本。五年三月，崇安縣嘉禾一本九十莖。七年，陵州禾一莖九穗。九月，平遙縣禾異畝合穗。

熙寧元年，永興軍禾一莖四穗。眉州禾一莖九穗。四年，乾寧軍禾合穗。成德軍、晉州、汾州禾異隴同穗。六年，南溪縣禾一苗九穗。八年，懷安軍、瀘州、渠州各麥秀兩歧。安喜縣禾二本間五隴合穗。平山縣禾合穗者二。保塞縣禾七本間一隴或兩隴合穗。潞城縣禾合穗者二。九年，火山軍禾間五隴，束鹿、秀容二縣間四隴，渤海縣皆異隴同穎。流江縣禾一苗九穗。譙縣麥一本三穗。尉氏縣、湖陽縣、彭城縣麥一本兩穗。渠州大麥一穗兩歧，或三歧、四歧者。陽翟縣麥秀兩歧。天興、寶鷄二縣皆麥秀兩歧，仍一本有三四穗或六穗者。石州、安州麥秀兩歧。十年，磁州禾合穗。眉州禾生九穗。亳州禾生二穗。

元豐元年，武康軍禾一莖十一穗。汝州禾合穗。寧江軍禾一莖十穗。邢州麥秀兩岐。夔州麥一本三穗。二年，簡州、安德軍麥秀兩岐。曹州生瑞禾。北京、安武軍、懷州、鎭戎軍禾合穗。鎭戎軍、懷州禾皆異畝同穎。袁州禾一莖八穗至十一穗，皆層出，長者尺餘。府州禾異畝同穗。三年，眉州禾一本九穗。齊州禾一莖五穗。趙州禾二本合穗。安州麥一本三穗至五穗，凡十四莖。深州麥秀兩岐，或三四穗，凡四十畝。眉州麥秀兩岐。四年，徐州麥一本百七十二穗。代州禾合穗。襄邑縣禾一本九穗。五年，高邑縣禾一莖五穗。青州、安肅軍、憲州禾皆異畝同穎。六年，洪州七縣稻已穫再生，皆實。威勝軍武鄉縣禾二本間五壟合穗。歷城縣禾二本合穗。趙州禾間三壟合穗。唐州禾二穗者四。瀘州禾九穗。懷、青、濰三州禾皆異壟同穗。府州、陝州保平軍禾皆合穗。七年，蜀州禾生九穗。青州禾異畝同穎者十一。同州禾異畝同穎。合州麥秀兩岐。八年，亳州麥一莖二穗，一莖三穗，一莖四穗。鎭潼軍秫禾苗異壟同穗。岷州禾皆四穗。泰寧軍禾異本同穎者三。是歲秋、冬，保澤趙鄂隰滄濰密簡饒諸州、威勝軍禾合穗，或異畝同穎。

元祐元年，簡州禾合穗。石州禾異畝同穎。二年，忻、隰、磁、濰、懷州禾異畝同穎。趙、忻州禾合穗。三年，祁、保、彭州禾異畝同穎。瀛磁代豐州、安國軍禾合穗。劍州、安國軍麥秀兩岐。夔州麥一本十二穗。四年，泰寧軍麥異畝同穎。流江縣禾一本二穗。滎德縣禾一本九穗。青、鄭、濟、趙州禾合穗及有一本三穗。峨嵋縣禾異畝同穎，又禾登一百五十三穗。五年，冀州、安武軍、大名府、成德軍禾合穗。永寧軍禾二本隔五壟合穗。平定軍禾異畝同穗。汀州禾生三十六穗。劍州禾一本八穗。普州麥一莖雙穗。夔州麥秀五岐。六年，汝陽縣、美原縣、兗州鄒縣麥一莖數穗。南劍州粟一本三十九穗。瀛定懷汝晉昌州、平定永康軍禾合穗。七年，均、兗、祁、滄、資、華、柳州禾合穗。鄂州禾一本一枝，兩穗，三本三枝兩穗。仙源縣禾異壟合穗。耀州粟二莖隔兩壟合爲一穗。梁山軍禾一莖九穗。固始縣麥有雙穗。定陶縣、丹陽縣麥秀兩岐。

紹聖元年，博野縣麥一本五穗。漢陽軍麥秀兩岐。樂壽縣麥一本兩穗或三穗。懷安軍禾一本九穗。二年，青、濰、果、冀、德、濱、嵐、濮、達州禾合穗。三年，安武軍禾合穗。嵐州禾兩根合穗者二。普相青齊嵐州、永康軍禾異畝同穎，合秀至九穗。泉州粟二本五穗、八穗。瑕丘縣、武陟縣、陝城、小溪四縣麥合穗。良原縣、沈丘縣、長子縣麥秀兩岐。四年，河中府麥秀三穗。虹縣、雲安縣麥秀兩岐。茂州一枝兩穗。汶山縣一枝三穗至六穗。西京、鄆齊隰州禾合穗。穎昌府禾一莖四穗至五穗。

元符元年，慶州禾異本同穎。靑晉潞州、荆南府、永寧鎭戎軍等一十一處禾合穗。邢州禾異壟合穗。南劍州、嘉州禾一莖九穗。內鄉縣麥一莖兩穗。符離、靈壁、臨渙、蘄、虹五縣麥秀兩穗。兩當縣麥秀三穗。安平縣生瑞麥。二年，漣水軍麥合穗。鄧岷州、鎮戎軍禾合穗。十一月，岷州宕昌砦生瑞麥。

建中靖國元年，沛縣、晉州禾合穗。崇寧元年，淄州禾合穗。二年，晉寧軍、忻州禾合穗。五年，河南府、保德軍、慶蘭潭冀府州、岢嵐軍禾合穗。淮西路民田既刈復生實。大觀元年，蜀州粟一莖九穗。二年，鞏州粟一莖六穗。鎮潼軍、隆德府、保德軍、慶蘭州禾合穗。武信軍禾一莖九穗。簡州麥秀兩岐。三年，武信軍、瀘遂普州麥秀兩岐。四年，蔡州麥一莖兩岐至七八岐者九十畝。九月，尚書左僕射張商英表上袁州瑞禾圖及宋大雅彼修者禾十有三章，賜詔褒答。商英請并寫置中書省右僕射廳壁，許之，仍許三省、樞密院同觀。

政和元年，知河南府鄧洵武言：「秋禾大稔，自雙穗至十穗以上，嘉禾無雙。」榮州粟一莖九穗。蔡州麥一莖兩岐或三五岐，至八九畝近約十畝，遠或連野。二年，知定州梁士野奏嘉禾合穗，一科相隔五壟，計六尺三寸，生爲一穗，并中間壟內一科三莖，上生粟三穗。五年，鄧州、仙井監嘉禾合穗。是冬，台州進寧海縣早禾一稃二米者凡三石。時方修明堂，遂協成典禮，詔許拜表賀。自是史官多記奇祥異瑞，謂麥禾爲常事不書。惟宣和末，郭藥師言嘉禾合穗，以新收復特書之。

建隆二年七月，南唐李景獻鳳卵。

雍熙四年十月，知潤州程文慶獻鶴，頸毛如垂纓。

端拱元年八月，淸遠縣廨舍有鳳集柏樹，高六尺，衆禽隨之東北去，知州李昌齡圖以獻。

至道元年九月，京師自旦至酉，羣鳥百餘萬，飛翔有聲，識者云「突厥雀」。

景德元年五月庚寅午時，白州有三鳳自東來，入城中，衆禽圍繞至萬歲寺，棲百尺木上。身長九尺，高五尺，文五色，冠如金盞。申時北向而去。畫圖以聞。

大中祥符元年春，昇州見黃雀羣飛蔽日，有從空墜者，占主民有役事。是歲火。

寶元二年，長舉縣有白鵲，觜脚紅，不類常鵲。

治平四年五月，太子右贊善大夫陳世脩獻白烏。

熙寧七年六月乙未，增城縣鳳凰見。

元豐三年八月戊寅，平棘縣獲白鵲。九月丙午，趙州獲白烏。六年七月壬申，丹州生白雀。

政和三年九月〔三〕，大饗明堂，有鶴回翔堂上，明日，又翔于上淸宮。是時，所在言瑞鶴，宰臣等表賀不可勝紀。

宣和元年九月戊午，蔡京等表賀赤烏，又賀白鵲。政和後，禁苑多爲村居野店，又聚珍禽、野獸、麀鹿、駕鵝、禽鳥數百實其中。至宣和間，每秋風夜靜，禽獸之音四徹，宛若深山大澤陂野之間，識者以爲不祥。宣和末，南郊禮畢，御郊宮端誠殿。天未明，百辟方稱賀，忽有鴞正鳴于殿屋，若與贊拜聲相應和，聞者駭之。時已報女眞背盟，未踰月，內禪。明年有靑城之難。

建炎三年，高宗在揚州，二月辛亥，早朝，有禽翠羽，飛鳴行殿三匝，一再止于宰臣汪伯彥朝冠。冠，尊服，飛鳥踐之不祥；翠羽，又靑祥也。劉向以爲「野鳥入宮，宮室將空」。一曰敗亡之應。是月，金人入揚州，有倉卒度江之變。未幾，伯彥罷相，尋坐貶。四年正月丁巳，金人圍陝州，有鳶鴉數萬飛噪城上，與戰聲相亂。金將婁宿曰：「城當陷，急攻之。」遂失守，近羽孽也。七年〔三〕，梟鳴于劉豫後苑，又羣鳥鳴于內庭，如曰「休也」。豫惡之，募人獲一梟者予錢五千。是歲，僞齊亡。十七年二月，有白烏六集于高禖壇上，府尹沈該以瑞奏。二十七年，饒州番陽縣有妖鳥，梟身鷄尾，長喙方足赤目，止于民屋數日，彈矢不能中。

乾道六年，邵武軍泰寧縣有雀飛鳴，立死于瑞寧佛刹香爐。先是紹興初，是邑有雀立死于丹霞佛刹香爐，皆羽孽也，而浮圖氏因謂之雀化。

慶元三年春，池州銅陵縣鴛鴦雄化爲雌。

紹興五年，江東、西羊大疫。十七年，汀州羊無角。

嘉定九年，信州玉山縣羊生駢首。

端拱元年十一月戊午夜，西北方有赤氣如日脚，高二丈。

咸平六年六月辛未，赤氣出婁貫天庾〔四〕，占曰：「倉廩有火災。」

景德三年三月丙辰，北方赤氣亙天。

大中祥符三年十二月癸亥，青赤氣貫紫微。

慶曆三年十二月二十六日，天雄軍、德博州天降紅雪，盡，血雨。

熙寧二年十一月，每夕有赤氣見西北隅如火，至人定乃滅。

元祐三年七月丁卯夜，東北方明如晝，俄成赤氣，內有白氣經天。

建中靖國元年正月朔夕，有赤氣起東北，彌亙西方，久之，中出白氣二，及赤氣將散，復有黑氣在其傍。

宣和元年四月丙子夜，西北赤氣數十道亙天，犯紫宮北斗。仰視，星皆若隔絳紗，拆裂有聲，間以白黑二氣。自西北俄入東北，延及東南，迨曉乃止。

靖康元年九月戊寅，有赤氣隨日出。

建炎元年八月庚午，東北方有赤氣，占曰：「血祥。」四年五月，洞庭湖夜赤光如火見東北，亙天，俄轉東南，此血祥也。壬子夜，西北方有赤氣彌天，貫以白氣如練者十數，犯北斗、文昌、紫微，由東南而散。

紹興七年正月乙酉夜，北方有赤氣達旦。辛卯，斗牛間赤氣如火。十一月癸卯，南方有赤氣，東北皆赤雲，自日入至于甲夜。八年九月甲申，赤氣出紫微垣。十八年八月丁亥、九月甲寅，皆有赤氣如火。二十年十一月，建昌軍新城縣永安村大風雪，夜半若數百千人行聲，語笑歌哭，雜擾匆遽，而凝寒陰黑，咫尺莫辨。明旦，雪中有人、畜、鳥、獸蹄迹，流血汙染十餘里，入山乃絕。二十七年三月乙酉，赤氣出紫微垣。七月壬申，赤氣隨日入。十月壬寅，赤氣如火；三十年二月壬申，亦如之。三十二年春，淮水溢，中有赤氣如凝血。

隆興二年十一月庚寅，日入後，赤雲隨之。

乾道元年八月壬午，赤氣中天，自日入至于甲夜。六年十月庚午，赤氣隨日出。十一月丁丑，赤雲隨日入，至于甲夜。七年七月壬寅，十月乙巳、丙午，淳熙三年八月丁酉、戊戌，皆有赤氣隨日入出。十三年，行都民家有血自地中出，濺染汙人衣。十四年十一月癸丑、甲寅，有赤氣隨日入出。

紹熙三年春，潼川路久旱，日、月、星皆有赤氣。四年十一月甲戌，赤雲夜見，白氣間之。

慶元六年十月，赤氣夜發橫天。

嘉泰四年二月庚辰夜，有赤雲間以白氣，東北亙天，後八日國有大火，占者以爲火祥。

嘉定六年十月乙卯，赤氣隨日出。十一月辛卯，赤氣隨日入。

端平三年七月甲申，天雨血。

寶祐二年，蜀雨血。

開寶七年六月，棣州有火自空墜于城北，有物如龍。

端拱元年九月，濾州鹽井竭，遣匠劉晚入視，忽有聲如雷，火焰突出，晚被傷。

也。

建炎元年正月辛卯夜，西北陰雪中有如火光。

紹興三十二年，建昌軍新城縣有巨室，篋中時有火光，燔衣帛過半而篋不焚，近火孽也。

校勘記

〔一〕永寧軍博野縣 「寧」，原作「定」。按博野縣屬永寧軍，據本書卷八六地理志、九域志卷二改。

〔二〕政和三年 「政和」，原作「至和」。按至和無三年，且上文作元豐，下文作宣和，中間不得爲至和；通考卷三一二物異考作「政和」，據改。

〔三〕七年 按上文紀元爲建炎，建炎無七年，顯誤。本條所記是劉豫亡時事，金廢劉豫在紹興七年，見本書卷二八高宗紀。志文失書「紹興」紀元。

〔四〕天庚 原作「天庚」。按本書卷五一天文志，有「天庚」而無「天庚」；通考卷二九四象緯考作「天庾」，據改。

宋史卷六十五

志第十八

五行三

木

曲直，木之性也。木失其性，則爲妖祥。舊說以狂咎、木冰、恆雨、服妖、龜孽、雞禍、青眚、青祥之類，皆屬之木，今從之。

太平興國六年正月，瑞安縣民張度、解木五片，皆有「天下太平」字。至道六年，修昭應宮〔一〕，有木斷之，文如點漆，貫徹上下，體若梵書。十一月，襄州民劉士〔二〕家生木，有文如龍、魚、鳳、鶴之狀。七年五月〔三〕，撫州修天慶觀，解木有文如墨畫雲氣、峯巒、人物、衣冠之狀。七月，彰明縣崇仙觀柱有文爲道士形及北斗七星象。

大中祥符八年，晉州慶唐觀古柏中別生槐，長丈餘。

天聖元年二月，河陽柳二本連理。六月，河陽櫝、棗各連理。五年正月，綿谷縣松柏同本異榦。九年十月，公井縣冬青木連理。

明道元年八月，黃州橘木及柹木連枝。

康定元年十月，始興縣柑兩本連理。

慶曆三年十二月，澧州獻瑞木，有文曰「太平之道」。六年九月甲辰，登州有巨木浮海而出者三千餘。

治平四年六月，汀州進桐木板二，有文曰「天下太平」。

熙寧元年三月，簡州木連理。是歲，英州因雷震，一山梓樹盡枯而爲龍腦，價爲之賤，至京師一兩纔直錢一千四百。二年，建州民楊緯言：「元年三月，大雷雨，所居之西有黃龍見，下獲一木如龍，而形未具。七月，大雷雨，復有龍飛其下。及霽，木龍尾、翼、足皆具，歸合舊木，宛然一體。」圖象以進。十年八月乙巳，惠州柚木有文曰「王帝萬年，天下太平」。

元豐元年五月，劍州木連理。三年六月己未，饒州長山雨木子數畝，狀類山芋子，味香而辛，土人以爲桂子，又曰「菩提子」，明道中嘗有之。是歲大稔。十二月，泌陽縣甘棠木連理。六年五月，衞眞縣洞霄宮枯槐生枝葉。

元祐元年八月己丑，杭州民俞舉慶七世同居，家園木連理。五年四月，德州木連理。

元符元年八月，施州李木連理。二年九月，眉山縣榿木二株，異根同榦，木枝相附。

崇寧四年正月，襄城縣李、梨木連理。

大觀元年三月，湟州欄木生葉。八月，瑞州〔四〕、永興軍並木連理。二年十二月，嵓嵐軍園池生瑞木。

政和三年七月，玉華殿萬年枝木連理。南雄州楓木連理。十月，武義縣木根有「萬宋年歲」四字。四年，建州木連理。六月，沅陵縣江漲，流出楠木二十七，可爲明堂梁柱，蔡京等拜表賀。九月丙申，彭城縣柏開華。十二月辛丑，元氏縣民王寘屋柱槐木再生枝葉，高四十餘尺。是歲，邵州海棠木連理，澤州、台州槐木連理，荊門軍紫薇木連理。六年，坊、兗、洪、明、夔、徐、新、全、隰、太平州並木連理。梅州枯木生枝。

宣和二年四月，永州民劉思析薪，有「天下太平」字。

紹興十四年四月，虔州民毀欹屋析柱，木理有文曰「天下太平」，時守臣薛弼上之，方大亂，近木妖也。二十年八月，福州沖虛觀皁莢木翠葉再實。二十一年，建德縣定林寺桑生李實，栗生桃實，占曰：「木生異實，國主殃」。二十五年十月，贛州獻太平木。時秦檜擅朝，喜飾太平，郡國多上草木之妖以爲瑞。紹興間，漢陽軍有插榴枝於石罅，秀茂成陰，歲有華實者。初，郡獄有誣服孝婦殺姑，婦不能自明，屬行刑者插髻上華於石隙，曰：「生則可以驗吾冤。」行刑者如其言，後果生。

淳熙十六年三月，揚州桑生瓜，櫻桃生茄，此草木互爲妖也。七月，晉陵縣民析薪，中有木字曰「紹熙五年」，如是者二。是時，紹熙猶未改元，其後果止五年，此近木妖也。

紹熙四年，富陽縣栗生來禽實。五年，行都雨木，與唐志貞元陳留雨木同占，木生于下而自上隕者，將有上下易位之象。

嘉定六年五月己巳，嚴州淳安、遂安、桐廬三縣大木自拔，占曰：「木自拔，國將亂。」

景定四年五月，成都太祖廟側大木仆，忽起立，生三芽。

德祐二年正月戊辰，寶應縣民析薪，中有「天太下趙」四字，獻之，制置使李庭芝賞以錢百千。

咸平六年十一月庚戌，雨木冰。

大中祥符五年正月戊寅，京師雨木冰。

天禧五年正月戊寅，京師雨木冰。

慶曆三年十二月丁巳，雪木冰，占曰：「兵象也。」

嘉祐元年正月，雨木冰。

治平二年十月乙巳，雨木冰。

熙寧三年十月、八年正月、九年正月，京師雨木冰。

元祐八年二月，京師大寒，霰、雪，雨木冰。

宣和五年十月乙酉，雨木冰。

靖康元年十月乙卯，雨木冰。二年正月丁酉，雨木冰。

紹熙五年十一月辛亥，雨木冰。

宣和六年，御樓觀燈，時開封尹設次以彈壓於西觀下〔三〕，帝從六宮於其上，以觀天府之斷決者，簾幕深密，下無由知。衆中忽有人躍出，墨色布衣，若寺僧童行狀，以手畫簾，出指斥語。執于觀下，帝怒甚，令中使傳旨治之。箠掠亂下，又加炮烙，詢其誰何，略不一語，亦無痛楚之狀。又斷其足筋，俄施刀臠，血肉狼籍。帝大不悅，爲罷一夕之懽，竟不得其何人，付獄盡之。七年八月，都城東門外鬻菜夫至宣德門下，忽若迷罔，釋荷檐向門戟手，出悖詈語。且曰：「太祖皇帝、神宗皇帝使我來道，尙宜速改也。」邏卒捕之，下開封獄，一夕方省，則不知向之所爲者，乃於獄中盡之。

建炎二年十一月，高宗在揚州，郊祀後數日，有狂人具衣冠，執香爐，攜絳囊，拜于行宮門外。自言：「天遣我爲官家兒。」書于囊紙，刻於右臂，皆是語。鞫之不得姓名，高宗以其狂，釋不問。明年二月，金人犯維揚。三月，有明受之變。

紹興元年四月庚辰，閬州有狂僧衰絰哭于郡譙門曰：「今日佛下世。」且言且哭，實隆祐太后上仙日云。閬距行都萬里，逾月而遺詔至。

淳熙十四年正月，紹興府有狂人突入恩平郡王第，升堂踐王坐曰：「我太上皇孫，來赴。」郡鞫訊，終不語，亦狂咎也。是冬，高宗崩。明年八月，王薨。

紹熙二年十二月庚辰昧爽，成都府有人衰服入帳門，大呼閫帥京鏜姓名，亦狂咎也。

建隆元年十月，蔡州大霖雨，道路行舟。

開寶二年八月，帝駐潞州，積雨累日未止。九月，京師大雨霖。五年，京師雨，連旬不止。河南、河北諸州皆大霖雨。九年秋，大霖雨。

太平興國二年，道州春夏霖雨不止，平地二丈餘。五年五月，京師連旬雨不止。七年六月，齊州逮捕臨邑尉王坦等六人，繫獄未具，一夕，大風雨壞獄戶，王坦等六人並壓死。

雍熙二年八月，京師大霖雨。

淳化元年六月，隴城縣大雨，壞官私廬舍殆盡，溺死者百三十七人。三年九月，京師霖雨。四年七月，京師大雨，十晝夜不止，朱雀、崇明門外積水尤甚，軍營、廬舍多壞。是秋，陳、潁、宋、亳、許、蔡、徐、濮、澶、博諸州霖雨，秋稼多敗。五年秋，開封府宋亳陳潁泗壽鄧蔡潤諸州雨水害稼。

咸平元年五月，昭州大雨霖，害民田，溺死者百五十七人。

景德三年八月，青州大雨，壞鼓角樓門，壓死者四人。

大中祥符二年八月，無爲軍大風雨，折木，壞城門、軍營、民舍，壓溺千餘人。十月，兗州霖雨害稼。三年四月，昇州霖雨。五月辛丑，京師大雨，平地數尺，壞軍營、民舍，多壓者，近畿積潦。五年九月，建安軍大霖雨，害農事。

天禧四年七月，京師連雨彌月。甲子夜大雨，流潦汎溢，民舍、軍營圮壞太半，多壓死者。自是頻雨，及冬方止。

乾興元年二月，蘇、湖、秀州雨，壞民田。

天聖四年六月戊寅，莫州大雨，壞城壁。七年，自春涉夏，雨不止。

明道二年六月癸丑，京師雨，壞軍營、府庫。

景祐三年七月庚子，大雨震電。

慶曆六年七月丁亥，河東大雨，壞忻、代等州城壁。

皇祐二年八月，深州大雨，壞民廬舍。四年八月癸未，京城大風雨，民廬摧圮，至有壓死者。

嘉祐二年八月，河北緣邊久雨，濒河之民多流移。五月丁未，晝夜大雨。六月乙亥，雨壞太社、太稷壇。三年八月，霖雨害稼。六年七月，河北、京西、淮南、兩浙、江南東西霪雨爲災。閏八月，京師久雨。是歲頻雨，及冬方止。

治平元年，京師自夏歷秋，久雨不止，摧眞宗及穆、獻、懿三后陵臺。

熙寧元年八月，冀州大雨，壞官私廬舍、城壁。七年六月，陝州大雨，漂溺陝、平陸二縣。

元豐四年七月，泰州海風駕大雨，漂浸州城，壞公私舍數千楹。

元祐二年七月丁卯，以雨罷集英殿宴。

元符二年九月，以久雨罷秋宴。三年七月，久雨，哲宗大昇轝在道陷泥中。
建中靖國元年二月，久雨，時欽聖憲肅皇后、欽慈皇后二陵方用工，詔京西祈晴。
崇寧元年七月，久雨，壞京城廬舍，民多壓溺而死者。三年六月，久雨。四年五月，京師久雨。又自七月至九月，所在霖雨傷稼；十月，始霽。
靖康元年四月，京師大雨，天氣淸寒。又自五月甲申至六月，暴雨傷麥，夏行秋令。
建炎二年春，淫雨。三年二月癸亥，高宗初至杭州，久霖雨，占曰：「陰盛，下有陰謀。」時苗傅、劉正彥爲亂。五月，霖雨，夏寒。
紹興元年，行都雨，壞城三百八十丈。是歲，婺州雨，城壞。三年，雨，自正月朔至于二月。七月，四川霖雨，至于明年正月。四年六月，淫雨害稼，蘇、湖二州爲甚。九月，久雨，時劉豫連金人入寇；十月，高宗親征而霽。五年三月，霖雨，傷蠶麥，行都雨甚。九月，雨，至于明年正月。六年五月，久雨不止。七年十月，高宗如建康，久雨。八年三月，積雨，至于四月，傷蠶麥，害稼。二十一年夏，襄陽府大雨十餘日。二十三年六月，大雨，壞軍壘、民田。三十年五月，久雨，傷蠶麥，害稼。八月，施州大風雨。三十二年六月，浙西大霖雨。
隆興元年三月，霖雨，行都壞城三百三十餘丈。二年六月，陰雨。七月，浙西、江東大雨害稼。八月，風雨踰月。

乾道元年二月，行都及越、湖、常、潤、温、台、明、處九郡寒，敗首種，損蠶麥。二年正月，淫雨，至于四月。夏寒，江、浙諸郡損稼，蠶麥不登。三年五月丙午，泉州大雨，晝夜不止者旬日。八月，淫雨，江浙淮閩禾、穮、菽，麥、粟多腐。四年四月，陰雨彌月。六年五月，連雨六十餘日。十一月，連雨。辛巳，郊祀，雲開于圜丘，百步外有澍雨。八年四月，四川陰雨七十餘日。六月壬寅，大雨徹晝夜，至于己酉。九年閏正月，淫雨。

淳熙二年夏，建康府霖雨，壞城郭。三年五月，淮、浙積雨損禾麥。八月，浙東西、江東連雨。癸未、甲申，行都大風雨。九月，久雨；十月癸酉，孝宗出手詔決獄，援筆而風起開霽。四年九月丁酉、戊戌，紹興府餘姚、上虞二縣大風雨。五年閏六月己亥，階州暴雨，至于戊申。乙巳，興化軍、福州福清縣暴風雨夜作。六年四月，衢州霖雨。九月，連雨；己巳，將郊而霽。八年四月，雨腐禾麥。五月，久雨，敗首種。十年五月，信州霖雨，自甲戌至于辛巳。八月，福州大雨霖，自己未至于九月乙丑，吉州亦如之。十一年四月，淫雨。戊寅，建康府、太平州大雨霖。六月甲申，處州龍泉縣暴雨。十二年五月、六月，皆霖雨。十三年秋，利州路霖雨，敗禾稼穜稑，金、洋、階、成、岷、鳳六州亦如之。十五年五月，荆、淮郡國連雨。戊午，祁門縣霖雨。十六年四月，西和州霖雨，害禾麥。五月，浙西、湖北、福建、淮東、利西諸道霖雨。

紹熙元年春，久陰連雨，至于三月。夏，階、成、岷、鳳四州霖雨傷麥。二年二月，贛州霖雨，連春夏不止，壞城四百九十丈，圮城樓、敵樓凡十五所。四月，福建路霖雨，至于五月。七月，利路久雨，傷種麥。癸亥，興州暴雨連日。八月，行都久雨。三年五月，江東、湖北路連雨。常德府大雨徹晝夜，自壬辰至于庚子。寧國府、池州、廣德軍自己亥至于六月辛丑朔，雨甚，祁門縣至于庚戌。七月壬申，天台、仙居二縣大雨連旬。淮西路、鎭江襄陽府皆害禾麥。八月，普州雨害稼。四年四月，霖雨，至于五月，浙東西、江東、湖北郡縣壞圩田，害蠶、麥、蔬、稑，紹興、寧國府尤甚。鎭江府大雨，自辛未至于丙子，淮西郡縣自丙子至于戊寅。五年八月，霖雨，畿縣、浙東西皆害稼。九月，雨，至于十月癸巳，大雨三晝夜不止，江東西、福建郡縣皆苦雨。

慶元元年正月，霖雨。甲辰，帝蔬食露禱，丙午霽。二月，又雨，至于三月，傷麥。五月，霖雨。七月，雨，至于八月。二年六月壬申，台州猋風暴雨連夕。八月，行都霖雨五十餘日。三年七月，雨連月。四年八月，久雨。五年五月，行都雨壞城，夜壓附城民廬，多死者。六月，浙東、西霖雨，至于八月。六年五月庚午，嚴州霖雨，連五晝夜不止。

嘉泰二年六月，福建路連雨，至于七月丁未，大風雨爲災。三年八月，久雨。

開禧元年七月，利路郡縣霖雨害稼。閏月，盱眙軍陰雨，至于九月，敗禾稑。十月，行都淫雨，至于明年春。二年春，淫雨，至于三月。

嘉定二年五月戊戌，連州大雨連晝夜。六月，利、閬、成、西和四州霖雨。七月壬辰，台州大風雨夜作。三年三月，陰雨六十餘日。五月，淫雨，至于六月，首種多敗，蠶麥不登。四年八月，霖雨，至于九月。五年春，淫雨，至于三月，傷蠶麥。十一月，雨雪積陰，至于明年春。六年春，淫雨，至于二月。丁亥，雨雪集霰。五月，陰雨經日。辛酉，嚴州霖雨。六月戊子，紹興府大風雨，浙東、西雨，至于七月。七年九月，陰雨，至于十月，害禾麥。九年四月、六月，大霖雨，浙東、西郡縣尤甚。十年三月，連雨，至于四月。十月，霖雨害稼。十一年六月，霖雨，浙西郡縣尤甚。十二年六月，霖雨彌月。十五年七月，浙東、西霖雨爲災。十六年五月，霖雨，浙西、湖北、江東、淮東尤甚。八月，大風雨害稼。十七年八月，霖雨。

乾德四年二月長春節，甘露降江寧府報恩院。五年二月，甘露降江陵府玉泉寺松樹。開寶元年十二月，甘露降蔡州僧院柏樹。

太平興國三年正月，甘露降壽州廨。四年五月，甘露降河東縣廨叢竹，凡三夜。七年四月丙戌，知漢州安守亮獻柏葉上甘露一器。九年三月丙子，甘露降西京南太一宮新城。

雍熙三年四月庚子，甘露降後院草木。四年十二月，甘露降興化軍羅漢峯前五松。

端拱二年二月，甘露降壽州廨園柏及資聖寺檜。

淳化二年十二月，資州廨及延壽觀、德純寺甘露降松柏，凡六日。三年正月，舒州；二月，衢州；四月，舒州；四年六月，舒州：並甘露降。

至道二年四月，蘄州；三年五月，泉州；六月，蘇州：甘露降。

咸平元年四月，甘露降平戎軍廨果樹，凡九十餘本。十一月，甘露降亳州眞觀靈寶柏樹〔六〕。二年五月，太平州、潯州；三年二月，泉州；十一月，潯州；四年二月，龔州；五年正月，桂州；十一月，許州：並甘露降。

景德元年，義寧縣；二年正月，鬱林州；二月，晉州及神山縣；三年正月，梓州；四月，遂州；十二月，榮州、懷安軍：甘露降。

大中祥符元年十二月，上饒縣、信陽軍；二年正月，信陽軍、陳鄂二州；三月，陵、昇、梓三州；三年二月，柳州、懷安軍；閏二月，富順監；五月，澤、耀、晉、益四州；四年正月，梓州；三月，澤州；四月，常州；五年四月，遂州；五月，無爲軍；六月，梓州；七月，眞定府；十一月，榮州開元寺；六年三月，梓州；六月，鄜州；八月，遂州；九月，信州；十月，亳州太清宮；十一月，潯州；十二月，榮州、南儀州；七年二月，鳳翔府天慶觀；五月，鄆州；十月，亳州太清宮；十一月，彭州天慶觀；八年正月，中江縣；二月，果州；十月，衢州：九年十一月，玉清昭應宮：並甘露降。

天禧元年正月，貴州天慶觀；二月，玉清昭應宮；三月，後苑；四月，會靈觀；五月，廬州通判廳及后土祠；十二月，昭州天慶觀；二年十二月，榮州開元寺、懷安軍天慶觀；三年四月，舒州；五月，益州；四年三月，邵武軍；十二月，平泉縣；五年三月，泉州；十一月，韶州：並甘露降。

天聖元年正月，柳州；十一月，河南府；二年五月，鳳州；十月，涇州；四年，榮州、懷安軍；六年，太平州；七年正月，益州；九年正月，榮州：並甘露降。

明道元年十一月，韶州、梓州甘露降。

景祐四年十二月，成德軍；慶曆四年正月，桂州；皇祐三年十二月，吉州；嘉祐七年三月，眉州、蓬州；九月，陵州：並甘露降。

熙寧元年距元豐八年，甘露降凡二十餘處。

元祐元年距元符三年，亦如之。

大觀初，甘露降于九成宮帝鼐室。三年冬，降于尙書省及六曹，御製七言四韻詩賜執政已下。其後內自禁中及宣和殿、延福宮、神霄宮，下至三學、開封府、大理寺、宰臣私第，皆有之，歲歲拜表稱賀。

建隆初，蜀孟昶末年，婦女競治髮爲高髻，號「朝天髻」。未幾，昶入朝京師。江南李煜末年，有衞士秦友登壽昌堂榻，覆其鞵而坐，訊之，風狂不寤。識者云：「鞵，履也，李氏將覆於此地而爲秦所有乎？『履』與『李』、『友』與『有』同音，趙與秦，同祖也。」又煜宮中盛雨水染淺碧爲衣，號「天水碧」。未幾，爲王師所克，士女至京師猶有服之者。天水，國之姓望也。

淳化三年，京師里巷婦人競剪黑光紙團靨，又裝鏤魚腮中骨，號「魚媚子」以飾面。黑，北方色；魚，水族：皆陰類也。面爲六陽之首，陰侵於陽，將有水災。明年，京師秋冬積雨，衢路水深數尺。

景德四年春，京城小兒裂裳爲小兒旗，繫竿首，相對揮颭，兵鬥之象也。是歲，宜州卒陳進爲亂，出師討平之。

紹興二十一年，行都豪貴競爲小青蓋，飾赤油火珠於蓋之頂，出都門外，傳呼于道。珠者，乘輿服御飾升龍用焉，臣庶以加于小蓋，近服妖，亦僭咎也。二十三年，士庶家競以胎鹿皮製婦人冠，山民採捕胎鹿無遺。時去宣和未遠，婦人服飾猶集翠羽爲之，近服妖也。二十七年，交阯貢翠羽數百，命焚之通衢，立法以禁。

紹熙元年，里巷婦女以琉璃爲首飾。唐志琉璃釵釧有流離之兆，亦服妖也，後連年有流徙之厄。

理宗朝，宮妃繫前後掩裙而長窣地，名「趕上裙」；梳高髻於頂曰「不走落」；束足纖直名「快上馬」；粉點眼角名「淚妝」；剃削童髮，必留大錢許於頂左名「偏頂」，或留之頂前，束以綵繒，宛若博焦之狀，或曰「鵓角」。

咸淳五年，都人以碾玉爲首飾。有詩云：「京師禁珠翠，天下盡琉璃。」

太平興國三年二月，鑿金明池，既掘地，有龜出，殆踰萬數。

大中祥符二年四月，有黑龜甚衆，沿汴水而下。

至和元年二月，信州貢綠毛龜。

大觀元年閏十月丙戌，都水使者趙霆行河，得兩首龜以爲瑞，蔡京信之，曰：「此齊小白所謂象罔見之而霸者也。」鄭居中曰：「首豈容有二，而京主之，意殆不可測。」帝命棄龜金明池。

政和四年，瑞州進六目龜。五年，博州進白龜。

紹興八年五月，汴京太康縣大雷雨，下冰龜數十里，隨大小皆龜形，具首足卦文。

乾道五年，舒州民獻龜，駢生二首，不能伸縮。郡守張棟縱之灊山，近龜孽也。

嘉定十四年春，楚州境上龜大小死者蔽野。

咸平三年八月，黃州羣雞夜鳴，至冬不止。

紹興初，陳州民家雞忽人言，近雞禍也。松陽縣民家雞生三足，縣治有雞伏卵，毛生㲉外，近雞禍，亦毛孽也。

乾道六年，西安縣官塘有物，雞首人身，高丈餘，晝見于野。

慶元三年，饒州軍營雞卵出蛇，近雞孽，亦蛇孽也。婺源縣張村民家雌雞化爲雄，烹之，形冠距而腹卵孕。同里洪氏家雄雞伏子，中一雛三足。

咸淳五年，常州雞羽生距。

建隆元年夏，相、金、均、房、商五州鼠食苗。二年五月，商州鼠食苗。

乾德五年九月，金州鼠食苗。

太平興國七年十月，岳州鼠害稼。

紹興十六年，清遠、翁源、眞陽三縣鼠食稼，千萬爲羣。時廣東久旱，凡羽鱗皆化爲鼠。有獲鼠於田者，腹猶蛇文，漁者夜設網，旦視皆鼠。自夏徂秋，爲患數月方息，歲爲饑，近鼠妖也。

乾道九年，隆興府鼠千萬爲羣，害稼。

淳熙五年八月，淮東通、泰、楚、高郵黑鼠食禾既，歲大饑。時江陵府郭外，羣鼠多至塞路，其色黑、白、青、黃各異，爲車馬踐死者不可勝計，踰三月乃息。

紹熙四年，饒州民家二小鼠食牛角，三徙牛牢不免，角穿肉瘠以斃，近鼠妖也。

慶元元年六月，番易縣民家一猫帶數十鼠，行止食息皆同，如母子相哺者，民殺猫而鼠舐其血。鼠象盜，猫職捕，而反相與同處，司盜廢職之象也，與唐龍朔洛州猫鼠同占〔七〕。

紹興三年八月辛亥，尚書省文樓無故自壞。

慶元元年夏，建昌軍民居木柱有聲如牛鳴者，三日乃止。

咸淳九年，丞相賈似道起復之日，在越上私第，方拜家廟，忽聞內有裂帛聲，衆賓愕然，密詢左右，知家廟棟裂，皆逡巡而退。

校勘記

〔一〕至道六年修昭應宮　本條年份有誤。按至道無六年；昭應宮修建於大中祥符元年至七年，分別見本書卷七、八眞宗紀及卷六三五行志。玉海卷一九七繫此事於大中祥符二年正月丁巳朔疑是。

〔二〕十一月襄州民劉士　本條上文紀年作「至道六年」，誤。玉海卷一九七繫於祥符五年；通考卷二九九物異考，「劉士」作「劉七」。

〔三〕七年五月　本條上文紀元作「至道」，通考卷二九九作「咸平」，均誤。按大中祥符元年頒布天慶節，二年詔天下置天慶觀，見十朝綱要卷三；宋大詔令集卷一七九有大中祥符二年令州府軍監關縣無宮觀處建天慶觀詔，本條所記之事，當在此時以後。

〔四〕瑞州　按本書卷八八地理志，瑞州，本爲筠州，寶慶元年避理宗諱改。大觀時不得有瑞州。通考卷二九九物異考本條作「端州」，疑是。

〔五〕開封尹設次以彈壓於西觀下　「西」字原脫，蔡絛鐵圍山叢談卷五、通考卷三一〇物異考都有「西」字，據補。

〔六〕甘露降亳州眞觀靈寶柏樹　按長編卷八二大中祥符七年正月，記有眞宗在亳州「遣宰相等薦獻眞源觀之三清靈寶天尊」事，疑此處「眞」下脫一「源」字。

〔七〕與唐龍朔洛州猫鼠同占　「鼠」，原作「虎」。按新唐書卷三四五行志說：「龍朔元年十一月，洛州猫鼠同處。」通考卷三一四物異考本句正作「猫鼠」，據改。

宋史卷六十六

志第十九

五行四

金

從革，金性也。金失其性，則爲變怪。舊說以僭咎、恆暘、詩妖、民訛、毛蟲之孽，白眚、白祥之類，皆屬之金，今從之。

建隆二年七月，晉州神山縣北谷中，有鐵隨水流出，方二丈三尺，其重七千斤。

太平興國四年九月，夾江縣民王詣得黑石二，皆丹文，其一云「君王萬歲」，其二云「趙二十一帝」，緘其石來獻。

至道二年二月，桂陽監鎔銀自涌成山峯狀。

咸平四年十二月，亳州太清宮鍾自鳴。

乾興元年四月甲戌，修奉山陵總管言：皇堂隧道穿得銅鍋，有兩耳；又於寢宮三門下穿得銅盂一、鐵甕一、鐵甲葉三。

天聖元年三月庚辰，涪陵縣相思寺夜有光出阿育王塔之舊址，發之，得金銅像三百二十七。五年七月壬寅，遂山縣舊河淩地摧塔，獲古錢一百四十六千五百四十三文。

明道元年五月壬午，漢州江岸獲古鍾一。

慶曆四年五月乙亥，金谿縣得生金山，重三百二十四兩。

皇祐四年，乾寧軍漁人得小鍾二於河濱。五年二月己亥，乾寧軍又進古鍾一。

至和二年四月甲午，瀏陽縣得古鍾一。

熙寧元年至元豐元年，橫州共獲古銅鼓一十七。

元豐三年八月，岳州永慶寺獲銅鍾一、銅磬二。六年，南溪縣穿土得銅錢五萬四千有奇。七年三月，筠州獲古銅鍾一。十一月，賓州獲銅鼓一。八年，昌元縣通鹽井，得銅鍋九、銅盆一、銅盤一。

崇寧五年十月，荆南獲古銅鼎。

政和二年，玄圭始出。晉州上一石，綠色，方三尺餘，當中有文曰「堯天正」，其字如掌大而端楷類手畫者，「堯」字居右，「天正」字綴行于左。都堂驗視，礱石三分而字畫愈明，又於「堯」字之下隱約出一「瑞」字，位置始均，蓋曰「天正堯瑞」云。或謂晉陽，堯都也，方玄圭出，乃有此瑞。四年，府畿、汝蔡之間，連山大小石皆變爲瑪瑙，尚方取爲寶帶、器玩甚富。五年正月，湖南提舉常平劉欽言：蘆荻衝出生金，重九斤八兩，狀類靈芝祥雲；又淘得碎金四百七兩有奇。十一月，越州民拾生金。湟州丁羊谷金坑僅千餘眼得鑛，成金共四等，計一百三十四兩有奇。

重和元年十二月，孝感縣楚令尹子文廟獲周鼎六。

宣和四年後，御府所藏，往往復變爲石，而色類白骨，此與周寶圭占略同。五年〔一〕，滎陽縣賈谷山麒麟谷采石修明堂，得一石有文曰「明」，百官表賀。五年四月，又獲甗鼎三。

崇寧四年三月〔二〕，鑄九鼎，用金甚厚，取九州水土內鼎中。既奉安於九成宮，車駕臨幸，徧禮焉，至北方之寶鼎，忽漏水溢于外。劉炳謬曰：「正北在燕山，今寶鼎但取水土於雄州境，宜不可用。」其後竟以北方致亂。

建炎元年，南京留守朱勝非夜防城，見南門外火光燭地，掘之得銅印，有文曰「朱勝私印」。火鑠金，金所畏也。後拜相，有明受之變，卒坐貶。三年，吉州修城，役夫得髑髏棄水中，俄浮一鍾，有銘五十六字，大略云：「唐興元，吾子沒，瘞廬陵西壘，後當火德五九之際，世衰道敗，浙、梁相繼喪亂，章、貢康昌之日，吾亦復出是邦，東平鳩工，復使吾子同河伯聽命水官。」郡守命錄其辭，錄畢而鍾自碎。

紹興十一年三月庚申，長安兵刃皆生火光。二十六年，郫縣地出銅馬，高三尺，制作精好，風雨夜嘶。紹興中，耕者得金甕重二十四鈞於秦檜別業。

乾道二年三月丙午夜，福清縣石竹山大石自移，聲如雷。石方可九丈，所過成蹊，才四尺，而山之木石如故。

慶元二年十二月，吳縣金鵝鄉銅錢萬百自飛。

建隆二年，京師夏旱，冬又旱。三年，京師春夏旱。河北大旱，霸州苗皆焦仆。又河南河中府、孟澤濮鄆齊濟滑延隰宿等州，並春夏不雨。四年，京師夏秋旱。又懷州旱。

乾德元年冬，京師旱。二年正月，京師旱。夏，不雨。是歲，河南府、陝虢麟博靈州旱，河中府旱甚。四年春，京師不雨。江陵府、華州、漣水軍旱。五年正月，京師旱，秋，復旱。

開寶二年夏至七月，京師不雨。三年春夏，京師旱。邠州夏旱。五年春，京師旱；冬，又旱。六年冬，京師旱。七年，京師春夏旱；冬，又旱。河南府、晉解州夏旱。滑州秋旱。八年春，京師旱。是歲，關中饑旱甚。

太平興國二年正月，京師旱。三年春夏，京師旱。四年冬，京師旱。五年夏，京師旱；秋，又旱。六年春夏，京師旱。七年春，京師旱。孟、虢、絳、密、瀛、衞、曹、淄州旱。九年夏，京師旱。秋，江南大旱。

雍熙二年冬，京師旱。三年冬，京師旱。四年冬，京師旱。

端拱二年五月，京師旱，秋七月至十一月，旱；上憂形於色，蔬食致禱。是歲，河南、萊登深冀旱甚，民多飢死，詔發倉粟貸之。

淳化元年正月至四月，不雨，帝蔬食祈雨。河南鳳翔大名京兆府、許滄單汝乾鄭同等州旱。二年春，京師大旱。三年春，京師大旱；冬，復大旱。是歲，河南府、京東西河北河東陝西及亳建淮陽等三十六州軍旱。四年夏，京師不雨，河南府、許汝亳滑商州旱。五年六月，京師旱。

至道元年，京師春旱。二年春夏，京師旱。

咸平元年春夏，京畿旱。又江浙、淮南、荆湖四十六軍州旱。二年春，京師旱甚。又廣南西路、江、浙、荆湖及曹單嵐州、淮陽軍旱。三年春，京師旱。江南頻年旱。四年，京畿正月至四月不雨。

景德元年，京師夏旱，人多暍死。三年夏，京師旱。

大中祥符二年春夏，京師旱。河南府及陝西路、潭邢州旱。三年夏，京師旱。江南諸路、宿州、潤州旱。八年，京師旱。九年秋，京師旱。大名府、澶州、相州旱。

天禧元年，京師春旱，秋又旱。夏，陝西旱。四年春，利州路旱。夏，京師旱。五年冬，京師旱。

天聖二年春，不雨。五年夏秋，大旱。六年四月，不雨。

明道元年五月，畿縣久旱傷苗。二年，南方大旱。景祐三年六月，河北久旱，遣使詣北嶽祈雨。

慶曆元年九月丁未朔，遣官祈雨。二年六月戊寅，祈雨。三年，遣使詣嶽、瀆祈雨。四年三月丙寅，遣內侍兩浙、淮南、江南祠廟祈雨。五年二月，詔：天久不雨，令州縣決淹獄，又幸大相國寺、會靈觀、天清寺、祥源觀祈雨。六年四月壬申，遣使祈雨。七年正月，京師不雨。二月丙寅，遣官嶽、瀆祈雨。三月辛丑，西太乙宮祈雨。

皇祐元年五月丁未，遣官祈雨。三年，恩、冀諸州旱。三月，分遣朝臣詣天下名山大川祠廟祈雨。

至和二年四月甲午，遣官祈雨。

嘉祐五年，梓州路夏秋不雨。七年三月甲子，罷春燕，以久旱故也。辛丑，西太乙宮祈雨。

治平元年春，京師踰時不雨。鄭滑蔡汝潁曹濮洺磁晉耀登等州、河中府、慶成軍旱。二年春，不雨。

熙寧二年三月，旱甚。三年，諸路旱。六月，畿內旱。八月，衞州旱。五年五月，北京自春至夏不雨。七年，自春及夏河北、河東、陝西、京東西、淮南諸路久旱；九月，諸路復旱。時新復洮河亦旱，羌戶多殍死。八年四月，眞定府大旱。八月，淮南、兩浙、江南、荆湖等路旱。九年八月，河北、京東、京西、河東、陝西旱。十年春，諸路旱。

元豐二年春，河北、陝西、京東西諸郡旱。三年春，西北諸路旱。五年，亢旱。六年夏，畿內旱。

元祐元年春，諸路旱。正月，帝及太皇太后車駕分日詣寺觀禱雨。是冬，復旱。二年春，旱。三年秋，諸路旱，京西、陝西尤甚。四年春，京師及東北旱，罷春燕。八年秋，旱。

紹聖元年春，旱，疎決四京畿縣囚。三年，江東大旱，溪河涸竭。四年夏，兩浙旱。

元符元年，東南旱。二年春，京畿旱。

建中靖國元年，衢、信等州旱。

大觀二年，淮南、江東西諸路大旱，自六月不雨，至于十月。

政和元年，淮南旱。三年，江東旱。四年旱，詔振德州流民。

宣和元年二月，詔汝、潁、陳、蔡州飢民流移，常平官勸停。秋，淮南旱。四年，東平府旱。五年夏，秦鳳路旱。是歲，燕山府路旱。

建炎二年夏，旱。

紹興二年，常州大旱。帝問致旱之由，中書舍人胡交修奏守臣周祀殘酷所致，尋以屬吏坐贓及殺不辜，竄嶺南。三年四月，旱，至于七月；帝蔬食露禱，乃雨。五年五月，浙東、西旱五十餘日。六月，江東、湖南旱。秋，四川郡國旱甚。六年，夔、潼、成都郡縣及湖南衡州皆旱。七年春，旱七十餘日。時帝將如建業，隨所在分遣從臣，有事于名山大川。六月，又旱，江南尤甚。八年冬，不雨。九年六月，旱六十餘日，有事于山川。十一年七月，旱。戊申，有事于嶽、瀆。乙卯，禱雨于圜丘、方澤、宗廟。十二年三月，旱六十餘日。秋，京西、淮東旱。十二月，陝西旱。十八年，浙東、西旱，紹興府大旱。十九年，常州、鎭江府旱。二十四年，浙東、西旱。二十九年二月，旱七十餘日。秋，江、浙郡國旱。三十年春，階、成、鳳、西和州旱。秋，江、浙郡國旱，浙東尤甚。

隆興元年，江、浙郡國旱，京西大旱。二年，台州春旱。興化軍、漳福州大旱，首種不入，自春至于八月。

乾道三年春，四川郡縣旱，至于秋七月，綿劍漢州、石泉軍尤甚。四年夏六月，旱，帝將撤蓋親禱于太乙宮而雨。時襄陽、隆興、建寧亦旱。八月，詔頒皇祐祀龍法于郡縣。五年夏秋，淮東旱，盱眙、淮陰爲甚。六年夏，浙東、福建路旱，温、台、福、漳、建爲甚。七年春，江西東、湖南北、淮南、浙婺秀州皆旱；夏秋，江洪筠潭饒州、南康興國臨江軍尤甚，首種不入。冬，不雨。九年，婺處温台吉贛州、臨江南安諸軍〔三〕、江陵府皆久旱，無麥苗。

淳熙元年，浙東、湖南郡國旱，台、處、郴、桂爲甚。蜀關外四州旱。二年秋，江、淮、浙皆旱，紹興鎭江寧國建康府、常和滁眞揚州、盱眙廣德軍爲甚。三年夏，常昭復隨郢金洋州、江陵德安興元府、荆門漢陽軍皆旱。四年春，襄陽府旱，首種不入。五年，常綿州、鎭江府及淮南、江東西郡國旱，有事于山川羣望。六年，衡永楚州、高郵軍旱。七年，湖南春旱，諸道自四月不雨，行都自七月不雨，皆至于九月。紹興隆興建康江陵府、台婺常潤江筠撫吉饒信徽池舒蘄黄和潯衡永州、興國臨江南康無爲軍皆大旱，江筠徽婺州、廣德軍、無錫縣尤甚，禱雨于天地、宗廟、社稷、山川羣望。八年正月甲戌，積旱始雨。七月，不雨，至于十一月，臨安鎭江建康江陵德安府、越婺衢嚴湖常饒信徽楚鄂復昌州、江陰南康廣德興國漢陽信陽荆門長寧軍及京西、淮郡皆旱。九年夏五月，不雨，至于秋七月，江陵德安襄陽府、潤婺溫處洪吉撫筠袁潭鄂復恭合昌普資渠利閬忠涪萬州、臨江建昌漢陽荆門信陽南平廣安梁山軍、江山定海象山上虞嵊縣皆旱。十年六月旱，至于七月，江淮、建康府、和州、興國軍、恭涪瀘合金州、南平軍旱。十一年四月，不雨，至于八月，興元府、吉贛福泉汀漳潮梅循邕賓象金洋西和州、建昌軍皆旱，興元、吉尤甚。冬，不雨，至于明年二月。十四年五月，旱。六月戊寅，有事于山川羣望。甲申，帝親禱于太乙宮。七月己酉，大雩于圜丘，望于北郊，有事于嶽、瀆、海凡山川之神。時臨安鎭江紹興隆興府、嚴常湖秀衢婺處明台饒信江吉撫筠袁州、臨江興國建昌軍皆旱，越婺台處江州、興國軍尤甚，至于九月，乃雨。十五年，舒州旱。

紹熙元年，重慶府、蘄池州旱。二年五月，眞揚通泰楚滁和普隆涪渝遂、高郵盱眙軍、富順監皆旱，簡、資、榮州大旱。三年夏，郢、揚、和州大旱；秋，簡資普榮敍隆、富順監亦大旱。四年，綿州大旱，亡麥。簡資普渠合州、廣安軍旱。江、浙自六月不雨，至于八月，鎭江江陵府、婺台信州、江西淮東旱。五年春，浙東、西自去冬不雨，至于夏秋，鎭江府、常秀州、江陰軍大旱，廬、和、濠、楚州爲甚，江西七郡亦旱。

慶元二年五月，不雨。三年，潼、利、夔路十五郡旱，自四月至于九月，金、蓬、普州大旱；四月壬子，禱于天地、宗廟、社稷。六年四月，旱；五月辛未，禱于郊丘、宗社。鎭江府、常州大旱，水竭，淮郡自春無雨，首種不入，及京、襄皆旱。

嘉泰元年五月，旱。丙辰，禱于郊丘、宗社。戊辰，大雩于圜丘。浙西郡縣及蜀十五郡皆大旱。二年春，旱，至于夏秋。七月庚午，大雩于圜丘，祈于宗社。浙西、湖南、江東旱，鎭江建康府、常秀潭永州爲甚。四年五月，不雨，至于七月。浙東西、江西郡國旱。

開禧元年夏，浙東、西不雨百餘日，衢、婺、嚴、越、鼎、澧、忠、涪州大旱。二年，南康軍、江西湖南北郡縣旱。三年二月，不雨；五月己丑，禱于郊丘、宗社。

嘉定元年夏，旱，閏月辛卯，禱于郊丘、宗社。二年夏四月，旱，首種不入，庚申，禱于郊丘、宗社。六月乙酉，又禱，至于七月乃雨。浙西大旱，常、潤爲甚。淮東西、江東、湖北皆旱。四年，資、普、昌、合州旱。六年五月，不雨，至于七月，江陵德安、漢陽軍旱。八年春，旱，首種不入。四月乙未，禱于太乙宮。庚子，命輔臣分禱郊丘、宗社。五月庚申，大雩于圜丘，有事于嶽、瀆、海，至于八月乃雨。江、浙、淮、閩皆旱，建康寧國府、衢婺溫台明徽池眞太平州、廣德興國南康盱眙安豐軍爲甚，行都百泉皆竭，淮甸亦然。十年七月，不雨，帝日午曝立，禱于宮中。十一年秋，不雨，至于冬，淮郡及鎭江建寧府、常州、江陰廣德軍旱。十四年，浙、閩、廣、江西旱，明台衢婺温福贛吉州、建昌軍爲甚。十五年五月，不雨，岳州旱。嘉熙元年夏，建康府旱。三年，旱。四年，江、浙、福建旱。淳祐七年，旱。十一年，閩、廣及饒州旱。咸淳六年，江南大旱。十年，廬州旱，長樂、福清二縣大旱。

建隆中，京師士庶及樂工、少年競唱歌曰五來子。自建隆、開寶，凡平荆、湖、川、廣、江南，五國皆來朝。時西川孟昶賦斂無度，射利之家配率尤甚，旣乏緡錢，唯仰在質物。乃競書簡札揭於門曰：「今召主收贖。」又每歲除日，命翰林爲詞題桃符，正旦置寢門左右。末年，學士幸寅遜撰詞，昶以其非工，自命筆題云：「新年納餘慶，嘉節號長春。」昶以其年正月降王師，卽命呂餘慶知成都府，而「長春」乃太祖誕聖節名也，「召」與「趙」、「贖」與「蜀」同音。

開寶初，廣南劉鋹令民家置貯水桶，號「防火大桶」。又鋹末年，童謠曰：「羊頭二四，白天雨至。」後王師以辛未年二月四日擒鋹。識者以爲國家以火德王，房爲宋分；羊，未神也；雨者，王師如時雨之義也；「防」與「房」、「桶」與「宋」同音。

周廣順初，江南伏龜山圮，得石函，長二尺，廣八寸，中有鐵銘，云：「維天監十四年秋八月，葬寶公于是。」銘有引曰：「寶公嘗爲偈，大事書于版，帛羃之。人欲讀之者，必施數錢乃得，讀訖卽羃之。是時，名士陸倕、王筠〔四〕、姚察而下皆莫知其旨。或問之，云在五百年後。至卒，乃歸其銘同葬焉。」銘曰：「莫問江南事，江南自有馮。乘鷄登寶位，跨犬出金陵。子建司南位，安仁秉夜燈。東隣家道闕，隨虎遇明興。」其字皆小篆，體勢完具，徐鉉、徐鍇、韓熙載皆不能解。及煜歸朝，好事者云：煜丁酉年襲位，卽乘鷄也；開寶八年甲戌，江南國滅，是跨犬也；當王師圍其城而曹彬營其南，是子建司南位；潘美營其北，是安仁秉夜燈也；其後太平興國三年，淮海王錢俶舉國入覲，卽東隣也；家道闕，意無錢也；隨虎遇，戊寅年也。

皇祐五年正月戊午，狄青敗儂智高于歸仁鋪。初，謠言「農家種，糴家收」。至是，智高果爲青所破。

建炎三年四月，鼎州桃源洞大水，巨石隨流而下，有文曰：「無爲大道，天知人情；無爲窈冥，神見人形。心言意語，鬼聞人聲；犯禁滿盈，地收人魂。」金石同類，類金爲變怪者也。

紹興二年，李綱帥長沙，道過建寧，僧宗本題邑治之壁曰：「東燒西燒，日月七七。」後數日，江西盜李敦仁〔五〕入境，焚其邑，七月七日也。

淳熙中，淮西競歌汪秀才曲曰：「騎驢度江，過江不得。」又爲貍舞以和之。後舒城狂生汪格謀不軌，州兵入其家，縛之。其子拒殺，聚惡少數千爲亂，聲言渡江。事平，格亦伏誅。七年正月，餘杭門外牆壁有詩，其言頗涉怪，後廉得主名，杖遣之。主管城北廂劉君暨以失察異言，坐削秩，其詩不錄。十四年，都城市井歌曰：「汝亦不來我家，我亦不來汝家。」至紹熙二三年，其事始應于兩宮。

嘉定三年〔六〕，都城市井作歌詞，末句皆曰「東君去後花無主」，朝廷惡而禁之。未幾，太子詢薨。

慶元四年三月甲辰，有郵筩置詩達御前者，詔宰臣究其詩，不錄。

嘉泰四年，越人盛歌鐵彈子白塔湖曲。俄有盜金十一者自號「鐵彈子」，繆傳其門死于白塔湖中，後獲於諸暨縣。

漢乾祐中，荆南高從誨鑿池於山亭下，得石匣，長尺餘，扃鐍甚固。從誨神之，屏左右焚香以啓匣，中得石，有文云：「此去遇龍卽歇。」及建隆中，從誨孫繼沖入朝，改鎭徐州。「龍」、「隆」音相近。

太平興國中，京師兒童以木雕合子，中有竅，藏腋下有聲，號云「腋底鬧」。後盧多遜投荒，人以爲讖，其在肘腋而司國典也。

天禧二年五月，西京訛言有物如烏帽，夜飛入人家，又變爲犬狼狀。人民多恐駭，每夕重閉深處，至持兵器驅逐者。六月乙巳，傳及京師，云能食人。里巷聚族環坐，叫譟達曙，軍營中尤甚，而實無狀，意其妖人所爲。有詔嚴捕，得數輩，訊之皆非。

政和七年，詔修神保觀。俗所謂「二郎神」者，京師人素畏之，自春及夏，傾城男女負土以獻，揭榜通衢，云某人獻土；又有飾形作鬼使，巡門催納土者。或以爲不祥，禁絕之。後金人斡离不圍京師，其國謂之「二郎君」云。

紹興元年十二月，越州連火，民訛言相驚，月幾望當再火。樞密院以軍法禁之，乃定。

嘉泰二年六月，故循王張俊家火。後旬日，市井訛言相驚，絳衣婦人爲火殃下墜。都民徙避，晝夜弗寧，禁之，後亦不火。

慶元六年十月〔七〕，瓊州訛言妖星流墮民郭七家，聲如雷。通判曾丰暨瓊山縣令移文驚擾，後皆坐絀。簽書樞密院事林存爲似道所擠，道死于漳。漳有富民蓄油粘木甚佳，林氏子弟求之，價高不可得，因撫其木曰：「收取收取，待賈丞相用。」德祐元年，似道謫死，郡守與之經營，竟得此木以殮。

宋初，陳摶有紙錢使不行之說，時天下惟用銅錢，莫喻此旨。其後用交子、會子，其後會價愈低，故有「使到十八九，紙錢飛上天」之謠。似道惡十九界之名，乃名關子，然終爲十九界矣，而關子價益低，是紙錢使不行也。

宋以周顯德七年庚申得天下。圖讖謂「過唐不及漢，一汴、二杭、三閩、四廣」，又有「寒在五更頭」之謠，故宮漏有六更。按漢四百二十餘年，唐二百八十九年。開慶元年，宋祚過唐十一年，滿五庚申之數；至德祐二年正月降附，得三百一十七年，而見六庚申，如宮漏之數。

建隆三年，有象至黃陂縣匿林中，食民苗稼，又至安、復、襄、唐州踐民田，遣使捕之；明年十二月，於南陽縣獲之，獻其齒革。乾德二年五月，有象至澧陽、安鄉等縣；又有象涉江入華容縣，直過闤闠門；又有象至澧州澧陽縣城北。

乾德四年八月，普州兔食禾。五年，有象自至京師。

雍熙四年〔八〕，有犀自黔南入萬州，民捕殺之，獲其皮角。

開寶八年四月，平陸縣鷙獸傷人，遣使捕之，生獻十頭。十月，江陵府白晝虎入市，傷二人。

太平興國三年，果、閬、蓬、集諸州虎爲害，遣殿直張延鈞捕之，獲百獸。俄而七盤縣虎傷人，延鈞又殺虎七以爲獻。七年，虎入蕭山縣民趙馴家，害八口。

淳化元年十月，桂州虎傷人，詔遣使捕之。

至道元年六月，梁泉縣虎傷人。二年九月，蘇州虎夜入福山砦，食卒四人。

咸平二年十二月，黃州長析村二虎夜鬥，一死，食之殆半，占云：「守臣災。」明年，知州王禹偁卒。咸平六年十月乙酉，有狐出皇城東北角樓，歷軍器庫至夾道，獲之。

大中祥符九年三月，杭州浙江側，晝有虎入稅場，巡檢俞仁祐揮戈殺之。

天聖九年五月，宿州獲白兔。六月，廬州獲白兔。

明道二年六月，唐州獲白兔。

皇祐三年十二月，泰州獲白兔。

嘉祐三年六月丁卯，交阯貢異獸二。初，本國稱貢麒麟，狀如牛身，被肉甲，鼻端有角，食生芻果，必先以杖擊其角，然後食。既至，而樞密使田況辨其非麟，詔止稱異獸。

熙寧元年九月，撫州獲白兔。十二月，嵐州獲白鹿。四年九月，廬州獲白兔。

政和五年十二月，安化軍獲白兔。六月，泰州軍獲白兔。七年二月，達州獲白兔。

宣和元年十月，淄州獲黑兔。宣和七年秋，有狐由艮嶽直入禁中，據御榻而坐，詔毀狐王廟。

紹興十一年，海州屬金，悉空其民安江〔九〕。後二十年，有二虎入城，人射殺之，虎亦搏人。明年，魏勝舉州來歸，亦空其民。漢襲遂曰：「野獸入宮室，宮室將空。」虎豕皆毛孽也。十三年，南康縣雷雨，羣狸震死于巖穴中，巖石皆爲碎。二十二年，劉彭老家猫產數子，皆三足。

乾道七年，潮州野象數百食稼，農設穽田間，象不得食，率其羣圍行道車馬，斂穀食之，乃去。

淳熙二年，江州馬當山羣狐掠人。十年，滁州有熊虎同入樵民舍，夜，自相搏死。

紹熙元年三月，臨安府民家猫生子一，有八足二尾。四年，鄂州武昌縣虎爲人患。五年八月，揚州獻白兔。侍御史章穎劾守臣錢之望以孽爲瑞。占曰：「國有憂。」白，喪祥也。是歲，光宗崩。

慶元三年，德興縣羣狐入民舍。

咸淳九年十一月辛卯黎明，有虎出于揚州市，毛色微黑，都撥發官曹安國率良家子數十人射之。制置使李庭芝占曰：「千日之內，殺一大將。」於是臠其肉於城外而厭之。

紹興六年四月，中京大雪雷震，犬數十爭赴土河而死，可救者才一二三。

淳熙元年六月，饒州大雷震犬于市之旅舍。

慶元二年，撫州有犬若人，坐于郡守之坐。未幾，郡守林廷彥卒于官。

德祐元年五月壬申，揚州禁軍民毋得蓄犬，城中殺犬數萬，輸皮納官。

乾德三年七月己卯夜，西方起蒼白氣，長五十尺，貫天船、五車，亙井宿，占曰：「主兵動。」六年十月己未旦，西北起蒼白氣三道，長二十尺，趨東散，占曰：「游兵之象。」

太平興國四年四月己未夜，西北有白氣壓北斗。

雍熙四年正月癸酉，白氣起角、亢經太微垣，歷軒轅大星，至月傍散。

至道二年二月丙子夜，西方有蒼白氣，長短八道如彗掃稍，經天漢，參錯如交蛇，占曰：「所見之方主兵勝。」

咸平四年三月丙申，白氣二亙天。五年正月，白氣如虹貫日，久而散。七月戊戌，白氣如陣貫東井。六年四月己巳，白氣東西亙天。丁丑，白氣貫日。五月辛亥，白氣出昴至壁沒。六月丙子，白氣出河鼓左右旗，分爲數道沒。七月癸卯，白氣如彗起西南方，占曰：「有兵喪。」

景德元年五月，白氣貫軒轅，蒼白氣十餘如布亙天。二年二月丁亥，白氣五道貫北斗，占爲大風、宰臣憂。十月丙子，白氣出閣道西，孛孛有光，占曰：「宮中憂。」三年三月，白氣貫月。四年三月己未，白氣東西亙天。庚申，白氣出南方，長二丈許，久而不散。四月庚午，白氣貫北斗，長十丈，占爲大風。庚寅，白氣如布襲月，三丈許。

大中祥符元年正月丁丑，白氣二，東西亙天。五年二月壬寅，白氣長五丈，出東井，貫北斗魁及軒轅，占爲兵、爲雷雨。

明道元年十二月壬戌，西北有蒼白氣亙天。

康定二年八月庚辰夜，東方有白氣長十尺許，在星宿度中，至十日，長丈餘衝天相〔一〇〕，九十餘日沒。

慶曆八年甲申，白氣貫北斗〔一一〕。三年正月戊戌，中天有白氣長二十尺，向西南行貫日，占曰：「邊兵憂。」四月癸卯，白氣二，生西北隅，上中天，首尾至濁，東南行，良久散，占曰：「其下有兵寇。」八月壬子夜，白氣貫北斗魁。九月辛巳夜，中天有白氣長二丈許〔一二〕，貫卷宿、南河〔一三〕，東北行，少頃散，占曰：「風雨之候。」

皇祐四年十一月辛酉夜，白氣起北方近濁，長五丈許，歷北斗，久之散，占曰：「多大風。」

嘉祐七年三月，彭城縣白鶴鄉地生麪，占曰：「地生麪，民將飢。」五月，鍾離縣地生麪。

治平二年四月丙午夜，西北方有白氣漸東南行，首尾至濁，貫角宿，移西北，久方散，占曰：「有兵戰疾疫事。」

熙寧九年四月庚寅夜，白氣長丈，起東北方天市垣。

元祐三年七月戊辰夜，西北有白氣經天，主兵，宜防西、北二鄙。

元符二年九月戊辰夜，有白氣十道，各長五尺，主兵及大臣黜。

崇寧二年五月戊子夜，蒼白氣起東南方，長三丈，貫尾、箕、斗，主蠻夷入貢，舊臣來歸。

宣和三年九月壬午夜，蒼白氣長三丈，貫月，主其下有亂者。

靖康元年十二月丙辰，白氣出太微垣。二年二月壬午夜，白氣如虹，自南亙北，須臾移西南至東北，天明而沒。三月戊子，白氣貫斗。

建炎二年，杜充爲北京留守，天雨紙錢于營中，厚盈寸。明日，與金人戰城下，敗績。紙，白祥也。三年三月，白氣貫日。四年五月壬子夜，北方有白氣十餘道如練。二十六年〔四〕七月辛酉夜，天雨水銀。

紹興元年，潭州得白玉于州城蓮花池中，孔彥舟以獻，詔却之。前史以爲玉變近白祥，後彥舟爲劇盜。二月己巳夜，東南有白氣。十一年三月庚申，金人居長安，油、酒皆變白色。三十年十一月甲午夜，西南有白氣出危入昴。十二月戊申，白氣出尾入軫，貫天市垣。三十一年十二月辛丑，白氣如帶，東西亙天，出斗歷牛。

隆興元年十二月壬午夜，白氣見西南方，出危入昴。二年正月甲寅夜，西南有白氣亙天如帶。

乾道元年正月庚午，白氣見西北方，出奎入參。三月戊辰，白氣如帶，自參及角，東西亙天。四月丁酉夜，白氣見西北方，入天市垣。辛丑夜，白氣入北斗。乙巳夜，白氣入紫微垣。十月己丑夜，蒼白氣見南方，入翼。十一月丙寅，白氣如帶，出女入昴，東西亙天。十二月庚午夜，白氣如帶，東西亙天，出女入昴。

淳熙十年正月戊子夜，西南有白氣如天漢而明，南北廣可六丈，東西亙天，歷壁至畢。

紹熙五年六月壬寅夜，白氣亙天，自紫微至亢、角。己酉日入後，白氣亙天，頃刻而散。

慶元四年八月庚辰，白氣亙天。五年二月癸酉夜，東北方白氣如帶，自角至參。八月癸亥，東北方有白氣如帶，亙天。

嘉泰四年十一月辛未，晝有白氣分數道，亙天。

嘉熙四年二月丙辰，白氣亙天。

淳祐二年四月甲寅，白氣亙天。
景定三年七月甲申，白氣如匹布，亙天。
咸淳九年，襄陽城中白氣自西而出。

紹興二年，宣州有鐵佛象，坐高丈餘，自動迭前迭卻，若偃而就人者數日，既而郡有火。火氣盛，金失其性而爲變怪也。七月，天雨錢，或從石甃中涌出，有輪郭，肉好不分明，穿之碎若沙土。二月〔三〕，温州戒福寺銅佛象頂珠自動，光彩激射，經日不少停，數日火作，寺焚。
淳熙九年春，德興縣民家鏡自飛舞，與日光相射。
慶元二年正月，泰寧縣耕夫得鏡，厚三寸，徑尺有二寸，照見水底，與日爭輝，病熱者對之，心骨生寒，後爲雷震而碎。

校勘記

〔一〕五年　本條上文紀元是宣和，但所記的是修明堂時事。據本書卷二一徽宗紀，徽宗修明堂在政和五年至七年，本條的五年當是政和五年。

〔二〕崇寧四年三月　按編年順序及本書卷二〇徽宗紀、卷一〇四禮志，本條當移置「崇寧五年十月」條之前。

〔三〕臨江南安諸軍　「安」字原脫，與上下文義不協，據通考卷三〇四物異考補。

〔四〕名士陸倕王筠　「王筠」，原作「王鈞」。按本條記梁朝函銘事，梁朝文人與陸倕等齊名的是王筠，梁書卷三三有傳，并說：「昭明太子愛文學士，常與筠及劉孝綽、陸倕、到洽、殷芸等遊宴玄圃。」此處「鈞」字誤，通考卷三一〇物異考作「王筠」，據改。

〔五〕李敦仁　「敦」字原脫，據本書卷二六高宗紀、繫年要錄卷五二、通考卷三〇九物異考補。

〔六〕嘉定三年　「嘉定」，原作「紹定」。按本書卷四〇寧宗紀，卷四一理宗紀都記嘉定十三年皇太子詢薨，本條所記歌謠事，當發生在前此不遠。通考卷三〇九物異考繫此事於嘉定三年，紀元與本紀合，據改。又按編年順序，本條當移置下文慶元、嘉泰條之後。

〔七〕慶元六年十月　按本條所記妖星墮郭七家事，通考卷三一〇物異考繫於嘉泰二年條前；林存罷官事，本書卷四四理宗紀繫於寶祐六年十一月，卷二一四宰輔表繫於次年開慶元年正月。此處年代有誤。

〔八〕雍熙四年　按編年順序及通考卷三一一物異考，本條當移置下文太平興國三年條之後。

〔九〕悉空其民安江　按本條所記之事，繫年要錄卷一四〇、北盟會編卷二〇六都作：「（張）俊以海州在淮北，恐爲金人所得，因命毀其城，遷其民於鎮江府。」通考卷三一一物異考作：「悉空其民渡江。」此處「安江」疑爲「渡江」之誤。

〔一〇〕長丈餘衝天相　「相」字原脫，據本書卷六〇天文志、通考卷二九四象緯考補。

〔一一〕慶曆八年甲申白氣貫北斗　按本書卷六〇天文志作慶曆二年八月甲申「白雲貫北斗」；通考卷二九四象緯考繫此事於慶曆二年十一月甲申。疑此處紀年誤，「甲申」前又失載月份。

〔一二〕中天有白氣長二丈許　「天」字原脫，據本書卷六〇天文志、通考卷二九四象緯考補。據同上資料，本條當繫於慶曆四年。

〔一三〕貫卷宿南河　按星宿名無「卷宿」，疑誤。本書卷六〇天文志作「卷舌」，通考卷二九四象緯考作「參宿」。

〔一四〕二十六年　上文紀元爲建炎，但建炎無二十六年，顯誤。按繫年要錄卷一七三、通考卷三〇三物異考此事都繫於紹興二十六年，疑當移置下文紹興十一年三月條之後。

〔一五〕二月　通考卷三〇七物異考作「二十年二月」。

宋史卷六十七

志第二十

五行五

土

稼穡作甘，土之性也。土失其性，則爲災凶。舊說以恆風、脂夜之妖，華孽、臝蟲之蠥，牛禍、黃眚、黃祥，皆屬之土，今從之。

建隆元年，河南諸州乏食。

乾德元年，齊、隰等州饑。二年，州府二十二饑。

開寶四年，府州六水、一旱，諸州民乏食。五年，大饑。六年，水，民饑。九年，州府十二饑。

太平興國四年，太平州饑。

淳化元年，開封、河南等九州饑。五年，京東西、淮南、陝西水潦，民饑。

咸平五年，河北及鄭、曹、滑饑。

景德元年，江南東、西路饑。二年，淮南、兩浙、荆湖北路饑。三年，京東西、河北、陝西饑。

大中祥符三年，陝西饑。四年，河北、陝西、劍南饑。五年，河北、淮南饑。七年，淮南、江、浙饑。八年，陝西州府五饑。

天禧元年，饑。三年，江、浙及利州路饑。

天聖三年，晉、絳、陝、解饑。

明道元年，京東、淮南、江東饑。二年，淮南、江東、西川饑。

寶元二年，益、梓、利、夔路饑。

嘉祐三年，夔州路旱，饑。

熙寧三年，河北、陝西旱。四年，河北旱，饑。六年，淮南江東劍南西川、潤州饑。七年京畿河北京東西淮西成都利州、延常潤府州、威勝保安軍饑。八年，兩河、陝西、江南、淮、浙饑。九年，雄州饑。十年，漳泉州、興化軍饑。

元豐元年，河北饑。四年，鳳翔府、鳳階州饑。七年，河東饑。

元符二年，饑。

崇寧元年，江、浙、熙河饑。

大觀三年，秦、鳳、階、成饑。

重和元年，京西饑。五年，河北、京東、淮南饑。

建炎元年，汴京大饑，米升錢三百，一鼠直數百錢，人食水藻、椿槐葉，道殣，骼無餘胔。三年，山東郡國大饑，人相食。時金人陷京東諸郡，民聚爲盜，至車載乾尸爲糧。

紹興元年，行在、越州及東南諸路郡國饑。淮南、京東西民流常州、平江府者多殍死。二年春，兩浙、福建饑，米斗千錢。時餫饟繁急，民益艱食。三年，吉郴道州、桂陽監饑。五年，湖南大饑，殍死、流亡者衆。夏，潼川路饑，米斗二千，人食糟糠。興元饑，民流于果、閬。秋，温、處州饑。六年春，浙東、福建饑，湖南、江西大饑，殍死甚衆，民多流徙，郡邑盜起。夏，蜀亦大饑，米斗二千，利路倍之，道殣枕藉。是歲，果州守臣宇文彬獻禾粟九穗圖，吏部侍郎晏敦復言：「果、遂饑民未蘇，不宜導諛。」坐黜爵。七年夏，欽、廉、邕州饑。九年，江東西、浙東饑，米斗千錢，饒、信州尤甚。十年，浙東、江南荐饑，人食草木。十一年，京西、淮南饑。十八年冬，浙東、江、淮郡國多饑，紹興尤甚。民之仰哺于官者二十八萬六千人，不給，乃食糟糠、草木，殍死殆半。十九年春、夏，紹興府大饑，明、婺州亦如之。二十四年，衢州饑。二十八年，平江府饑。二十九年，紹興府荐饑。

隆興元年，紹興府大饑，四川尤甚。平江襄陽府、隨泗州、棗陽盱眙軍大饑，隨、棗間米斗六七千。二年，平江府、常秀州饑，華亭縣人食粃糠。行都及鎮江府、興化軍、台徽州亦艱食。淮民流徙江南者數十萬。

乾道元年春，行都、平江鎮江紹興府、湖常秀州大饑，殍徙者不可勝計。是歲，台明州、江東諸郡皆饑。夏，亡麥。二年夏，亡麥。三年九月，不雨，麥種不入。四年春，蜀邛縣劍漢州、石泉軍大饑，邛爲甚。盜延八郡，漢饑民至九萬餘。五年夏，饒、信州荐饑，民多流徙。徽州大饑，人食蕨、葛。台楚州、盱眙軍亦饑。秋、冬不雨，淮郡麥種不入。六年冬，寧國府、廣德軍、太平湖秀池徽和州皆饑。七年秋，江東西、湖南十餘郡饑，江筠州、隆興府爲甚。人食草實，流徙淮甸，詔出內帑收育棄孩。淮郡亦荐饑，金人運麥於淮北岸易南岸銅鏹，斗錢八千。江西饑，民流光、濠、安豐間〔一〕，皆效淮人私糴，錢爲之耗。荆南亦饑。八年，江西亡麥。隆興府荐饑，南昌、新建縣饑民仰給者二萬八千餘。九年春，成都、永康、邛三州饑。秋，台州饑，温、婺州亦饑。

淳熙元年，浙東、湖南、廣西、江西、蜀關外皆饑，台、處、郴、桂、昭、賀尤甚。二年，淮東西、江東饑，滁眞揚州、盱眙軍、建康府爲甚。是歲，鎭江寧國府、常州、廣德軍亦艱食。詔奬建康留守劉珙振濟有方。三年，淮甸饑。夏，台州亡麥。冬，復施隨郢州、荆門軍、襄陽江陵德安府大饑，四年春，尤饑。六年冬，和州饑。泰通楚州、高郵軍大饑，人食草木。七年，鎭江府、台州、無爲廣德軍民大饑。是歲，江、浙、荆、湘、淮郡皆饑。八年春，江州饑，人采葛而食，詔罷守臣章騂。冬，行都、寧國建康府、嚴婺太平州、廣德軍饑，徽、饒州大饑，流淮郡者萬餘人。浙東常平使者朱熹進對論荒政，請蠲田賦、身丁錢，詔江、浙、淮、湖北三十八郡並免之。九年春，大亡麥。行都饑，於潛、昌化縣人食草木。紹興府、衢婺嚴明台湖州饑。徽州大饑，穜稑亦絕。湖北七郡荐饑。蜀潼、利、夔三路郡國十八皆饑，流徙者數千人。十年，合、昌州荐饑，民就振相蹂死者三十餘人。十一年，泉汀漳州、興化軍亡禾。邕、賓、象州饑。十二年，福建饑，亡麥。江西、廣東西饑。金州饑，有流徙者。十四年，金、洋、階、成、鳳、西和州人乏食。七月，秀州饑，有流徙者。臨安府九縣饑。十六年夏，成州亡麥。冬，階、成、鳳、西和州荐饑。

紹熙二年，蘄州饑。夔路五郡饑，渝、涪爲甚。階、成、鳳、西和州亡麥。三年，資、榮州亡麥，普敍簡隆州、富順監皆大饑，亡麥，殍死者衆，民流成都府至千餘人，威遠縣棄兒且六百人。揚州亦饑。四年，簡、資、普州饑，鄜州亡麥。夏，紹興府亡麥。安豐軍大亡麥。五年冬，亡麥苗。行都、淮浙西東江東郡國皆饑，常明州、寧國鎮江府、廬滁和州爲甚，人食草木。

慶元元年春，常州饑，民之死徙者衆。楚州饑，人食糟粕。淮、浙民流行都。三年，浙東郡國亡麥，台州大亡麥，民饑多殍。襄、蜀亦饑。四年秋，浙東西荐饑，多道殣。六年冬，常州大饑，仰哺者六十萬人。潤揚楚通泰州、建康府、江陰軍亦乏食。

嘉泰元年，浙西郡國荐饑，常州、鎮江嘉興府爲甚。二年，四川饑，廣安懷安軍、潼川府大亡麥。衡郴州、武岡桂陽軍乏食。三年春，邵、永州大饑，死徙者衆，民多剽盜。夏，行都艱食。四年春，撫袁州、隆興府、臨江軍大饑，殍死者不可勝瘞，有舉家二十七人同赴水死者。

開禧二年，紹興府、衢婺州亡麥。湖北、京西、淮東西郡國饑，民聚爲剽盜。南康軍、忠涪州皆饑。

嘉定元年，淮民大饑，食草木，流于江、浙者百萬人。先是淮郡罷兵，農久失業，米斗二千，殍死者十三四，炮人肉、馬矢食之。詔所至郡國振恤歸業，時邦儲旣匱，郡計不支，去者多死，亦有俘掠而北者。是歲，行都亦饑，米斗千錢。二年春，兩淮、荆、襄、建康府大饑，米斗錢數千，人食草木。淮民刲道殣食盡，發瘞胔繼之，人相搤噬；流於揚州者數千家，度江者聚建康，殍死日八九十人。是秋，諸路復大歉，常潤尤甚。冬，行都大饑，殍者橫市，道多棄兒。三年春，建康府大饑，人相食。五月，衢州饑，頗聚爲剽盜。七年，台州大亡麥。八年，淮、浙、江東西饑，都昌縣爲盜者三十六黨。九年，行都饑，閭巷有殍。十年，台、衢、婺、饒、信州饑，剽盜起，台爲甚。蜀石泉軍饑，殍死殆萬人。十一年秋，淮、浙、江東饑饉，亡麥苗。十二年春，潼川府饑而不害。十三年春，福州饑，人食草根。十六年春，海州新附山東民饑，京東、河北路新附山西民亦饑。湖南永、道州大饑。是歲，行都、江淮閩浙郡國皆亡麥禾。十七年春，餘杭、錢塘、仁和三縣饑，鎮江府饑，眞、鄂州亦乏食。

嘉熙四年，紹興府荐饑，臨安府大饑，嚴州饑。

咸淳七年，江南大饑。八年冬，襄陽饑，人相食。

德祐二年正月，揚州饑。三月，揚州穀價騰踴，民相食。

乾德二年五月，揚州暴風，壞軍營舍僅百區。三年六月，揚州暴風，壞軍營舍及城上敵棚。

開寶二年三月，帝駐太原城下，大風一夕而止。八年十月，廣州颶風起，一晝夜雨水二丈餘，海爲之漲，飄失舟檝。九年四月，宋州大風，壞甲仗庫、城樓、軍營凡四千五百九十六區。

太平興國二年六月，曹州大風，壞濟陰縣廨及軍營。四年八月，泗州大風，浮梁竹笮、鐵索斷，華表石柱折。六年九月，高州大風雨，壞廨宇及民舍五百區。七年八月，瓊州颶風，壞城門、州署、民舍殆盡。八年九月，太平軍颶風拔木，壞廨宇、民舍千八十七區。十月，雷州颶風，壞廩庫、民舍七百區。九年八月，白州颶風，壞廨宇、民舍。

端拱二年，京師暴風起東北，塵沙曀日，人不相辨。

淳化二年五月，通利軍大風害稼。三年六月丁丑，黑風自西北起，天地晦暝，雷震，有頃乃止。先是京師大熱，疫死者衆，及此風至，疫疾遂止。

至道二年八月，潮州颶風，壞州廨、營砦。

咸平元年八月，涪州大風，壞城舍。四年八月丙子，京師暴風。

景德二年六月甲午，大風吹沙折木。八月，福州海上有颶風，壞廬舍。三年七月丙寅京師大風。四年三月甲寅夕，京師大風，黃塵蔽天，自大名歷京畿，害桑稼，唐州尤甚。

大中祥符二年四月乙未，大風起京師西北，連日不止。五年八月，京師大風。七年三月戊辰，京師大風，揚沙礫。是日，百官習儀恭謝壇，有隨仆者。八年六月辛亥，京師風起巳位，吹沙揚塵。

天禧二年正月，永州大風，發屋拔木，數日止。三年五月，徐州利國監大風起西南，壞廬舍二百餘區，壓死十二人。四年四月丁亥，大風起西北，飛沙折木，晝晦數刻。五月乙卯，暴風起西北有聲，折木吹沙，黃塵蔽天，占並主陰謀姦邪。是秋，內侍周懷政坐妖亂伏誅。

天聖九年十二月辛酉，大風三日止。

景祐元年六月己巳，無錫縣大風發屋，民被壓死者衆。九月甲寅夜漏上，風自丑起有聲，擺木鳴條。二年六月戊寅平明，風自未來，占者以爲百穀豐衍之候。

皇祐四年七月丁巳，大風起西北方，拔木。

嘉祐二年正月元日平旦，有風從東北來，徧天有蒼黑雲，占云：「大熟多雨。」

熙寧四年二月辛巳，京東自濮州至河北旁邊，大風異常，百姓驚恐。六年四月，館陶縣黑風。九年十一月，海陽潮陽二縣颶風、潮，害民居田稼。十年六月，武城縣大風，壞縣廨，知縣李愈妻、主簿寇宗奭妻之母壓死。七月，溫州大風雨，漂城樓、官舍。

元豐四年六月，邕州颶風，壞城樓、官私廬舍。七月甲午夜，泰州海風作，繼以大雨，浸州城，壞公私廬舍數千間。靜海縣大風雨，毀官私廬舍二千七百六十三楹。丹陽縣大風雨，溺民居，毀廬舍。丹徒縣大風潮，飄蕩沿江廬舍，損田稼。六月，邕州颶風，壞城樓、官私廬舍。五年八月，朱崖軍颶風，毀廬舍。

元祐八年，福建、兩浙海風駕潮，害民田。

紹聖元年秋，蘇、湖、秀等州海風害民田。

靖康元年正月望夜，大風起西北有聲，吹沙走石，盡明日乃止。二月戊申，大風起東北，揚塵翳空。三月己巳夜五更，大風乍緩乍急，聲如叫怒。十一月丁亥，大風發屋折木。閏十一月甲寅，大風起北方，雪作盈數尺，連夜不止。二年正月己亥，天氣昏曀，狂風迅發，竟日夜，西北陰雲中如有火光，長二丈餘，闊數尺，民時時見之。庚戌，大風雨。二月乙酉，大風折木，晚尤甚。三月己亥，大風。四月庚申朔，大風吹石折木；辛酉，北風益甚，苦寒。

建炎元年正月丁酉，大風吹石折木。十二月乙酉，大風拔木。

紹興二十八年七月壬戌，平江府大風雨駕潮，漂溺數百里，壞田廬。三十二年七月戊申，大風拔木。溫州大風，壞屋覆舟。

隆興元年，浙東、西郡國風水傷稼。二年八月，大風雨，漂蕩田廬。

乾道二年八月丁亥，溫州大風雨駕海潮，殺人覆舟，壞廬舍。五年十月，台州大風水，壞田廬。八年六月丙辰，惠州颶風，壞海艦三十餘。時樞密院調廣東經略司水軍，四艦覆其三，死者百三十餘人。

淳熙三年六月，大風連日。四年九月，明州大風駕海潮，壞定海、鄞縣海岸七千六百餘丈及田廬、軍壘。六月乙巳夜，福淸縣、興化軍大風雨，壞官舍、民居、倉庫及海口鎭，人多死者。五年正月庚戌，大風。六年十一月，鄂州大風覆舟，溺人甚衆。七年二月，江陵府大風，火及舟，焚溺死者尤衆。十年八月辛酉，雷州颶風大作，駕海潮傷人，禾稼、林木皆折。

紹熙二年三月癸酉，瑞安縣大風，壞屋拔木殺人。四年七月，興化軍海風害稼。五年六月丙子，大風。七月乙亥，行都大風拔木，壞舟甚衆。紹興府、秀州大風駕海潮，害稼。秋，明州颶風駕海潮，害稼。十月甲戌，行都大風拔木。

慶元二年六月壬申，台州暴風雨駕海潮，壞田廬。六年三月甲子，大風拔木。

嘉泰三年十月丁未，暴風。十一月癸未，大風；四年正月乙亥，亦如之。

開禧元年四月乙卯、九月庚戌，大風。

嘉定元年九月乙丑，大風。二年二月戊子，大風。七月壬辰，台州大風雨駕海潮，壞屋殺人。三年八月癸酉，大風拔木，折禾穗，墮果實；寧宗露禱，至于丙子乃息。後御史朝陵于紹興府，歸奏風壞陵殿宮牆六十餘所、陵木二千餘章。四年閏月丁未，大風。六年十二月，餘姚縣風潮壞海隄，亘八鄉。七年正月庚辰，江州放鐙，黑雲暴風忽作，遊人相踐，死者二十餘。十年正月乙未，大風拔木。十一月丁丑，大風。十一年二月甲寅，大風。十月戊午，大風。十三年十一月庚戌、壬子，大風。十二月戊午，大風。十四年六月辛巳，大風。十六年秋，大風拔木害稼。十七年秋，福州颶風大作，壞田損稼。冬，鄂州暴風，壞戰艦二百餘；壽昌軍壞戰艦六十餘；江州、興國亦如之。

嘉熙二年，風雹。三年，風雹。

淳祐十一年，泰州風。

景定四年十一月，福州颶風。

咸淳四年閏月丁巳，大風雷雨，居民屋瓦皆動。七年五月甲申，紹興府大風。十年四月，紹興府大風拔木。

端拱二年，京師暴風起東北，塵沙曀日，人不相辨。

淳化三年六月丁丑，黑風自西北起，天地晦冥，雷震，有頃乃止。

大中祥符二年九月，無爲軍城北暴風，晝晦不可辨，拔木，壞城門、營壘、民舍。

天聖六年二月庚辰，大風晝暝。

康定元年三月丙子，大風晝暝，經刻乃復。

嘉祐八年十一月丙午，大風霾。

治平二年二月乙巳，大風晝晦。四年正月庚辰朔，大風霾。是日，上尊號，廷中仗衞皆不能整。時帝已不豫，後七日崩。

熙寧四年四月癸亥，京師大風霾。

元祐八年二月，京師風霾。

靖康二年正月己亥，天氣昏曀，風迅發竟日。三月丁酉，風霾。

建炎元年正月辛卯朔，大風霾。丁酉，風霾，日色薄而有暈。三月丁酉，汴京風霾，日無光。是日，張邦昌僭位。二年七月癸未，風雨晝晦。是日，東京留守宗澤薨。

紹興十一年三月庚申，金人居長安，晝晦。

乾道五年正月甲申，晝霾四塞。

淳熙五年四月丁丑，塵霾晝晦，日無光。

慶元九年〔三〕十二月乙未，天雨霾。

開禧元年正月壬午，雨霾。

嘉定十年正月乙未，晝霾。二月癸巳，日無光。

德祐元年六月庚子朔，日有食之，既，天地晦冥，咫尺不辨人，雞鶩歸棲，自巳至午，其明始復。

至道二年秋九月，環、慶州梨生花，占有兵。明年，契丹擾北邊。

景德元年二月，保順軍城壕冰，陷起〔三〕文爲桃李華、雜樹、人物之狀。

大中祥符九年正月，霸州渠冰有如華葩狀。

大觀二年十月乙巳，襲丘縣檜生花，萼如蓮實。

紹興七年十二月，中書、門下省檢正官張宗元出撫淮西軍，寓建康。槃冰有文如畫，佳卉茂木，華葉相敷，日易以水，變態奇出，春暄乃止。二十七年四月，徽州祁門縣圃桃已實復華。

淳熙初，秀州呂氏家冰瓦有文，樓觀、車馬、人物、芙蓉、牡丹、萱草、藤蘿之屬，經日不釋。

淳熙中，興化軍仙遊縣九坐山古木末生花，臭如蘭。

建隆二年九月，渭南縣蝝蝗蟲傷稼。三年七月，兗州、濟、德、磁、洺蝝生。

乾德六年七月，階州蝝蝗蟲生。

太平興國二年六月，磁州有黑蟲羣飛食桑，夜出晝隱，食葉殆盡。七月，邢州鉅鹿、沙河〔四〕二縣步屈蟲食桑麥殆盡。五年七月，濰州蝝蝗蟲生，食稼殆盡。七年九月，邠州蝝蝗蟲生，食稼。九年七月，泗州蠓蟲食桑。

雍熙二年四月，天長軍蠓蟲食苗。

端拱二年七月，施州蝝蝗蟲生，害稼。

淳化元年四月，中都縣蝪蟲生。七月，單州蝪蟲生，遇雨死。

景德元年八月，陝、賓、棣州蟲螟害稼。

大中祥符四年八月，兗州蝝蝗蟲生，有蟲靑色隨齧之，化爲水。六年九月，陝西同、華等州蝝蝗蟲食苗。

天聖五年五月戊辰，磁州蟲食桑。

景祐四年五月，滑州靈河縣民黃慶家蠶自成被，長二丈五尺，闊四尺。

嘉祐五年，深州野蠶成繭，被于原野。

熙寧九年五月，荆湖南路地生黑蟲，化蛾飛去。全州生黑蟲食苗，黄雀來食之皆盡。元祐六年閏八月，定州七縣野蠶成繭。七年五月，北海縣蠶自織如絹，成領帶。元符元年七月，藁城縣野蠶成繭。八月，行唐縣野蠶成繭。九月，深澤縣野蠶成繭，織紝成萬匹。二年六月，房陵縣野蠶成繭。

政和元年九月，河南府野蠶成繭。四年，相州野蠶成繭。五年，南京野蠶成繭，織紬五四，綿四十兩，聖繭十五兩。

紹興二十九年秋，浙東、江東西郡縣螟。三十年十月，江、浙郡國螟蝝。

隆興元年秋，浙東西郡國螟，害穀，紹興府、湖州爲甚。二年，台州螟。

乾道三年八月，江東郡縣螟螣。淮、浙諸路多言靑蟲食穀穗。六年秋，浙西、江東螟爲害。九年秋，吉贛州、臨江南安軍螟。

淳熙二年秋，浙、江、淮郡縣螟。四年秋，昭州螟。五年，昭州荐有螟螣。七年秋，永州螟。八年秋，江州螟。十二年八月，平江府有蟲聚于禾穗，油灑之卽墮，一夕，大雨盡滌之。十四年秋，江州、興國軍螟。十六年秋，温州螟。

慶元三年秋，浙東蕭山山陰縣、婺州，浙西富陽鹽官淳安永興縣、嘉興府皆螟。四年秋，鉛山縣蝨食穀，無遺穗。

嘉定十四年，明、台、温、婺、衢蝨螣爲災。十五年秋，贛州螟。十六年，永、道州螟。
紹定三年，福建螟。
端平元年五月，當塗縣螟。
淳祐二年五月，兩淮螟。
景定三年八月，浙東、西螟。

乾德三年，眉州民王進牛生二犢。四年，南充縣民馬全信及相如縣民彭秀等家牛生二犢。
開寶二年，九隴縣民王達牛生二犢。
太平興國三年，流溪縣民白延進牛生二犢。五年，温江縣民趙進牛生二犢。六年，廣都縣趙全牛生二犢。七年，什邡縣民王信、華陽縣民袁武等牛生二犢。八年，彭州民彭延、閬州民陳則、安樂縣民王公泰牛生二犢。九年七月，知乾州衞昇獻三角牛。
雍熙三年，果州民李昭牛生二犢。四年鄚縣民鮮于志鮮于皋、眉山縣海羅參、仁壽縣民陰饒、成都縣民李本、成紀縣民王和敏牛生二犢。

端拱元年，眉州民陳希簡、晉原縣民張昭郁、魏城縣民鮮于部、羅江縣民袁族、河陽縣民李美、曲水縣民曾虔、梓潼縣民文光懿、永泰縣民羅德、緜竹縣民陳洪牛生二犢。

淳化元年，緜竹縣民李昌遠簿逸、閬州民和中、忠州民王欽、眉州王圖、九隴縣民楊皐、玄武縣民羊邁達牛生二犢。二年，永川縣民梁行良、仁壽縣民梁仁超牛生二犢。三年，成都府民彭齊卿、洪雅縣民程讓、永昌縣民田昭、巴州民杜文宥、廬山縣民白閏牛生二犢。四年，成都府民任順、曲水縣民張思方、彭山縣民李承遠牛生二犢。

至道二年，新都縣民蹇成美牛生二犢。潁陽縣民馮延密牛生三犢，其二額有白。三年，新津縣民文承富、赤水縣民蘇福、廣安軍吏胥仁迪牛生二犢。

咸平元年，眉山縣民向瓊玖陳元寶、丹稜縣〔五〕民劉承鶚、通泉縣民王居中、曲水縣民楊漢成楊景歡王師讓、眉山縣民陳彥宥牛生二犢。二年，濛陽縣民杜摯、九隴縣民楊太、眉山縣民蘇仁義、洪雅縣吏陸文贊牛生二犢。三年，敍浦縣民戴昌蘊牛生二犢。四年，流溪縣民何承添、晉原縣民頗全、永昌縣民曾嗣、犀浦縣民何福、彰明縣民王玘牛生二犢。六年，渠江縣民王德進、魏城民蒲諫王信、石照縣民仲漢宗、大足縣民劉武牛生二犢。

景德元年，魏城縣民閻明、彭州濛陽縣民郭琮牛生三犢。二年，三泉縣民李景順、東海縣民時祐、小溪縣劉可、赤水縣民羅永並牛生二犢。三年，長江縣民于承琛牛生二犢。四年，相如縣民楊漢暉、邛州安仁縣民羅瑩、九隴縣民白彥成、渠江縣民王繼豐家及順安軍屯田務牛生二犢。

大中祥符元年，龔丘縣民李起牛生四犢，判州王欽若圖以獻。二年，立山縣民盧仁依、銅山縣民勾熙正、什邡縣民杜族、南康縣陳邦並牛生二犢。三年，犍爲縣民陳知進牛生二犢。四年，東關縣民陳知進牛生二犢。五年，富順監塩井場官楊守忠、曲水縣民向平、蓬溪縣民蹇知密牛生二犢。六年，廣安軍依政縣民李福、貴溪縣民徐志元牛生二犢。七年，雙流縣民姚彥信、涪城縣民張禮、嘉州龍遊縣民張正、夾江縣民郭昇、天水縣民王吉牛生二犢。八年，仁壽縣民何志、通泉縣民羅永泰、成都縣民張進、華陽民楊承珂牛生二犢。九年，平定軍平定縣民范訓、臨邛縣民楊暉牛生二犢。

天禧元年，開江縣民冉津及澧州石門縣層山院牛生二犢。二年，臨邛縣民王道進、臨溪縣民王勝、西縣民韓光緒牛生二犢。四年，貴溪縣民葉政牛生二犢。五年，巴西縣民向知道牛生二犢。

自天聖迄治平，牛生二犢者三十二，生三犢者一。

自熙寧二年距元豐八年，郡國言民家牛生二犢者三十有五，生三角者一。

元祐元年距元符三年，郡國言民家牛生二犢者十有五。

大觀元年，閬州、達州言牛生二犢。四年三月，帝謂起居舍人宇文粹中曰：「牛產二犢，亦載之起居注中，豈若野蠶成繭之類，民賴其利，乃爲瑞邪？」自是史官不復盡書。

政和五年七月，安武軍言，郡縣民范濟家牛生麒麟。

重和元年三月，陝州言牛生麒麟。

宣和二年十月，尚書省言，欽州欽縣民鮑珙家牛生麒麟。三年五月，梁縣民邢喜家牛生麒麟。

紹興元年，紹興府有牛戴刃突入城市，觸馬，裂腹出腸。時衞卒多犯禁屠牛，牛受刃而逸，近牛禍也。十六年，靜江府城北二十里，有奔犢以角觸人於壁，腸胃出，牛狂走，兩日不可執，卒以射死。十八年五月，依政縣牛生二犢。二十一年七月，遂寧府牛生二犢者三。二十五年八月，漢中牛生二犢。

淳熙十二年，仁和縣良渚有牛生二首，七日而死。餘杭縣有犢二首。十六年三月，池州池口鎭軍屯牛狂走，觸人死。

慶元三年，樂平縣田家牛生犢如馬，一角，鱗身肉尾，農以不祥殺之，或惜其爲麐；同縣萬山牛生犢，人首。

淳化三年正月乙卯，京師雨土，占曰：「小人叛。」自後李順盜據益州。景德元年七月辛亥，黃氣出壁，長五尺餘，占曰：「兵出。」二年正月丙寅，黃白氣環之。

大中祥符元年正月癸亥朔，黃氣出於艮，占曰：「主五穀熟。」二年九月戊午，黃氣如柱起東南方，長五丈許。

天禧五年，襄州鳳林鎭道側地涌起，高三尺，闊八尺，知州夏竦以聞。

明道元年十月庚子夜，黃白氣五，貫紫微垣。

景祐元年八月壬戌夜，有黃白氣如彗，長七尺餘，出張、翼之上，凡三十有三日不見。

治平元年三月壬戌，雨土。十二月己亥，雨黃土。

熙寧五年十二月癸未、七年三月戊午，並雨黃土。八年五月丁丑，雨黃土兼細毛。

元豐二年十一月丁亥、五年三月乙巳、六年四月辛未，雨土。

元祐七年正月戊午，天雨塵土，主民勞苦。

宣和元年三月庚午，雨土著衣，主不肖者食祿。

紹興十一年三月庚申，涇州雨黃沙。十八年十一月壬辰，肆赦，天有雲赤黃，近黃祥也，太史附秦檜旨奏瑞。

乾道四年三月己丑，雨土若塵。

淳熙四年二月戊戌，雨土；五年二月壬午、甲申，四月丁丑，六年十一月乙丑，十一年正月辛卯、甲寅，十三年正月壬寅，亦如之。十五年九月庚子，南方有赤黃氣。

紹熙四年十月甲寅，雨土；五年四月癸卯，亦如之。十月乙未，天有赤黃色，占曰：「是爲天變。」色先赤後黃，近黃赤祥也。十一月辛亥，雨土。

慶元元年二月己卯、十一月己丑，天雨塵土。三年正月丙子、四月丙午、十二月甲申，天雨塵土。六年正月己巳、閏月丁未、十月己丑，雨土。九月辛丑、十一月辛卯，天雨塵土。

嘉泰元年六月己卯、九月己未、十二月辛丑，天雨塵土。

嘉定三年正月丙午，天雨塵土。八年二月己未、五月辛未，天雨塵土。九年十二月癸巳，天雨土。十年二月癸巳，雨土。十二年二月癸巳，天雨塵土。十三年三月辛卯，天雨塵土。十六年二月戊子，天雨塵土。

紹定三年三月丁酉，雨土。

嘉熙二年四月甲申，雨土。三年三月辛卯，天雨塵土。

淳祐五年二月丙寅朔，天雨塵土。十一年三月乙亥，天雨塵。

寶祐三年三月己未，雨土。六年二月壬辰，天雨塵土。
開慶元年三月辛酉，雨土。
景定五年二月辛未，雨土。
德祐元年三月辛巳，終日黃沙蔽天，或曰「喪氛」。

乾德三年，京師地震。史失日月。五年十一月，許州開元觀老君像自動，知州宋偓以聞。
六年正月，簡州普通院毗盧佛像自動。
至道二年十月，潼關西至靈州、夏州、環慶等州地震，城郭廬舍多壞，占云：「兵饑。」是時，西夏寇靈州，明年，遣將率兵援糧以救之。關西民饑。
咸平二年九月，常州地震，壞鼓角樓、羅務、軍民廬舍甚衆。四年九月，慶州地震者再。
六年正月，益州地震。
景德元年正月丙申夜，京師地震，癸卯夜，復震；丁未夜，又震，屋皆動，有聲，移時方止。癸丑，冀州地震，占云：「土工興，有急令，兵革興。」是年，契丹犯塞。二月，益、黎、雅州地震。三月，邢州地震不止。四月己卯夜，瀛州地震。五月，邢州地復震不止。十一月壬子，日南至，京師地震。癸丑，石州地震。四年七月丙戌，益州地震。己丑，渭州瓦亭砦地震者四。

大中祥符二年三月，代州地震。四年六月，昌、眉州並地震。七月，眞定府地震，壞城壘。

天聖五年三月，秦州地震。七年，京師地震。

景祐四年十二月甲子，京師地震。甲申，忻、代、并三州地震，壞廬舍，覆壓吏民。忻州死者萬九千七百四十二人，傷者五千六百五十五人，畜擾死者五萬餘；代州死者七百五十九人；并州千八百九十人。

寶元元年正月庚申，并、忻、代三州地震。十二月甲子，京師地震。

慶曆三年五月九日，忻州地大震，說者曰：「地道貴靜，今數震搖，兵興民勞之象也。」四年五月庚午，忻州地震，西北有聲如雷。五年七月十四日，廣州地震。六年二月戊寅，青州地震。三月庚寅，登州地震，岠嵎山摧。自是震不已，每震，則海底有聲如雷。五月甲申，京師地震。七年十月乙丑，河陽、許州地震。

皇祐二年十一月丁酉夜，秀州地震，有聲自北起如雷。

嘉祐二年，雄州北界幽州地大震，大壞城郭，覆壓者數萬人。五年五月己丑，京師地震。

治平四年秋，漳泉建州、邵武興化軍等處皆地震，潮州尤甚，拆裂泉涌，壓覆州郭及兩縣屋宇，士民、軍兵死者甚衆。八月己巳，京師地震。

熙寧元年七月甲申，地震；乙酉、辛卯，再震；八月壬寅、甲辰，又震。是月，須城、東阿二縣地震終日，滄州清池、莫州亦震，壞官私廬舍、城壁。是時，河北復大震，或數刻不止，有聲如雷，樓櫓、民居多摧覆，壓死者甚衆。九月戊子，莫州地震，有聲如雷。十一月乙未，京師及莫州地震。十二月癸卯，瀛州地大震。丁巳，冀州地震。辛酉，滄州地震，湧出沙泥、船板、胡桃、螺蚌之屬。是月，潮州地再震。是歲，數路地震，有一日十數震，有踰半年震不止者。二年十月庚戌，南郊，東壝門內地陷，有天寶十三年古墓。

元豐元年，邕州佛像動搖。初，像動而夏人入寇，又動而州大火，其後儂智高叛，復動，於是知州錢師孟投其像于江中。八年二月甲戌，賓州嶺方縣地陷。五月丙午，京師地震。

元祐二年二月辛亥，代州地震有聲。四年春，陝西、河北地震。七年九月己酉，蘭州、鎮戎軍、永興軍地震，十月庚戌朔，環州地再震。

紹聖元年十一月丙戌，太原府地震。二年十月、十一月，河南府地震。是歲，蘇州自夏迄秋地震。三年〔六〕三月戊戌夜，劍南東川地震。九月己酉，滁州、沂州地震。四年六月己酉，太原府地震有聲。

元符元年七月壬申夜，雲霧蔽天，地震良久。二年正月壬申，恩州地震。八月甲戌，太原府地震；三年五月己巳，太原府又震。

建中靖國元年十二月辛亥，太原府、潞晉隰代石嵐等州、岢嵐威勝保化寧化軍地震彌旬，晝夜不止，壞城壁、屋宇，人畜多死。自後有司方言祥瑞，郡國地震多抑而不奏。

政和七年六月，詔曰：「熙河、環慶、涇原路地震經旬，城砦、關堡、城壁、樓櫓、官私廬舍並皆摧塌，居民覆壓死傷甚衆，而有司不以聞，其遣官按視之。」

宣和四年，北方用兵，雄州地大震。玄武見於州之正寢，有龜大如錢，蛇若朱漆筋，相逐而行，宣撫使焚香再拜，以銀奩貯二物。俄俱死。六年正月，京師連日地震，宮殿門皆動有聲。七年七月己亥，熙河路地震，有裂數十丈者，蘭州尤甚。陷數百家，倉庫俱沒。河東諸郡或震裂。

建炎二年正月戊戌，長安地大震，金將婁宿圍城，彌旬無外援，乘地震而入，城遂陷。

紹興三年八月甲申，地震，平江府、湖州尤甚。是歲，劉豫陷鄧、隨等州，金人犯蜀。四年，四川地震。五年五月，行都地震。六年六月乙巳夜，地震自西北，有聲如雷，餘杭縣爲甚。是冬，劉麟、猊犯順，寇濠、壽州。七年，地震。二十四年正月戊寅，地震。二十五年三月壬申，地震。二十八年八月甲寅夜，震。三十一年三月壬辰，地震。三十二年七月戊申，地震。

隆興元年十月丁丑，地震；六月甲寅，又震。

乾道二年九月丙午，地震自西北方。四年十二月壬子，石泉軍地震三日，有聲如雷，屋瓦皆落，時縣竹有寃獄云。

淳熙元年十二月戊辰，地震自東北方。九年十二月壬寅夜，地震。十年十二月丙寅，地震。十二年五月庚寅，地震。

慶元六年九月，東北地震。十一月甲子，地震東北方。

嘉定六年四月，行都地震。六月丙子，淳安縣地震。九年二月辛亥，東、西川地大震四日。十年二月庚申，地震自東南。十二年五月，地震。六月，西川地震。十四年正月乙未夜，地震，大雷。五月丙申，西川地震。

寶慶元年八月己酉，地震。

嘉熙四年十二月丙辰，地震。

淳祐元年十二月庚辰夜，地震。

寶祐三年，蜀地震。

咸淳七年，嘉定府城震者三。

雍熙三年，階州福津縣常峽山圮，壅白江水，逆流高十許丈，壞民田數百里。

淳化二年五月，名山縣大風雨，登遼山圮，壅江水逆流入民田，害稼。

咸平元年七月庚午，寧化軍汾水漲，壞北水門，山石摧圮，軍士有壓死者。二年七月庚寅，靈寶縣暴雨崖圮，壓居民，死者二十二戶。三年三月辛丑夜，大澤縣三陽砦大雨崖摧，壓死者六十二人。四年正月，成紀縣山摧，壓死者六十餘人。

景德四年七月，成紀縣崖圮，壓死居民。

熙寧〔七〕五年九月丙寅，華州少華山前阜頭峯越八盤領及谷，摧陷於石子坡。東西五里，南北十里，潰散墳裂，湧起堆阜，各高數丈，長若隄岸。至陷居民六社，凡數百戶，林木、廬舍亦無存者。並山之民言：「數年以來，峯上常有雲，每遇風雨，即隱隱有聲。是夜初昏，略無風雨，山上忽霧起，有聲漸大，地遂震動，不及食頃而山摧。」

元祐元年十二月，鄭縣界小敷谷山頹，傷居民。

紹興十二年十二月，陝西不雨，五穀焦枯，涇、渭、灞、滻皆竭。時秦民以饑離散，壯者爲北人所買，郡邑遂空。

紹熙四年秋，南岳祝融峯山自摧。劍門關山摧。五年十二月，臨安府南高峯山自摧。

慶元二年六月辛未，台州黄巖縣大雨水，有山自徙五十餘里，其聲如雷，草木、冢墓皆不動，而故址潰爲淵潭。時臨海縣清潭山亦自移。

嘉泰二年七月丁未，閩建安縣山摧，民廬之壓者六十餘家。

嘉定六年六月丙子，嚴州淳安縣長樂鄉山摧水湧。九年，黎州山崩。

咸淳十年，天目山崩。

熙寧元年，荆、襄間天雨白氂如馬尾，長者尺餘，彌漫山谷。三月丁酉，潭州雨毛。八年五月丁丑，雨黄毛。

紹熙四年十一月癸酉，地生毛。

咸淳九年，江南平地產白毛，臨安尤多。

校勘記

〔一〕民流光濠安豐間　「民」字原脫，據通考卷三〇一物異考補。

〔二〕慶元九年　按慶元無九年，此處有誤。

〔三〕陷起　「陷」，通考卷三〇五物異考作「隱」。

〔四〕沙河　原作「沙門」，按本書卷八六地理志，邢州無「沙門縣」，有沙河縣，通考卷三一四物異考作「沙河」，和地理志合。據改。

〔五〕丹稜縣　原作「丹陵縣」，按本書卷八九地理志，眉州丹稜縣，「稜」字從「禾」不從「阜」；別無「丹陵」縣名，故改。

〔六〕三年　「三」上原有「十」字，按紹聖無十三年，通考卷三〇一物異考作「三年」，「十」字當衍，據刪。

〔七〕熙寧　原作「天熙」，按宋無「天熙」紀元，宋會要瑞異三之三九知華州呂大防奏、通考卷三〇二物異考都作「熙寧」。據改。

宋史卷六十八

志第二十一

律曆一

應天　乾元　儀天曆

古者，帝王之治天下，以律曆爲先；儒者之通天人，至律曆而止。曆以數始，數自律生，故律曆既正，寒暑以節，歲功以成，民事以序，庶績以凝，萬事根本由茲立焉。古人自入小學，知樂知數，已曉其原。後世老師宿儒猶或弗習律曆，而律曆之家未必知道，各師其師，岐而二之。雖有巧思，豈能究造化之統會，以識天人之蘊奧哉！是以審律造曆，更易不常，卒無一定之說。治效之不古若，亦此之由，而世豈察及是乎！

宋初，承五代之季王朴制律曆、作律準，以宣其聲，太祖以雅樂聲高，詔有司考正。

和峴等以影表銅臬暨羊頭秬黍累尺制律，而度量權衡因以取正。然累代尺度與望臬殊，黍有巨細，縱橫容積，諸儒異議，卒無成說。至崇寧中，徽宗任蔡京，信方士「聲爲律、身爲度」之說，始大盭乎古矣。

顯德欽天曆亦朴所制也，宋初用之。建隆二年，以推驗稍疏，詔王處訥等別造新曆。四年，曆成，賜名應天，未幾，氣候漸差。太平興國四年，行乾元曆，未幾，氣候又差。繼作者曰儀天，曰崇天，曰明天，曰奉元，曰觀天，曰紀元，迨靖康丙午，百六十餘年，而八改曆。南渡之後，曰統元，曰乾道，曰淳熙，曰會元，曰統天，曰開禧，曰會天，曰成天，至德祐丙子，又百五十年，復八改曆。使其初而立法脗合天道，則千歲日至可坐而致，奚必數數更法，以求幸合玄象哉！蓋必有任其責者矣。

雖然，天步惟艱，古今通患，天運日行，左右既分，不能無忒。謂七十九年差一度，雖視古差密，亦僅得其槩耳。又況黃、赤道度有斜正闊狹之殊，日月運行有盈縮、朏朒、表裏之異。測北極者，率以千里差三度有奇，晷景稱是。古今測驗，止於岳臺，而岳臺豈必天地之中？餘杭則東南，相距二千餘里，華夏幅員東西萬里，發斂晷刻豈能盡諧？又造曆者追求曆元，踰越曠古，抑不知二帝授時齊政之法，畢殫於是否乎？是亦儒者所當討論之大者，誒曰星翁曆生之責可哉？至於儀象推測之具，雖亦數改，若熙寧沈括之議、宣和璣衡之制，其詳密精緻有出於淳風、令瓚之表者，蓋亦未始乏人也。今其遺法具在方册，惟奉元、會天二法不存。舊史以乾元、儀天附應天，今亦以乾道、淳熙、會元附統元，開禧、成天附統天。大抵數異術同，因仍增損，以追合乾象，俱無以大相過，備載其法，俾來者有考焉。

昔黃帝作律呂，以調陰陽之聲，以候天地之氣。堯則欽若曆象，以授人時，以成歲功，用能綜三才之道，極萬物之情，以成其政化者也。至司馬遷、班固敍其指要，著之簡策。自漢至隋，歷代祖述，益加詳悉。曁唐貞觀迄周顯德，五代隆替，踰三百年，博達之士頗亦詳緝廢墜，而律志皆闕。宋初混一寓內，能士畢舉，國經王制，悉復古道。漢志有備數、和聲、審度、嘉量、權衡之目，後代因之，今亦用次序以志于篇：

曰備數。周禮，保氏教國子以六藝，其六曰九數，謂方田、粟米、差分、少廣、商功、均輸、方程、贏朒、旁要，是爲九章。其後又有海島、孫子、五曹、張丘建、夏侯陽、周髀、綴術、緝古等法相因而起，歷代傳習，謂之小學。唐試右千牛衞冑曹參軍陳從運著得一算經，其術以因折而成，取損益之道，且變而通之，皆合於數。復有徐仁美者，作增成玄一法，設九十三問，以立新術，大則測於天地，細則極於微妙，雖粗述其事，亦適用於時。古者命官屬於太史，漢、魏之世，皆在史官。隋氏始置算學博士於國庠，唐增其員，宋因而不改。

曰和聲。周禮，典同掌六律六同之和，凡爲樂器，以十有二律爲之數度。古之聖人推律以制器，因器以宣聲，和聲以成音，比音而爲樂。然則律呂之用，其樂之本歟！以其相生損益，數極精微，非聰明博達，則罕能詳究。故歷代而下，其法或存或闕，前史言之備矣。周顯德中，王朴始依周法，以秬黍校正尺度，長九寸，虛徑三分，爲黃鐘之管，作律準，以宣其聲。宋乾德中，太祖以雅樂聲高，詔有司重加考正。時判太常寺和峴上言曰：「古聖設法，先立尺寸，作爲律呂，三分損益，上下相生，取合眞音，謂之形器。但以尺寸長短非書可傳，故累秬黍求爲準的，後代試之，或不符會。西京銅望臬可校古法，卽今司天臺影表銅臬下石尺是也。及以朴所定尺比校，短於石尺四分，則聲樂之高，蓋由於此。況影表測於天地，則管律可以準繩。」上乃令依古法，以造新尺并黃鐘九寸之管，命工人校其聲，果下於朴所定管一律。又內出上黨羊頭山秬黍，累尺校律，亦相符合。遂下尙書省集官詳定，衆議僉同。由是重造十二律管，自此雅音和暢。

曰審度者，本起於黃鐘之律，以秬黍中者度之，九十黍爲黃鐘之長，而分、寸、尺、丈、引之制生焉。宋既平定四方，凡新邦悉頒度量於其境，其僞俗尺度踰於法制者去之。乾德中，又禁民間造者。由是尺度之制盡復古焉。

曰嘉量。周禮，㮚氏爲量。漢志云，物有多少受以量，本起於黃鐘之管容秬黍千二百，而龠、合、升、斗、斛五量之法備矣。太祖受禪，詔有司精考古式，作爲嘉量，以頒天下。其後定西蜀，平嶺南，復江表，泉、浙納土，幷、汾歸命，凡四方斗、斛不中式者皆去之。嘉量之器，悉復升平之制焉。

曰權衡之用，所以平物一民、知輕重也。權有五，曰銖、兩、斤、鈞、石，前史言之詳矣。建隆元年八月，詔有司按前代舊式作新權衡，以頒天下，禁私造者。及平荆湖，卽頒量、衡於其境。淳化三年三月三日，詔曰：「書云：『協時、月，正日，同律、度、量、衡。』所以建國經而立民極也。國家萬邦咸乂，九賦是均，顧出納於有司，繫權衡之定式。如聞秬黍之制，或差毫釐，錘鈞爲姦，害及黎庶。宜令詳定稱法，著爲通規。」事下有司，監內藏庫、崇儀使劉承珪言：「太府寺舊銅式自一錢至十斤，凡五十一，輕重無準。外府歲受黃金，必自毫釐計之，式自錢始，則傷於重。」遂尋究本末，別制法物。至景德中，承珪重加參定，而權衡之制益爲精備。其法蓋取漢志子穀秬黍爲則，廣十黍以爲寸，從其大樂之尺，秬黍，黑黍也。樂尺，自黃鍾之管而生也。謂以秬黍中者爲分寸、輕重之制。就成二術，二術謂以尺、黍而求氂、絫。因度尺而求氂，度者，丈、尺之總名焉。因樂尺之源，起於黍而成於寸，析寸爲分，析分爲氂，析氂爲毫，析毫爲絲，析絲爲忽。十忽爲絲，十絲爲毫，十毫爲氂，十氂爲分。自積黍而取絫。從積黍而取絫，則十黍爲絫，十絫爲銖，二十四銖爲兩。錘皆以銅爲之。以氂、絫造一錢半及一兩等二稱，各懸三毫，以星準之。等一錢半者，以取一稱之法。其衡合樂尺一尺二寸，重一錢，錘重六分，盤重五分。初毫星準半錢，至稍總一錢半，析成十五分，分列十氂；第一毫下等半錢，當五十氂，若十五斤稱等五斤也。中毫至稍一錢，析成十分，分列十氂；末毫至稍半錢，析成五分，分列十氂。等一兩者，亦爲一稱之則。其衡合樂分尺一尺四寸〔一〕，重一錢半，錘重六錢，盤重四錢。初毫至稍，布二十四銖，下別出一星，等五絫；每銖之下，復出一星，等五絫，則四十八星等二百四十絫，計二千四百絫爲十兩。中毫至稍五錢，布十二銖，列五星，星等二絫；布十二銖爲五錢之數，則一銖等十絫，都等一百二十絫爲半兩。末毫至稍六銖，銖列十星，星等絫。每星等一絫，都等六十絫爲二錢半。以御書眞、草、行三體淳化錢，較定實重二銖四絫爲一錢者，以二千四百得十有五斤爲一稱之則。其法，初以積黍爲準，然後以分而推忽，爲定數之端。故自忽、絲、毫、氂、黍、絫、銖各定一錢之則。謂皆定一錢之則，然後制取等稱也。忽萬爲分，以一萬忽爲一分之則，以十萬忽定爲一錢之則。忽者，吐絲爲忽；分者，始微而著，言可分別也。絲則千，一千絲爲一分，以一萬絲定爲一錢之則。毫則百，一百毫爲一分，以一千毫定爲一錢之則。毫者，毫毛也。自忽、絲、毫三者皆斷驥尾爲之。氂則十，一十氂爲一分，以一百氂定爲一錢之則。氂者，氂牛尾毛也，曳赤金成絲爲之也。轉以十倍倍之，則爲一錢。轉以十倍，謂自一萬忽至十萬忽之類定爲則也。黍以二千四百枚爲一兩，一龠容千二百黍爲十二銖，則以二千四百黍定爲一兩之則。兩者，以二龠爲兩。絫以二百四十，謂以二百四十絫定爲一兩之則。銖以二十四，轉相因成絫爲銖，則以二百四十絫定成二十四銖爲一兩之則。銖者，言殊異。遂成其稱。稱合黍數，則一錢半者，計三百六十黍之重。列爲五分，則每分計二十四黍。又每分析爲一十氂，則每氂計二黍十分黍之四。以十氂分二十四黍，則每氂先得二黍。都分成四十分，則一氂又得四分，是每氂得二黍十分黍之四。每四毫一絲六忽有差爲一黍，則氂、絫之數極矣。一兩者，合二十四銖爲二千四百黍之重。每百黍爲銖，二百四十黍爲絫〔二〕，二銖四絫爲錢，二絫四黍爲分。一絫二黍重五釐，六黍重二釐五毫，三黍重一氂二毫五絲，則黍、絫之數成矣。其則，用銅而鏤文，以識其輕重。新法既成，詔以新式留禁中，取太府舊稱四十、舊式六十，以新式校之，乃見舊式所謂一斤而輕者有十，謂五斤而重者有一。式既若是，權衡可知矣。又比用大稱如百斤者，皆懸鈞於架，植鐶於衡，鐶或偃，手或抑按，則輕重之際，殊爲懸絕。至是，更鑄新式，悉由黍、絫而齊其斤、石，不可得而增損也。又令每用大稱，必懸以絲繩。既置其物，則却立以視，不可得而抑按。復鑄銅式，以御書淳化三體錢二千四百暨新式三十有三、銅牌二十授於太府。又置新式於內府、外府，復頒于四方大都，凡十有一副。先是，守藏吏受天下歲貢金帛，而太府權衡舊式失準，得因之爲姦，故諸道主者坐逋負而破產者甚衆。又守藏更代，校計爭訟，動必數載。至是，新制既定，奸弊無所指，中外以爲便。度、量、權、衡皆太府掌造，以給內外官司及民間之用。凡遇改元，即差變法，各以年號印而識之。其印面有方印、長印、八角印，明制度而防僞濫也。

宋初，用周顯德欽天曆，建隆二年五月，以其曆推驗稍疏，乃詔司天少監王處訥等別造曆法。四年四月，新法成，賜號應天曆。太平興國間，有上言應天曆氣候漸差，詔處訥等重加詳定。六年，表上新曆，詔付本監集官詳定。會冬官正吳昭素、徐瑩、董昭吉等各獻新曆，處訥所上曆遂不行。詔以昭素、瑩、昭吉所獻新曆，遣內臣沈元應集本監官屬、學生參校測驗，考其疏密。秋官正史端等言：「昭吉曆差。昭素、瑩二曆以建隆癸亥以來二十四年氣朔驗之，頗爲切準。復對驗二曆，唯昭素曆氣朔稍均，可以行用。」又詔衞尉少卿元象宗與元應等，再集明曆術吳昭素、劉內眞、苗守信、徐瑩、王熙元、董昭吉、魏序及在監官屬史端等精加詳定。象宗等言：「昭素曆法考驗無差，可以施之永久。」遂賜號爲乾元曆。應天、乾元二曆皆御製序焉。

眞宗嗣位，命判司天監史序〔三〕等考驗前法，研覈舊文，取其樞要，編爲新曆。至咸平四年三月，曆成來上，賜號儀天曆。凡天道運行，皆有常度，曆象之術，古今所同。蓋變法以從天，隨時而推數，故法有疏密，數有繁簡，雖條例稍殊，而綱目一也。今以三曆參相考校，以應天爲本，乾元、儀天附而注之，法同者不復重出，法殊者備列于後。

建隆應天曆

演紀上元木星甲子，距建隆三年壬戌，歲積四百八十二萬五千五百五十八。乾元上元甲子距太平興國六年辛巳，積三千五十四萬三千九百七十七。儀天自上元土星甲子至咸平四年辛丑，積七十一萬六千四百九十七。

步氣朔

元法：一萬二。乾元元率九百四十（四）。儀天宗法一萬一百。又總謂之日法。

歲盈：二十六萬九千三百六十五（五）。乾元歲周二十一萬四千七百六十四。儀天歲周三十六萬八千八百九十七。儀天有周天三百六十五、餘二千四百七十，約餘二千四百四十五；歲餘五萬二千九百七十、餘二千四百七十。應天、乾元無此法，後皆倣此。

月率：五萬九千七十三。乾元不置此法。儀天合率二十九萬八千二百五十九。又儀天有歲閏一萬九千八百六十二，月閏九千一百一十五、秒六。

會日：二十九、小餘五千三百七。乾元朔策二十九、小餘一千五百六十。儀天會日二十九、小餘五千三百五十七。

弦策：七、小餘三千八百二十七、秒六。乾元小餘一千一百二十五。儀天小餘三千八百六十四、秒二十七。策並同。

望策：十四、小餘七千六百五十四、秒一十二。乾元小餘二千二百五十七〔六〕。儀天小餘七千七百二十七、秒一十八。策並同。

氣策：十五、小餘二千一百八十五、秒二十四〔七〕。乾元小餘六百四十二半。儀天小餘二千二百七秒三。策並同。又儀天有氣盈四千四百一十四、秒六。

朔虛分：四千六百九十五。乾元一千三百八十。儀天四千七百四十一。

沒限：七千八百一十六、秒九。乾元二千二百九十七半。儀天七千八百九十二。又儀天有紀實六十萬六千。

秒法：二十四。乾元一百。儀天秒母三十六。

紀法：六十。二曆同。

推元積：乾元、儀天皆謂之求歲積分。置所求年，以歲盈展之爲元積。

求天正所盈之日及分并冬至大小餘：以八十四萬一百六十八去元積，不盡者，半而進位，以元法收爲所盈日，不滿爲小餘。日滿六十去之，不滿者，命從甲子，算外，即冬至日辰、大小餘也。乾元以歲周乘積年爲歲積分，以七萬五百六十去之，不盡，以五因，滿元率收爲日，不滿爲餘日。儀天以歲周乘積年，進一位，爲歲積分；盈宗法而一爲積日，不滿爲餘日。去命並同應天。

求次氣：以天正冬至大、小餘徧加諸常數，盈六十去之，不盈者，命如前，卽得諸氣日辰、大小餘秒也。乾元置中氣大、小餘，以氣策加之，命如前〔九〕，卽次氣日辰也。儀天置冬至大、小餘，加氣策及餘秒〔九〕，秒盈秒母從小餘，盈紀法去之，皆命如前法，各得次氣常日辰及餘秒。

求天正十一月朔中日：乾元謂之經朔。儀天謂之天正合朔。以月率去元積，不盡者，爲天正十一月通餘；以通餘減七十三萬六百三十五，餘，半而進位，以元法收爲日，不滿爲分，卽得所求天正十一月朔中日及餘秒。乾元以一萬七千三百六十四去歲積分，不盡爲朔餘；以歲積分爲朔積分，又倍五萬二千九百二十，除之，餘以五因，滿元率爲日，不滿爲分。儀天以合率去歲積分，不盡爲閏餘；滿宗法爲閏日，不滿爲餘，以閏日及餘減天正冬至大、小餘，爲天正合朔大、小餘；去命如前，卽得合朔日辰、大小餘。

求次朔望中日：乾元謂之求弦望經朔。儀天謂之求次朔。置朔中日，累加弦策餘秒，卽得弦、望及次朔中日。乾元以弦策加經朔大、小餘，卽得次朔經日；以弦策及餘秒加經朔，得上弦；再加，得望；三之，得下弦。

求望中月：置朔中月，加半交，盈交正去之，餘爲望中月。二曆不立此法。

求朔弦望入氣：置朔、望中日，各以盈縮準去，不盡者，爲入氣日及分。二曆不立此法。

推沒日：置有沒之氣小餘，其小餘七千八百一十六、秒九以上者求之也。返減元法，餘以八因之，一千九十二、秒一十九半除爲沒日，命起氣初，卽得沒日辰。其秒不足者，退一分，加二十四秒，然後除之，四分之三以上者進。乾元置有沒之氣小餘，在二千二百九十七半以上者，以十五乘之，用減四萬四千七百四十二半，餘以六百四十二半除爲沒日。儀天以秒母通常氣小餘及秒，而從之以減歲周，餘滿五千二百九十七爲沒日，去命如前。

推滅日：以冬至大、小餘，偏加朔日中〔一〇〕爲上位，有分爲下位，在四千六百九十五以下者，爲有滅之分也。置有滅之分，進位，以一千五百六十五除爲滅日，以滅日加上位，命從甲子，算外，卽得月內滅日。乾元置有滅之經朔小餘，在一千二百八十以下者，以八因之，滿三百六十八除爲滅日。儀天經朔小餘在朔虛法〔一一〕以下者，三因，進位，以朔虛分除爲滅日。

求發斂

候策：五、小餘七百二十八、秒二，母二十四〔一二〕。乾元候數五、小餘一百一十四、秒十二〔一三〕，秒母七十二。儀天候率五、小餘七百三十五、秒二十五，秒母三十六。

卦策：六、小餘八百七十四、秒六。乾元卦位六、小餘二百五十七，秒母六十。儀天卦率六、小餘八百八十三、秒二十。

土王策：十二、小餘一千七百四十八、秒一十二。乾元策三、小餘一百二十八半，秒母一百一十。儀天土王率三、小餘四百四十、秒五，秒母同上。

辰數：八百三十三半。乾元辰法二百四十五，辰率千五百二十。

刻法：一百。乾元一百四十七。儀天刻三百〔一四〕。

求七十二候：各因諸氣大、小餘秒命之，卽初候日也；各以候策加之，得次候日；又加之，得末候日。二曆同法。

求六十四卦：各置諸中氣大、小餘秒命之，卽公卦用事日；以卦策加之，得次卦用事日；又加之，得終卦用事日。十有二節之初，皆諸侯外卦用事日。二曆同法。

求五行用事：各因四立大、小餘秒命之，卽春木、夏火、秋金、冬水首用事日；以土王策加四季之節大、小餘秒，命從甲子，算外，卽其月土王用事日。乾元以土王策減四季中氣大、小餘。儀天以土王率加四季大、小餘。

求二十四氣加時辰刻：乾元謂之辰刻。儀天謂之求時。各置小餘，以辰數除之爲時數，不滿，百收爲刻分，命起子正，算外，卽所在。乾元時數同，其不盡，以五因之，以刻法除爲刻分。儀天以三因小餘，以辰率除之爲時數，不盡者，滿刻率除爲刻，餘爲分。

常氣	月中節四正卦	初候	中候	末候	始卦	中卦	末卦
冬至	十一月中 坎初六	蚯蚓結	麋角解	水泉動	公 中孚	辟 復	侯 屯內

小寒	十二月節 坎九二	鴈北鄉	鵲始巢	雉始雊	侯 屯外	大夫 謙	卿 睽
大寒	十二月中 坎六三	鷄始乳	鷙鳥厲疾	水澤腹堅	公 升	辟 臨	侯 小過內
立春	正月節 坎六四	東風解凍	蟄蟲始振	魚上冰	侯 小過外	大夫 蒙	卿 益
雨水	正月中 坎九五	獺祭魚	鴻鴈來	草木萌動	公 漸	辟 泰	侯 需內
驚蟄	二月節 坎上六	桃始華	倉庚鳴	鷹化爲鳩	侯 需外	大夫 隨	卿 晉
春分	二月中 震初九	玄鳥至	雷乃發聲	始電	公 解	辟 大壯	侯 豫內
清明	三月節 震六二	桐始華	田鼠化鴽	虹始見	侯 豫外	大夫 訟	卿 蠱
穀雨	三月中 震六三	萍始生	鳴鳩拂羽	戴勝降桑	公 革	辟 夬	侯 旅內
立夏	四月節 震九四	螻蟈鳴	蚯蚓出	王瓜生	侯 旅外	大夫 師	卿 比
小滿	四月中 震六五	苦菜秀	靡草死	小暑至	公 小畜	辟 乾	侯 大有內
芒種	五月節 震上六	螗蜋生	鵙始鳴	反舌無聲	侯 大有外	大夫 家人	卿 井
夏至	五月中 離初九	鹿角解	蜩始鳴	半夏生	公 咸	辟 姤	侯 鼎內

小暑	六月節 離六二	溫風至	蟋蟀居壁	鷹乃學習	侯　鼎外	大夫　豐	卿　渙
大暑	六月中 離九三	腐草爲螢	土潤溽暑	大雨時行	公　履	辟　遯	侯　恆內
立秋	七月節 離九四	涼風至	白露降	寒蟬鳴	侯　恆外	大夫　節	卿　同人
處暑	七月中 離六五	鷹乃祭鳥	天地始肅	禾乃登	公　損	辟　否	侯　巽內
白露	八月節 離上九	鴻鴈來	玄鳥歸	羣鳥養羞	侯　巽外	大夫　萃	卿　大畜
秋分	八月中 兌初九	雷乃收聲	蟄蟲壞戶	水始涸	公　賁	辟　觀	侯　歸妹內
寒露	九月節 兌九二	鴻鴈來賓	雀入水爲蛤	菊有黃花	侯　歸妹外	大夫　無妄	卿　明夷
霜降	九月中 兌六三	豺乃祭獸	草木黃落	蟄蟲咸俯	公　困	辟　剝	侯　艮內
立冬	十月節 兌九四	水始冰	地始凍	雉入大水爲蜃	侯　艮外	大夫　既濟	卿　噬嗑
小雪	十月中 兌九三	虹藏不見	天氣上騰地氣下降	閉塞成冬	公　大過	辟　坤	侯　未濟內
大雪	十一月節 兌上六	鶡鳥不鳴	虎始交	荔挺出	侯　未濟外	大夫　蹇	卿　頤二曆同

天總：七十三萬六百五十八、秒六十四。乾元軌率二十一萬四千七十七、秒七千五百一十、小分七十。儀天乾元數三百六十八萬九千八十八、秒九十九。

天度：三百六十五、小餘二千五百六十三、微八十八。乾元周天三百六十五度、小餘二千五百六十三。儀天乾則三百六十五度、小餘二千五百八十八、秒九十九。應天諸法皆在天總數中。乾元、儀天各立其法。乾元周天策一百七萬三千八百五十三、秒七千五百五十三半，會周一萬七千三百六十四，會餘二十一萬四千七百六十四，天中一百八十二、六千二百八十一半。儀天歲差一百一十八、秒九十九，一象度九十一、餘三千一百四十二、秒五十，盈初縮末限分八十九萬七千六百九十九、秒五十，限日八十八、餘八千八百九十九、秒五十，縮初盈末限分九十四萬六千七百八十五、秒十五，限日九十三、餘七千四百八十五、秒五十，盈縮積二萬四千五百四十三，進退率一千八百三十六，秒母一百。

常氣	盈縮準〔二五〕	常數	定日	損益準	先後積
冬至	十四五千四十五秒十五	十五二千一百八十五秒十五	十四五千四十五秒十五	損六十四	後二十
小寒	一十九一千二百八十六	三十四千三百七十一	十四六千二百三十六秒十五	損六十九	先五百二十九
大寒	四十三八千七百五秒二十一	四十五六千五百五十六秒二十一	十四七千四百二十五秒十五	損七十六	先九百七十五
立春	五十八七千三百二十半	六十八千七百四十二半	十四八千六百一十六秒十五	損八十二	先一千三百三十五

雨水	七十三七千三百六十三	七十六九百二十六	十五四十二秒十五	損八十九	先一千六百六
驚蟄	八十八八千八百三十四 太	九十一三千一百一十一 太	十五一千四百七十秒 十五	損九十七	先一千七百七 十一
春分	一百四一千三百三十三 九	一百六五千二百九十七 秒九	十五二千八百九十九 秒十五	益九十七	先一千八百一 十九
清明	一百十九六千六十一 空	一百二七千四百八十三 十一空	十五四千三百二十八 秒十五	益八十九	先一千七百八 十
穀雨	一百三一千八百一十五 十五十五	一百三六千六百六十八 十六秒十五	十五五千七百五十七 秒十五	益八十三	先一千六百五
立夏	一百五十八千七百六 十五六	一百五一千八百五十二 十二秒六	十五六千九百四十七 秒十五	益七十八	先一千三百五 十
小滿	一百六六千八百九十七 十六二十一	一百六四千三十一秒 十七二十	十五八千一百三十六 秒十五	益七十二	先九百九十五
芒種	一百八六千二百二十三 十二半	一百八六千二百二十三 十二半	十五九千三百七十二 秒十五	益六十六	先五百四十一
夏至	一百九五千五百四十九 十八三	一百九八千四百九秒 十七三	十五九千三百二十七 秒十五	損六十五	先五
小暑	二百十四三千六百八十 三十八	二百十三五百九十二太	十五八千一百三十六 秒十五	損七十二	後五百四十九
大暑	二百三十六百二十九 九	二百二三千七百七十八 十八秒九	十五八千一百三十六 秒十五	損七十七	後九百八十五
立秋	二百四六千三百八十六 十五空	二百四四千九百六十四 十三空	十五五千七百五十六 秒十五	損八十三	後一千三百四 十六

處暑	二百六十一 七百一十二十五	二百五十八 七千二百四十九 秒十五	十五 四千三百二十八 秒十五	損八十九	後一千六百一 十一
白露	二百七十六 三千六百一十二 六	二百五十八 七千一百四十九 秒十五	十五 四千三百二十八 秒十五	損九十七	後一千七百八 十
秋分	二百九十一 五千八十三 二 十一	二百八十九 七千五百一十八 秒五十一	十五	益九十七	後一千八百三 十一
寒露	三百六 五千一百二十六 十二	二百四 三千七百四半	十五 四十二 秒十五	益八十九	後一千七百八 十六
霜降	二百二十一 三千四百四十一 三	三百一十九 五千八百九十 秒三	十四 八千六百一十六 秒三	益八十二	後一千六百二 十一
立冬	三百三十六 一千六百六十四 十六	三百三十四 八千七十五太	十四 七千四百二十五 秒十五	益七十五	後一千三百五 十七
小雪	三百五十 七千四百一十九	三百五十 三百九十九 秒十五	十四 六千二百三十六 秒十五	益七十	後九百八十八
大雪	三百六十五 二千四百 四十五	三百六十五 二千四百 四十五	十四 五千四百四十五 秒十 五	益六十四。	後五百五十

乾元二十四氣日躔陰陽度

	陰陽分	陰陽度	損益率	陰陽差
冬至	陽分二千二百七十六	陽度空	益一百七十	陽差空
小寒	陽分一千七百八十四	陽初度二千二百七十六	益一百三十三	陽差一百七十

大寒	陽分一千三百四十四	陽一度一千一百二十	益一百一	陽差三百三
立春	陽分九百五十六	陽一度二千四百六十四	益七十一	陽差四百四
雨水	陽分五百八十一	陽二度四百八十	益四十三	陽差四百七十五
驚蟄	陽分二百九十三	陽二度一千六十一	益十四	陽差五百一十八
春分	陽分一百九十四	陽二度一千二百五十五	損十四	陽差五百三十二
清明	陽分五百八十一	陽二度一千六十一	損四十三	陽差五百一十八
穀雨	陽分九百五十六	陽二度四百八十	損七十一	陽差四百七十五
立夏	陽分一千三百四十四	陽一度二千四百六十四	損一百一	陽差四百四
小滿	陽分一千七百八十四	陽一度一千一百二十	損一百三十三	陽差三百三
芒種	陽分二千二百七十六	陽初度二千二百七十六	損一百七十	陽差一百七十
夏至	陰分二千二百七十六	陰度空	益一百七十	陰差空
小暑	陰分一千七百八十四	陰度二千二百七十六	益一百三十三	陰差一百七十

大暑	陰分一千三百四十四	陰一度一千一百二十	益一百一	陰差三百三
立秋	陰分九百五十六	陰一度二千四百六十四	益七十一	陰差四百四
處暑	陰分五百八十一	陰二度四百八十	益四十三	陰差四百七十五
白露	陰分一百九十四	陰二度一千六十一	益十四	陰差五百一十八
秋分	陰分一百九十四	陰二度一千二百五十五	損十四	陰差五百二十一
寒露	陰分五百八十一	陰二度一千六十一	損四十三	陰差五百一十八
霜降	陰分九百五十六	陰二度四百八十	損七十一	陰差四百七十五
立冬	陰分一千三百四十四	陰一度二千四百六十四	損百一	陰差四百四
小雪	陰分一千七百八十四	陰一度一千一百二十	損一百三十三	陰差三百三
大雪	陰分二千二百七十六	陰初度二千二百七十六	損一百七十	陰差一百七十

應天、乾元二曆，以常氣求其陰陽差，故有二十四氣立成。儀天以盈縮定分、四限直求二十四氣陰陽差，乃更不制二十四氣差法。

求日躔損益盈縮度：乾元謂之求每日陰陽差。儀天謂之求入盈縮分先後定數。各置定日及分，以冬至常數相減，百收，通爲分，自雨水後十六爲法，自霜降後十五爲法。除分爲氣中率，二相減，爲合差；半之，加減率爲初、末率。後多者，減爲初、加爲末；後少者，加爲初、減爲末。又法，以除合差，爲日差〔一六〕；後少者，日損初率；後多者，日益初率〔一七〕。爲每日日躔損益率；累積其數，爲盈縮度分。乾元各置氣數，以一百二十乘之，以一千八百二十六除之，所得爲平行率；相減，爲合差；初、末並如應天。儀天以宗法乘盈縮積，以其限分除之，爲限率分；倍之，爲末限平率〔一八〕；日分乘之，亦以限分除之，爲日差；半之，加減初、末限平率，在初者減初加末，在末者減末加初，爲末定率〔一九〕；乃以日差累加減限初定率〔二〇〕，初限以減、末限以加，爲每日盈縮定分；各隨其限盈加縮減其下先後數，爲每日先後定數；冬至後積盈爲先，在縮減之；夏至後，積縮爲後，在盈減之。其進退率、昇平積準此求之，即各得其限每日進退率、昇平積〔二一〕也。

求日躔先後定數：乾元謂之求入氣、求弦望氣入、求日躔陰陽差。各以朔、弦、望入氣日及減本氣定日及分秒通之，下以損益率展，以元法爲分〔二二〕，損減益加次氣下先後積爲定數。乾元以其月氣節減經朔大、小餘，即得入氣日及分；又以弦策累加天正朔日入氣大、小餘，滿氣策去之，即得弦、望經朔入氣日及分；以其日損益率乘入氣日餘分，所得，用損益其日陰陽差爲定數。儀天法見上。又儀天有求四正節定日，去冬、夏二至盈縮之中，先後皆空，以常爲定；其春、秋二分盈縮之極，以一百乘盈縮積，滿宗法爲日，先減後加，去命如前，各得定日。若求朔、弦、望盈縮限日，以天正閏日及餘減縮末限日及分，餘爲天正十一月經朔加時入限日及餘；以弦策累加之，即得弦、望及後朔初、末限日；各置入限日及餘，以其日進退率乘之，如宗法而一〔二三〕，所得，以進退其日下昇平積，即各爲定數〔二四〕。

赤道宿度

斗：二十六。牛：八。女：十二。虛：十。及分。

危：十七。室：十六。壁：九。二曆同。

北方七宿九十八度。虛分二千五百六十三、秒一十九。乾元七千五百三十五、秒二十五。儀天二千五百八十八、秒九十九。

奎：十六。婁：十二。胃：十四。昴：十一。

畢：十七。觜：一。參：十。

西方七宿八十一度。二曆同。

井：三十三。鬼：三。柳：十五。星：七。

張：十八。翌：十八〔三〕。軫：十七。

南方七宿一百一十一度。二曆同。

角：十二。亢：九。氐：十五。房：五。

心：五。尾：十八。箕：十一。

東方七宿七十五度。二曆同。

又，儀天云：「前皆赤道度，自古以來，累依天儀測定，用爲常準。赤道者，天中紘帶，儀極攸憑，以格黃道也。」

求赤道變黃道度：乾元謂之求黃道度。儀天謂之推黃道度。準二至赤道日躔宿次，前後五度爲限，初限十二，每限減半，終九限減盡。距二立之宿，減一度少強，又從盡起限，每限增半，九限終於十二。距二分之宿，皆乘限度，身外除一，餘滿百爲度分，命曰黃赤道差。二至前後各九限，以差爲減；二分前後各九限，以差爲加。各加減赤道度爲黃道度；有餘分就近收爲太、半、少之數。乾元初率九，每限減一，末率一。儀天初數一百七，每限減一十，末率二十七，其餘限數加減並同應天。

黃道宿度

斗：二十三度半。　牛：七度半。二曆同。　女：十一度太。二曆並十一度半。

虛：十度少強。二千五百六十三、秒十九。乾元無分。儀天六十三分、九十九秒。

危：十七度少。乾元同。儀天十七度太。　室：十六度太。　壁：十度。乾元九度太。儀天同。

北方七宿九十七度二千五百六十三、秒十九。乾元九十六度半。儀天九十七度半、六十三、秒九十九。

奎：十七度半。二曆同。　婁：十二度太。乾元十三度。儀天同。　胃：十四度少。二曆並十四度太。

昴：十一度。二曆同。　畢：十六度半。乾元同。儀天十六度少。　觜：一度。

參：九度少。二曆並同。

西方七宿八十二度少。乾元八十三度。儀天八十二度半。

井：三十度。　鬼：二度太。二曆並同。　柳：十四度半。乾元、儀天十四度少。

星：七度。乾元、儀天並六度太。　張：十八度少。乾元同。儀天十八度太。　翼：十九度少。乾元十九度。儀天同。

軫：十八度太。二曆同。

南方七宿一百一十度半。乾元一百九度太。儀天同。

角：十三度。　亢：九度半。二曆並同。　氐：十二度少。乾元、儀天並十五度半。

房：五度。二曆同。　心：五度。乾元同。儀天四度太　尾：十七度少。乾元同。儀天十七度。

箕：十度。乾元十度太。儀天十度。

東方七宿七十五度少〔三六〕。乾元七十六度。儀天七十四度太。

求赤道日度：儀天謂之推日度。以天總除元積，爲總數；不盡，半而進位，又以一百收總數從之，以元法收爲度，不滿爲分秒，命起赤道虛宿四度分。乾元以軌率去歲積分，餘以五因之，滿軌率收爲度，不滿，退除爲分，餘同。儀天以乾數去歲積分，宗法收爲度，命起虛宿二度，餘同應天。又以一象度及餘秒累加之，滿赤道宿度即去之，各得四正，即初日加時赤道日度也。

求黃道日度：置冬至赤道日躔宿度，以所入限數乘之，所得，身外除一，滿百爲度，不滿爲分，用減赤道日度，爲冬至加時黃道日度及分。乾元、儀天亦如其法。乾元即以八十四，儀天以一百一除爲度，餘同應天。

求朔望常日月：乾元謂之求黃道平朔日度。置朔、望日躔先後定數，進一位，倍之，身外除之，以元法收爲度分，先加後減朔望中日、月，爲朔望中常日、月度分；用加冬至黃道之宿，命如前，卽得朔望常日、月所在。乾元置會周一萬七千三百六十，以距十一月後來月數乘之，所得，減去朔餘，加會餘而半之，以二百九十四收爲度，不盡，退除爲分。儀天法在後。乾元又有求黃道加時朔日度，置平朔日，以日躔陽加陰減之，又以冬至黃道日度加而命之，卽其朔加時黃道日度及分也。若求望日度者，以半朔策加之，卽得望日度及分也。用陽度，卽依本術。

每日加時黃道日度(二七)：乾元謂之每日行分。以定朔、望日所在相減，餘以距後日數除之，爲平行分；二行分相減，爲合差；半之，加減平行分，爲初行分；後平行多，減爲初；後平行少，加爲初。以距後日數除合差，爲日差；後少者損，後多者益，爲每日行分；累加朔、望日，卽得所求。乾元同。儀天不立此法。又儀天有求次正定日加時黃道日度，置歲差，以限數乘之，退一位，滿一百一爲差秒及小分，再析之，乃以加一象度，所得，累加冬至黃道日，滿黃道宿次去之，各得四正，卽加時黃道日度也。若求四正定日夜半黃道日度，置其定日小餘副之，以其日盈縮分乘之，滿宗法而一，盈加縮減其副，乃以減其日加時，卽爲夜半黃道日度。又有求每日夜半日度，因四正初日夜半度，累加一策，以其日盈縮分盈加縮減，滿黃道宿次去之，卽得每日夜半日度。又有求定朔、弦、望加時日度，置定朔、弦、望小餘副之，以其日盈縮分乘之，以宗法收之爲分，盈加縮減其副，以加其日夜半度，各得其時加日躔所次。如朔、望有進退者，此術不用。

校勘記

〔一〕其衡合樂分尺一尺四寸　通考卷一三三樂考無「分」字。據上文「以氂、絫造一錢半及一兩等二稱，各懸三毫，以星準之。等一錢半者，以取一稱之法。其衡合樂尺一尺二寸」，可見二稱標準一致，疑通考無「分」字是。

〔二〕二百四十黍爲絫　據上文「十黍爲絫」，「黍以二千四百枚爲一兩，絫以二百四十」，「二百四」三字衍。

〔三〕判司天監史序　「判」字下原衍「官」字。按本書卷一六五職官志，司天監幷無「判官司天監」職名，據本書卷九九禮志、玉海卷一〇删。

〔四〕乾元元率九百四十　考異卷六八說：「元率，即日法也。以歲周軌率參校，當是二千九百九十。史有脫文。」朱文鑫曆法通志十三宋曆志略乾元元率作「二九四〇」，以上下諸值驗算，「二九四〇」近之。

〔五〕歲盈二十六萬九千三百六十五　考異卷六八說：「李銳曰：此條甚誤。以意求之，當作歲總七十三萬六百三十五，其歲盈則一萬四百九十一也。」

〔六〕乾元小餘二千二百五十七　二除乾元朔策，得十四、小餘二千二百五十。「七」字衍。

〔七〕氣策十五小餘二千一百八十五秒二十四　考異卷六八說：「案應天術以二十四爲秒法，滿二十四則小餘當進一而無秒數矣，此二十四必後人妄改。今從李生校改作一十五。」按考異說是。

〔八〕命如前　「如」原作「以」，誤，今改。

〔九〕加氣策及餘秒　「策」字原脫。據曆法常例補。

〔一〇〕朔日中　按應天步氣朔推步用語有「朔中日」而無「朔日中」，疑「日中」二字應倒。

〔一一〕朔虛法　按儀天用數有「朔虛分」而無「朔虛法」，據下文「以朔虛分除爲滅日」，「法」字應作「分」字。

〔一二〕候策五小餘七百二十八秒二母二十四　考異卷六八說：「此秒數亦誤。置歲餘五萬二千四百五十五，以七十二候除之，得七百二十八，不盡三十九，以秒法通之，得九百三十六，以七十二除之，當爲秒十三也。」按考異說是。又「母二十四」上脫「秒」字。

〔一三〕乾元候數五小餘一百一十四秒十二　以乾元氣策推算，「小餘一百一十四」應作「小餘二百一十四」。

〔一四〕儀天刻三百　「刻」字在此無義，疑衍。

〔一五〕盈縮準　據應天氣策推算，表內小寒日數應作「二十九」，霜降日數應作「三百二十一」。

〔一六〕以除合差爲日差　按求日差應以元法除之，疑「以」字下脫「元法」二字。

〔一七〕後少者日損初率後多者日益初率　據文義，疑應作正文。

〔一八〕**爲末限平率** 據上下文，「爲」下脫「初」字。

〔一九〕**爲末定率** 據上下文，「爲」下脫「初」字。

〔二〇〕**乃以日差累加減限初定率** 據上下文，「初」下脫「末」字。

〔二一〕**昇平積** 「平」字原脫，據上句補。

〔二二〕**以元法爲分** 以元法除得數，方爲分數，「元法」下脫「收」字。

〔二三〕**如宗法而一** 「一」字原脫，據本條推步內容補。

〔二四〕**以進退其日下昇平積即各爲定數** 「積」字和「數」字原脫，據上文和上條求日躔損益盈縮度補。

〔二五〕**翌十八** 「翼」、「翌」二字雖通，然據史記卷二七天官書、漢書卷二六天文志，南方朱鳥七星「翼爲羽翮，主遠客」，皆不作「翌」，本書律曆志其他各卷亦皆作「翼」，習慣上二十八宿不見以「翌」代「翼」者，應以「翼」爲是。下文同。

〔二六〕**東方七宿七十五度少** 七宿度數相加，只得七十二度。按七宿中除氐宿外，其他各宿度數，三曆相同或相近，疑應天氐宿度數有誤。

〔二七〕**每日加時黃道日度** 按本卷體例，句首應有「求」字。

宋史卷六十九

志第二十二

律曆二

應天 乾元 儀天曆

步月離入先後曆乾元謂之月離。儀天謂之步月離。

離總：五萬五千一百二十、秒一千二百四十二。乾元轉分一萬六千二百、秒一千二百四。儀天曆終分二十七萬八千三百一、秒一百六十五。

轉日：二十七、五千五百四十六、秒六千二百一十。乾元轉曆二十七、一千六百三十、秒六千二十〔一〕。儀天曆周二十七、五千六百一、秒一百六十五。

曆中日：一十三、七千七百七十四、秒三千一百五。乾元不立此法。儀天曆中十三日、七千八百五

十、秒五千八十二半。儀天有象限六日、八千九百七十五、秒二千五百四十一少。

朔差日：一、九千七百六十二、秒三千七百九十。乾元轉差一、三千八百六十九、秒三千九百八十〔二〕。儀天會差日一、九千八百五十七、秒九千八百三十五。

儀天又有象差日空、四千九百八十、秒四千九百五十八太；望一百八十二度六千三百四十四、秒四千九百五十。

度母：一萬一百〔三〕。

秒法：一萬。二曆同。

求天正十一月朔入先後曆：乾元謂之求月離入曆，求弦、望入曆。儀天謂之推天正經朔入曆。以通餘減元積，餘以離總去之爲總數；不盡者，半而進位，以元法收爲日，不滿爲分。如曆中日以下爲入先曆；以上者去之，爲入後曆。命日，算外，即得天正十一月朔入先後曆日分。累加七日、三千八百二十七分、秒六，盈曆中日及分秒去之，各得次朔、望入先後曆日分。乾元以朔餘減歲積分，以轉分去之，餘以五因之，滿元率收之爲度；以弦策加之，即弦、望所入。以轉差加之，得後朔曆；累加之，即得弦、望入曆及分。儀天以閏餘減歲積分，餘以曆終分去之，不滿，以宗法除之爲日；在象限以下爲初限，以上去之，餘爲末限，各爲入遲疾曆初、末限。

先後乾元謂之入轉	離分乾元謂之離度	積度乾元謂之離差	損益率乾元同	先後積乾元謂之陰陽差
先一日	一千二百一十乾元十二度六分	初度乾元三百五十五	損十二乾元益二百八十七	後空乾元陽差空
先二日	一千二百二十七乾元十二度二十二	十二度一十乾元三百六十一	損一百三十六乾元益二百五十	先九百八十八乾元陽差二百八十七
先三日	一千二百四十五乾元十二度三十九	二十四度三十七乾元三百六十四	損二百八十八乾元益二百一十三	先一千八百五十二乾元陽差五百三十七
先四日	一千二百六十二乾元十二度五十六	三十六度八十二乾元三百六十九	損四百三十九乾元益一百七十三	先二千五百七十四乾元陽差七百五十
先五日	一千二百八十一乾元十二度七十七	四十九度四十四乾元三百七十五	損五百九十九乾元益一百三十四	先三千一百三十五乾元陽差九百二十三
先六日	一千三百一乾元十二度九十六	六十二度二十五乾元三百八十一	損七百六十乾元益九十三	先三千一百二十六乾元陽差一千五十七
先七日	一千三百二十一乾元十二度十七	七十五度二十六乾元三百八十七	初損九百三十七 末益九百九十二乾元初益四十六末損六	先三千七百七十六乾元陽差一千一百五十

先八日	一千三百四十五 乾元十三度四十	八十八度四十七 乾元三百九十四	益九百 乾元損六十二	先三千八百三十一 乾元陽差一千一百九十
先九日	一千三百六十九 乾元十三度六十六	一百一度九十二 乾元四百一	益七百三十三 乾元損一百二	先三千七百三十二 乾元陽差一千一百二十八
先十日	一千三百九十 乾元十三度八十一	一百一十五度六十一 乾元四百十七	益五百六十五 乾元損一百四十一	先三千四百六十五 乾元陽差一千二十六
先十一日	一千四百一十五 乾元十四度三	一百一十九度五十 乾元四百一十三	益三百九十四 乾元損一百九十三	先三千三百 乾元陽差八百八十五
先十二日	一千四百三十五 乾元十四度二十	一百四十三度六十六 乾元四百一十七	益二百三十五 乾元損百二十一	先二千四百二十四 乾元陽差七十二
先十三日	一千四百五十六 乾元十四度三十五	一百五十八度一 乾元四百一十七	益一百一十 乾元損一百五十六	先一千六百五十九 乾元陽差四百八十一
先十四日	一千四百七十 乾元十四度五十九	一百七十二度 乾元四百二十七	初益三百三十一 末損七百八十一 乾元初損二百二十五 末益六十三	先七百六十九 乾元陽差二百二十五
後一日 乾元十五日	一千四百七十 乾元十四度六十四	一百八十七度二十七 乾元四百三十	損十二 乾元益二百八十	初先空 末後空 乾元陰差六十三

後二日 乾元十六日	一千四百五十三 乾元十四度四十五	二百一度九十七 乾元四百二十五	損一百三十六 乾元益二百四十二	後九百八十八 乾元陰差二百四十三
後三日 乾元十七日	一千一百三十二 乾元十四度三十	二百十六度五十 乾元四百二十	損二百八十八 乾元益二百五	後一千八百五十二 乾元陰差五百八十五
後四日 乾元十八日	一千四百六 乾元十四度一十	二百三十度八十二 乾元四百一十五	損四百四十八 乾元益一百六十五	後二千五百六十四 乾元陰差七百五十
後五日 乾元十九日	一千三百八十 乾元十三度九十一	二百四十四度八十八 乾元四百一十	損六百八 乾元益一百四十六	後三千一百一十六 乾元陰差九百九十五
後六日 乾元二十日	一千三百五十八 乾元十三度七十四	二百五十八度六十八 乾元四百四	損七百六十八 乾元八十四	後三千五百八 乾元陰差一千八十一
後七日 乾元二十一日	一千三百三十七 乾元十三度五十一	二百七十二度二十六 乾元三百九十七	初損九百三十七 末益九百九十二 乾元初益三十五 末損十七	後三千七百四十 乾元陰差一千一百六十五
後八日 乾元二十二日	一千三百二十五 乾元十三度二十八	二百八十五度六十三 乾元三百九十	益九百 乾元損七十一	後三千七百九十五 乾元陰差一千一百八十三
後九日 乾元二十三日	一千二百九十四 乾元十三度七	二百九十八度七十八 乾元三百八十四	益七百三十二 乾元損一百一十二	後三千六百九十七 乾元陰差一千一百一十二

後十日 乾元二十四日	一千二百七十四 乾元十二度八十九	三百二十一度七十二 乾元三百七十八	益五百六十四 乾元損一百五十	後三千四百二十九 乾元陰差一千
後十一日 乾元二十五日	一千二百五十六 乾元十二度十七	三百二十四度四十六 乾元三百七十二	益四百四 乾元損一百九十一	後二千九百九十二 乾元陰差八百四十三
後十二日 乾元二十六日	一千二百四十 乾元十二度五十二	三百二十七度二 乾元三百六十七	益二百五十二 乾元損二百二十九	後二千三百九十七 乾元陰差六百五十七
後十三日 乾元二十七日	一千二百二十五 乾元十二度三十五	三百四十九度四十二 乾元三百六十三	益一百二十 乾元損二百六十六	後一千六百四十九 乾元陰差四百二十八
後十四日 乾元二十八日	一千二百一十 乾元十二度一十七	三百六十一度六十五 乾元三百五十八	初益二百三十一 末損七百八十一 乾元損一百六十一	後七百六十九 乾元陰差一百六十一

七日：初數八千八百八十八，乾元初二千六百一十二，末數一千一百一十四。末三百二十八。

十四日：初數七千七百七十四，乾元初二千二百八十五，末數二千二百二十八。末六百五十五。

乾元又有二十一日：初一千九百五十八，末九百八十二；二十八日：初一千六百三十二，末一千三百九。

又儀天法

遲疾限日	曆衰	曆定分	曆定度	曆積度	損益率	昇平積
疾初初日	疾十五	一千二百一十五	十二度三分	初度	益一千八十六	昇初
一日	疾十九	一千二百三十	十二度十八分	十二度三分	益九百一十六	昇一千八十六
二日	疾二十二	一千二百四十九	十二度三十七	二十四度二十二	益七百四十六	昇二千二
三日	疾二十二	一千二百七十一	十二度五十九	三十六度五十八	益五百七十六	昇二千七百四十八
四日	疾二十二	一千二百九十三	十二度八十一	四十九度一十六	益四百六	昇三千三百二十四
五日	疾二十三	一千三百一十五	十二度二分	六十一度九十七	益二百三十六	昇三千七百三十
六日	疾二十四	一千三百三十八	十二度七十二	七十四度九十九	益六十五	昇三千九百六十六
疾末初日	疾二十三	一千三百六十二	十三度四十九	八十八度二十三	損八十六	昇四千三十一
一日	疾二十二	一千三百八十三	十三度七十二	一百一度七十二	損三百五十六	昇三千九百四十六
二日	疾二十二	一千四百七	十三度九十四	一百一十五度四十三	損四百六	昇二千七百一十
三日	疾二十二	一千四百二十九	十四度一十五	一百二十九度五十六	損五百七十六	昇三千三百四

四日	疾十九	一千四百五十一	十四度三十七	一百四十三度五十一	損七百四十六	昇二千七百二十八
五日	疾十五	一千四百七十	十四度五十六	一百五十七度八十八	損七百二十六	昇一千九百八十二
六日	疾空	一千四百八十五	十四度七十一	一百七十二度四十三	損一千二百	昇一千六十六
遲初初日	遲十五	一千四百八十五	十四度七十一	一百八十七度一十三	益一千八十六	平初
一日	遲十九	一千四百七十	十四度五十六	二百一度八十四	益九百一十六	平一千八十六
二日	遲二十三	一千四百五十一	十四度三十七	二百一十六度三十九	益七百四十六	平二千二
三日	遲二十二	一千四百二十九	十四度十五	二百三十度七十六	益五百七十六	平二千七百四十八
四日	遲二十二	一千四百七	十三度九十四	二百四十四度九十一	益四百六	平三千三百一十四
五日	遲二十三	一千三百八十五	十三度七十二	二百五十八度八十四	益三百三十六	平三千七百三十
六日	遲二十四	一千三百六十二	十三度四十九	二百七十二度五十五	益七十五	平三千九百六十四
遲末初日	遲二十三	一千三百三十八	十三度二十五	二百八十六度三	損八十六	平四千三十一
一日	遲二十二	一千三百一十五	十三度二	二百九十九度二十八	損二百三十六	平三千九百四十六

二日	遲二十二	一千二百九十三	十二度八十一	三百一十二度三十	損四百六	平三千七百一十
三日	遲二十二	一千二百七十一	十二度一十	三百二十五度一十	損五百七十六	平三千三百四
四日	遲十九	一千二百四十九	十二度三十七	三百三十七度六十九	損七百四十六	平二千七百二十八
五日	遲十五	一千二百三十	十二度一十八	三百五十度五	損九百一十六	平一千九百八十二
六日	遲空	一千二百一十五	十二度三	三百六十二度二十三	損一千二	平一千六十六

月離先後度數：乾元謂之月離陰陽差。儀天謂之求朔弦望昇平定數。以月朔、弦、望入曆先後分通減元法，餘進位，下以其日損益率展之，以元法收爲分，所得，損益次日下先後積爲定數。其七日、十四日，如初數以下者，返減之，以上者去之，餘，返減末數，皆進位，下以損益率展之，各滿末數爲分，損益次日下先後積爲定數。乾元置入曆分，以其日損益率乘之，元率收爲分，損益其下陰陽差爲定數。四七術，如初數已下者，以初率乘之，如初數而一，以損益陰陽差爲定數；若初數以上者，以初數減之，餘乘末率，末數除之，用減初率，餘加陰陽差，各爲定數。

朔弦望定日：以日躔、月離先後定數，先加後減朔、弦、望中日，爲定日。二曆法同。

推定朔弦望日辰七直：以天正所盈之日加定積，視朔、弦、望中日，如入大、小雪氣，即加去年天正所盈之日分；若入冬至氣者，即加今年天正所盈之日分。日滿七十六去之，不滿者，命從金星甲子，算外，卽得定朔、弦、望日辰星直也。視朔干名與後朔同者大，不同者小，其月無中氣者爲閏。又視朔所入辰分皆與二分相減，餘二收，用減八分之六，其朔定小餘如此；以上者進一日；朔或有交正見者，其朔不進。定望小餘在日出分以下者，退一日，若有虧初在辰分以下亦如之。二曆法同。

儀天又有求朔弦望加時月度，置弦、望加時日度，其合朔加時月與太陽同度，其日、度便爲月離所次；餘加弦、望象度及餘秒，滿黃道宿次去之，卽定朔、弦、望加時日、度也。

九道宿度：乾元、儀天皆謂之月行九道。凡合朔所交，冬在陰曆，夏在陽曆，月行青道；冬至、夏至後，青道半交在春分之宿，出黃道東；立夏、立冬後，青道半交在立春之宿，出黃道東南；至所衝之宿亦如之。冬在陽曆，夏在陰曆，月行白道；冬至、夏至後，白道半交在秋分之宿，出黃道西；立冬、立夏後，白道半交在立秋之宿，出黃道西北；至所衝之宿亦如之。春在陽曆，秋在陰曆，月行朱道；春分、秋分後，朱道半交在夏至之宿，出黃道南；立春、立秋後，朱道半交在立夏之宿，出黃道西南；至所衝之宿亦如之。春在陰曆，秋在陽曆，月行黑道。春分、秋分後，黑道半交在冬至之宿，出黃道北；立春、立秋後，黑道半交在立冬之宿，出黃道東北；至所衝之宿亦如之。四序月離爲八節，九道斜正不同，所入七十二候，皆與黃道相會。各距交初黃道宿度，每五度爲限。初限十二，每限減半，終九限又減盡，距二立之宿減一度少強，却從減盡起，每限減半，九限終十二而至半交，乃去黃道六度；又自十二，每限減半，終九限又減一度少強，更從減盡起，每限增半，九限終十二 復與日軌相會。 交初、交中、半交，各以限數，遇半倍使，乘限度爲汎差。 其交中前後各九限，以距二至之宿前後候數乘之，半交前後各九限，各至二分之宿前後候數乘之，皆滿百而一爲黃道差。 在冬至之宿後，交初前後各九限爲減，交中前後各九限爲加； 夏至之宿後，交初前後各九限爲加，交中前後各九限爲減。 大凡月交後爲出黃道外，交中後爲入黃道內。 半交前後各九限，在春分之宿後出黃道外，秋分之宿後入黃道內，皆以差爲加； 在春分之宿後入黃道內，秋分之宿後出黃道外，皆以差爲減。 倍汎差，退一位，遇減，身外除三；遇加，身外除一。又以黃道差減，爲赤道差。 交初、交中前後各九限，以差加； 半交前後各九限，皆以差減。 以黃赤道差減黃道宿度爲九道宿度，有餘分就近收爲太、半、少之數。 乾元初數九，每限減一，終於一，限數並同，即八十四除之。 儀天初數一百一十七，每限減一十，終於二十七，以一百一除。 二曆皆不身外爲法。 初中正交、春秋二分、冬夏二至前後各九限，加減並同應天。 又儀天即除法是九十乘黃道汎差，一百一收爲度，乃得月與黃、赤道定差。以上入交定月出入各六度相較之差，黃道隨其日行所向，斜正各異，餘皆同應天。 儀天有求定朔望加時入遲疾曆初末限，置經朔、望入遲疾初末限日及餘秒，如求定朔、弦、望法入之，即各得所求。 又求初中正交入曆，置其朔、望加時入遲疾曆初末限日及餘秒，視其日月行入陰陽曆日及餘秒，如近前交者即加，近後交者即返減交中日餘，乃如之，各得初、中、正交入遲疾曆初末限日及餘秒也。 其加減滿或不足，即進退象限及餘秒，各得所求。 又求朔望加時及初、中、正交入遲疾限日入曆積度，各置小餘，以其日曆定分乘之，宗法收之爲分，一百一除之爲度，以加其日下曆積度，各得所求。又乾元、儀天有求正交黃道月度，乾元元率通定交度及分，以一百二十七乘之，滿九十五而一，進一等，復收爲入交度，用減其朔加時日度，卽朔前月離正交黃道宿度。儀天置朔、望及正交曆積度，以少減多，餘爲月行去交度及分；乃視其朔望在交前者加、交後者減朔望加時黃道月度，爲初、中、正交黃道月度也。

九道交初月度：乾元謂之月離入交九道正交月度、九道朔度。儀天謂之求月離正交九道宿度。置月離交初黃道宿度，各以所入限數乘之，遇半倍使。如百而一，爲汎差；用求黃赤二道差，依前法加減之，卽月離交初九道宿度。乾元以日躔陰陽差陽加陰減，爲朔、望常分；又以所入限率乘，正交黃道宿度相從之，以求黃赤二道差，如前加減，爲月離正交九道宿度；以入交定度加而命之，卽朔月離宿度。儀天置正交月離黃道，以距度下月九道差，宗法乘之，以距度所入限數乘度，餘從之，爲總差；半而退位，一百一收之，又計冬、夏二至以求度數乘，滿九十而一爲度差，依前法加減，爲正交月離九道。

求九道朔月度：百約月離先後定數，後加先減四十二，用減中盈而從朔日，迺加交初九道宿次，卽得所求。乾元置九道正交之度及分，以入交定度加之，命以九道宿次，卽其朔加時月離宿度及分也。儀天法見下。乾元又有定交度，置月離陰陽定數，以七十一乘之，滿九百一除之爲分，用陰減陽加常分爲度及分。

求九道望月度：儀天謂之求定朔、望加時日月度。以象積加朔九道月度，命以其道，卽得所求。乾元置朔、望加時日相距之度，以天中度及分加之，爲加時象積；用加九道朔月度，命以其道宿次去之，卽望日月度及分也。自望推朔亦如之。儀天求定朔望加時九道日度，以其朔、望去交度，交前者減之，交後者加之，滿九道宿度去之，卽定朔、望加時九道日度也。求定朔望加時九道月度，置其日加時九道日度，其合朔者非正交，卽日在黃道、月在九道各入宿度，多少不同，考其去極，若應繩準。故云月與太陽同度也。如求黃道月度法，盈九道宿次去之，各得其日加時九道宿度，自此以後，皆如求黃道月度法入之，依九道宿度行之，各得所求也。

求晨昏月：乾元謂之月離晨昏度。儀天謂之求晨昏月度。置後曆七日下離分，與其日離分相比較，取多者乘朔、望定分，取少者乘晨昏分，皆滿元法爲分，百除爲度分，仍相減之，朔、望度多者爲後，少者爲前。各得晨昏前後度分；前加後減朔、望九道月度爲晨昏月。乾元置其月離差，在三百九十三以上者，用乘朔、望定分，以下者，只用三百九十三乘，爲加時分；元率除之，進一位，二百九十四收爲度；又以離差乘晨昏分，亦如前收之爲度，與加時度相減之，加時度多爲後、少爲前，卽得晨昏前後度及分〔四〕，加減如應天。儀天以晨昏分減定朔、弦、望小餘爲後，不足者，返減之爲前，以乘入曆定分，宗法除之，一百一約之爲度，乃以前加後減加時月度爲晨昏月度。

晨昏象積：儀天謂之求晨昏程積度。置加時象積，以前象前後度前減後加，又以後象前後度前加後減，卽得所求。乾元法同。儀天以所求朔、弦、望加時日度減後朔、弦、望加時日度，餘加弦、望度及餘，爲加時程積；以所求前後分返其加減，又以後朔、弦、望前後度分依其加減，各爲晨昏程積度及餘也。

求每日晨昏月：儀天謂之求每日入曆定度。累計距後象離分，百除爲度分，用減晨昏象積爲加，不足，返減，以距後象日數除之，爲日差；用加減每日離分，百除爲度分，累加晨昏月，命以九道宿次，即得所求。乾元法同。儀天從所求日累計距後曆每日曆度及分，以減程積爲進，不足，返減之，餘爲退，以距後朔、弦、望日數均之，進加退減每日曆定度及分，各爲每日曆定度及分也〔五〕。

步晷漏

二十四氣午中晷景乾元同	去極度	黃道乾元謂之距中度	晨分乾元同
冬至一丈二尺七寸一分乾元同	一百一十五	二十乾元八十二二十二	二千七百四十八乾元八百八
小寒一丈二尺三寸一分乾元一丈一尺三寸	一百一十四	五十八乾元八十二五十九	二千七百三十五乾元八百二
大寒一丈一尺二寸一分乾元同	一百一十二乾元〔六〕	三十二乾元八十四八十四	二千六百八十八乾元七百八十六
立春九尺七寸一分乾元九尺七寸三分	一百八	六十七乾元八十七九十四	二千六百一十二乾元七百六十一
雨水八尺二寸一分乾元同	一百三	八十一乾元九十一六十七	二千五百八乾元七百三十二
驚蟄六尺七寸四分乾元六尺七寸三分	九十七	九十三乾元九十六一十四	二千三百八十八乾元六百九十九
春分五尺四寸三分乾元同	九十一	三十一乾元一百度二十四	二千三百五十乾元六百六十六
清明四尺三寸一分乾元同	八十四	七十七乾元一百五二十四	二千二百一十二乾元六百二十四

穀雨三尺三寸一分乾元三尺三寸	七十八	七十九乾元一百九五十六	一千九百九十二乾元五百八十九
立夏二尺五寸三分乾元二尺五寸	七十三	九十二乾元一百一十三二十九	一千八百八十八乾元五百五十八
小滿一尺九寸六分乾元一尺九寸三分	七十度	二十七乾元一百一十六十五	一千八百一十二乾元五百三十四
芒種一尺六寸乾元同	六十八	二乾元一百一十八十四	一千七百六十五乾元五百十九
夏至一尺四寸八分乾元一尺四寸七分	六十七	三十九乾元一百一十八五十八	一千七百五十二乾元五百一十五
小暑一尺六寸乾元同	六十八	二乾元一百一十八十四	一千七百六十五乾元五百十九
大暑一尺九寸二分乾元一尺九寸五分	七十度	二十七乾元一百一十六十五	一千八百一十二乾元五百三十四
立秋二尺五寸三分乾元同	七十三	九十二乾元一百一十三三十	一千八百八十八乾元五百五十八
處暑三尺三寸一分乾元三尺三寸	七十八	七十九乾元一百九五十六	一千九百九十二乾元五百八十五
白露四尺三寸一分乾元同	八十四	七十七乾元一百五十六九	二千一百一十二乾元六百二十四
秋分五尺四寸三分乾元同	九十一	三十一乾元一百度二十四	二千二百五十六乾元六百六十六
寒露六尺七寸四分乾元六尺七寸三分	九十七	九十一乾元九十六十六	二千三百八十八乾元六百九十九

霜降八尺二寸一分乾元同	一百三	八十二乾元九十一六十九	二千五百八乾元六百三十
立冬九尺七寸一分乾元九尺七寸三分	一百八	六十七乾元八十七九十五	二千六百一十二乾元七百六十二
小雪一丈一尺二寸一分乾元同	一百一十二	三十二乾元八十四八十四	二千六百八十八乾元七百八十六
大雪一丈二尺三寸一分乾元同	一百一十四	五十八乾元八十一五十九	二千七百三十五乾元八百三。儀天不置六成法〔七〕

求每日晷景去極度晨分：乾元謂之晷景距中度晨分。儀天別立法，具後。各以氣數相減爲分，自雨水後法十六，霜降後法十五，除分爲中率，二率相減，爲合差；半之，加減中率爲初、末率。前多者，加爲初、減爲末；前少者，減爲初、加爲末。又以元法除合差〔八〕，爲日差；後多者累益初率，後少者累減初率〔九〕。爲每日損益率；以其數累積之，各得諸氣初數也。乾元法同。

求昏分：以晨分減元法爲昏分。乾元謂之元率。儀天謂之宗法。

求每日距中度：乾元同。儀天謂之求每日距子度。以百乘晨分，如二千七百三十八爲度，不盡，退除爲距子度，用減半周天度，餘爲距中星度分；倍距子度分，五等除，爲每更度分。乾元百約晨分，進一位，以三千六百五十三乘，如元率收爲度，餘同應天。儀天置晷漏母，五因，進一位，以一千三百八十二、小分五十五、微分三十五除爲度，不盡，以一千三百六十八、小分八十六退除，皆爲距子度，餘同應天。

求每日昏明中星：乾元謂之昏曉率星。置其日赤道日躔宿次，以距南度分加而命之，即其日昏中星；以距子度分加之，爲夜半中星；又加之，爲曉中星。二曆法同。

求五更中星：置昏中星爲初更中星；以每更度分加之，得二更初中星；又加之，得三更初中星；累加之，各得五更初中星所臨。二曆法同。

求日出入時刻：乾元謂之求晝夜出入辰刻。儀天謂之求日出入晨刻及分。以二百五十加晨減昏爲出入分，以八百三十三半除爲時，不滿，百除爲刻分，命如前〔一〇〕，卽得所求。乾元以七十三半加晨減昏爲出入分，各以辰法除之，爲辰數；不盡，以五因之，滿刻法爲刻，命辰數起子正，算外，卽日出入辰刻也。儀天置其日晷漏母，以加昏明，餘以三因，滿辰法除爲辰數，餘以刻法除爲刻，不滿爲分，辰數命子正，算外，卽日出辰刻及分。乃置日出辰刻及分，以加晝刻及分，滿辰法及分除爲辰數，不滿，爲入時之刻及分。乃置其辰數，命子正，算外，卽得日入辰刻及分。

晝夜分：乾元謂之晝夜刻。儀天謂之求每日夜半定漏、求每日晝夜刻。倍日出分，爲夜分；減元法，爲晝分；百約，爲晝夜分。乾元置日入分，以日出分減之爲晝分，以減元率爲夜分，以五因之，以刻法除爲晝夜刻分。儀天先求夜半定漏，置其日晷漏母，以刻法除之爲刻，不滿，三因爲分，爲夜半定漏及分。置夜半定漏刻及分，倍之，其分滿刻法爲刻，不滿爲分，卽得夜刻及分。以夜刻減一百刻，餘者爲晝刻及分，減晝五刻，加夜刻，爲日出沒刻之數。

更籌：乾元謂之更點差分。倍晨分，以五收，爲更差；又五收，爲籌差。乾元法同。儀天不立此法。

步晷漏

冬至後初夏至後次象：八十八日、小餘八千八百九十九半，約餘八千八百一十一分。

夏至後初冬至後次象：九十三日、小餘七千四百八十五半，約餘七千四百一十二分。

前限：一百八十八十一日、小餘六千二百八十五〔二〕，約餘六千二百二十二太。

辰法：八百四十一分三分之二。

刻法：一百一分。

辰：八刻三十三分三分之二。

昏明：二百五十二分半。

冬至後上限五十九日，下限一百二十三日、小餘六千二百八十五，約餘六千二百二十二太。

中晷：一丈二尺七寸一分半。

冬至後上差、夏至後下差：二千一百三十分。

昇法：一十五萬六千四百二十八分。

冬至後下差、夏至後上差：四千八百一十二分。

平法：一十七萬四千三分。

夏至後上限同冬至後下限，夏至後下限同冬至後上限。

中晷：一尺四寸七分、小分八十四。

儀天求每日陽城晷景常數：置入冬、夏二至後來日數及分，以所入象日數下盈縮分盈減縮加之，爲其日定積；又以減其象小餘，爲夜半定積及分；以隔位除一，用若夜半定積及分在二至上限以下者，爲入上限之數；以上者，以返減前限日及約餘，爲入下限日及分。若冬至後上限、夏至後下限，以十四乘之，所得，以減上下限差分，爲定差法；以所入上下限日數再乘之，所得，滿一百萬爲尺，不滿爲寸及分，以減冬至晷影，餘爲其日中晷景常數也〔三〕。若夏至後上限、冬至後下限，以三十五乘之，以上下差分爲定法；以入上下限日數再乘之，退一等，滿一百萬爲尺，不滿尺爲寸及分，用加夏至晷景，即得其日中晷景常數。

儀天求晷景每日損益差：以其日晷景與次日晷景相減，其日景長於次日晷影爲損，短於次日晷景爲益。

儀天求陽城中晷景定數：置五千分，以其日晷景定數損益差乘之，所得，以萬約之爲分，冬至後用減，夏至後用加；冬至一日有減無加，夏至一日有加無減。

儀天求晷漏損益度入前後限數，置入冬至後來日數，在前限以下者爲損；以上者，減去前限，餘爲入後限日數者爲益。若算立成，自冬至後一日，日加滿初象，即加象下約餘，爲一象之數。

儀天求每日晷漏損益數：置入前後限損益日數及分，如初象以下爲在上限；以上者，返減前限，餘爲下限；皆自相乘之，其分半以下乘，半以上收之；以一百通日，內其分，乃乘之；所得，在冬至後初象、夏至後次象，以昇法除之；若冬至後次象、夏至後初象，以平法除之；皆爲分，不滿，退除爲小分；所得，置於上位，又別置五百五分於下，以上減下，以下乘上；用在昇法者，以二千八百五十除之；用在平法者，以五千五百五十二除之；皆爲分，不滿，退除爲小分；所得，以加上位，爲其日損益數。

儀天求每日黃道去極度及赤道內外度分：若春分後，置損益差，以五十乘之，以一千五十二除之爲度，不滿，以一千四十二除之爲分，以加六十七度三千八百四十五。若秋分後，置損益差，以五十乘之，以一千六十除之爲度，不滿，以一千五十退除爲分，以減一百一十五度二千二百二十二分，即得黃道去極度。置去極度分，與九十一度三千八百四十五相減，餘者爲赤道內外度分。若黃道去極度分在九十一度三千八百四十五以下者爲內，若在以上者爲外度及分。

儀天求每日晷漏母：各以其日損益差，自春分初日以後加一千七百六十八，自秋分初日以後減二千七百七十七，各得其日晷漏母，又曰晨分。

儀天求每日昏分及距午分：置日元分，以其日晷漏母減之，餘者爲昏分；又以其日晷漏母減五千五十分，餘者爲其日距午分。

月離九道交會乾元謂之交會。儀天謂之步交會。

交總：七十一萬七千八百一、秒八十二〔三〕。

正交：三百六十三度、八千二百八十三、秒七。

半交：一百八十一度、九千一百四十二、秒五十三半。

少交：九十度、九千五百二十一、秒二十六太〔四〕。

平朔：一度、四千六百三十二。

平望：空、七千三百一十六。

朔差：二度、八千八百四十一。

望差：二度、一千五百二十五。

初準：一萬六千六百四十一。

中準：一萬八千一百九十一。

末準：一千五百五十。

乾元交會

交率：一萬六千、秒七千八百九十一。

交策：二十七、餘六百二十三、秒九千四百五十五。

朔準：二、九百三十六、秒五百四十五。

望準：十四、二千二百五十。

初限：三萬六千五百九十四。

中限：四萬二。

末限：三千四百八。

儀天步交會

交終分：二十七萬四千八百四十三、秒二千二百七十九。

交終日：二十七、餘二千一百四十三、秒二千二百七十九。

交中日：一十三、餘六千一百二十一、秒六千一百二十一〔一五〕。

交朔日：二、餘三千二百一十五、秒七千七百二十一〔二六〕。

交望日：一十四、餘七千七百二十九、秒五千〔二七〕。

前限日：一十二、餘四千五百一十三、秒七千二百七十九〔二八〕。

後限日：一、餘一千六百七、秒八千八百六十半〔二九〕。

交差：四十五。

交數：五百七十二。

秒母：一萬。

陰限：七千二百八十六。

交日：空、小餘六千一百四十六、秒三百七十三。

陽限：三千一百七十四。

月食既限：二千五百八十二。

月食分法：九百一十二半。

中盈度：乾元謂之求平交朔日。儀天謂之求天正朔入交。以通餘減元積，七十五展之，以四百六十七除爲分，滿交總去之，爲總數；不盡，半而進位，倍總數，百收爲分，用減之，餘以元法收爲度，不滿爲分，命曰中盈度及分。乾元置朔分，以交率去之，餘以五因之，滿元率收爲日，即得平交朔日及分；次朔、望，以朔、望準加之，即得所求。儀天置天正朔積分，以交終分去之，滿宗法爲日，即得所求。

求次朔望中盈：儀天謂之求次朔入交。各置天正經朔中盈度分，視十一月望，十二月朔、望中日，如二十九日五千三百七以下者，即加朔、望差度分秒，餘月即加平朔、望度分秒，即得所求。乾元法見上。儀天置天正朔入交汎日餘秒，如交朔及交望餘秒皆滿交終日及餘秒即去之，各得朔、望入交汎日及餘秒。

月離朔交初度分：乾元謂之求朔望交分。儀天謂之求入交常日。置其朔中盈度分，常與其朔常日度分合之，如正交以下者減半法，以上者倍而加之。加減訖爲定，用減天正加時黃道宿度分，餘命起天正之宿初算，即得所求。乾元置平交朔、望日及分，以元率通之，以日躔陰陽差陽加陰減，爲朔、望交分。儀天以其日入盈朔限昇平定數〔一〇〕，昇加平減入交汎日，即爲其朔、望入交常日也。儀天又有求朔、望入定交日，置其日入遲疾限昇平定數，以交差乘之，如交數而一，昇加平減入交常日，即爲入定交日。

月入陰陽曆：乾元謂之求朔望陰陽定分。儀天謂之求月行陰陽曆。以月離先後定數，先加後減朔、望中盈，用加朔、望常日月分，分即百除，度即百通。如中準以下者爲月出黃道外；以上者去之，餘爲月入黃道內。乾元以一百四十二乘陰陽差，一千八百二除，陽加陰減朔、望交分，爲度定分；中限以上爲陽，以下爲陰。儀天視入交定日及餘秒，在交中日以下爲陽，以上者去之，餘爲月入陰曆。

求食甚定餘：置朔定分，如半法以下者返減半法，餘爲午前分；前以上者〔一一〕減去半法，餘爲午後分；以乘三百，如半晝分而一，爲差；午後加之，午前半而減之。加減定朔分，爲食定餘；以差皆加午前、後分，爲距中分。其望定分，便爲食定餘〔三〕。乾元以半晝刻約刻法爲時差，乃視定朔小餘，在半法以下爲用減半法爲午前分；以上者去之，爲午後分；以時差乘，五因之，如刻法而一，午前減，午後加，又皆加午前、後分，爲距日分；刻法而一，爲距午刻分。月只以定朔小餘爲食定餘。儀天置月行去交黃赤道差，視月道差，如黃赤道交者，依其加減；不如黃赤道交者，返其加減；定朔、望小餘爲食甚餘，亦返其加減去交定分。其日食，則又以其日晝刻，其三百五十四爲時差，乃視食甚餘，如半法以下，返減半法，餘爲初率；半法以上者，半法去之，餘爲末率；滿一百一收之，爲初率；以減末率，倍之，以加食甚餘，爲食定餘；亦加減初、末率，爲距午退分；置之，皆如求發斂加時術入之，即日、月食甚辰刻及分也。

入食限：置黃道內、外分，如初準已上、末準已下爲入食限。望入食限則月食，朔入食限則日食。月在黃道內則日食，在外則不食，望則無問內、外皆食。末準已下爲交後分；初準以上者，返減中準，爲交前分。乾元置陰陽定分，在初限以上、末限以下，爲入食限，餘同應天。儀天置朔、望入交月行陰陽曆日及餘秒，如前限以上、後限以下者，爲入食限。望入食限則月食，朔入食限、月入陰曆則日食。如後限以下爲交後限，以上以減交中日及餘秒爲交前限，各得所求。

入盈縮曆：乾元、儀天不立此法。置朔定積，如一百八十二日、六千二百二十二以下爲入盈日分；以上者去之，餘爲入縮日分。

黃道差：乾元謂之求晷差。儀天謂之求黃道食差。置其朔入曆盈、縮日及分，如四十五日以上、一百三十七日以下，皆以一千五百乘，爲汎差；如四十五日以下，返減之，餘爲初限日，一百三十七日以上者減去之，餘爲末限日及分，以六十七乘，半之，用減汎差，以乘距午分，以元法收爲黃道定分；入盈，以定分午前內減外加、午後內加外減；入縮，以定分午前內加外減，午後內減外加。乾元置入氣日，以距冬至之氣，以十五乘之，以所入氣日通之，以一百八十二日以下爲入陽曆〔三〕，以上者去之，爲入陰曆。置入曆分，在四十五日以下，以三十七乘，五除，退一等，爲汎差；在四十五日以上、一百三十七日以下，只用三十三、秒三十爲汎差；一百三十七以上者去之，餘以三十七乘，五除，退一位，用減三十三、秒三十，爲汎差，皆以距午分乘爲晷差。儀天二至後日益差至立春、立秋，得一百一十三、小分六十二半，立夏、立冬後每日損，以宗法乘之；冬至、立冬後三氣用四十四萬二千三百八十四，夏至、立夏後各三氣用二十七萬九千八百五十八除，爲食差；以食甚距午正刻乘其日食差，爲定差；冬至後，甚在午正東，陰減陽加；甚在午正西，陰加陽減；夏至後即返此；立冬初日後，每氣益差二十、秒四十四，至冬至初日加六十二、秒三十二；自後每氣損差二十、秒四十四，終於大寒，甚在午正西，即每刻累益其差，陰曆加，陽曆減。

赤道差：乾元謂之求離差。儀天謂之求赤道食差。置入盈縮曆日及分，如九十一日以下，返減之，爲初限日；以上者，用減一百八十二日半，餘爲末限日及分；四因之，用減三百七十四，爲汎差；以乘距中分，如半晝分而一，用減汎差，爲赤道定分；盈初縮末內減外加、縮初盈末內加外減。乾元計春、秋二分後日加入氣日，以十五乘，在九十以下，以九十一乘，退爲汎差；九十一以上去之，餘以九十一乘，退一等，以減八百一十九，爲汎差；二分氣內置入氣日，以九十一乘，退爲汎差；以半晝刻而一，以乘距午分，用加減汎差，爲離差；食甚在出沒以前者，不用求離差，只用汎差，春分後陰加陽減，秋分後陰減陽加。儀天二分後益差至二至，積差皆二千八百二十六，自後累減至二分空；冬至後日損三十一、小分八十，夏至後日益三十、小分十五，又以宗法乘積差，各以盈縮初末限分除之，爲日差；乃以末限累增、初限累損，各爲每日食差；又以半晝刻數約其日食差，以乘食甚距午正刻，所得以減食差，餘爲定數。餘同乾元。

日食差：依黃、赤二差，同名相從，異名相消，爲食差。二曆法同。

距交分：乾元謂之去交分。儀天謂之去交定分。置交前後分，以黃、赤二差加減之，爲距交分。如月在內道不足減者，返減入外道，不食；如月在外道不足減，返減食差，爲返減入內道，即有食。乾元置陰陽曆去交前後分，以食差合加減者，依其加減，所得爲去交前後定分。月在陰曆，去交前後分不足減者，即返減食差，交前減之，餘者爲得陽曆交後得減之〔三四〕，餘者爲陽曆交前定分，並不入食限；月在陽曆，去交前後分不足減者，亦返減食差，交前減之，餘者爲陰曆交後定分，交後減之，餘者爲陰曆交前定分，並入食限。儀天應食差，同名相從，異名相消，餘同乾元法。

日食分：置距交分，如四百二十以下者類同陽曆分；以上者去之，爲陰曆分；又以食定餘減四分之三，午前倍之，午後半之。皆退一等，用減陰陽曆分，爲食定分；如不足減，即返減之，餘進一位，加陰曆分，爲食定分；陽以四十二除，爲食之大分；陰九百六十以下返減之，如九十六而一，爲食之大分，命十爲限。乾元置交前後分，以食差加減之，爲定交分〔三五〕；在九百二十以下爲陽，以上去之爲陰；在陽以九十四、在陰以二百一十三除爲大分，餘同應天。儀天置入限去交定分，減七百二十八，陽限以上爲陰曆食，以陽限去之，餘減陰限爲陰曆食分，以下者爲陽曆食分，亦減三百一十七，如限除之，皆進一位，各命十爲限，餘同應天。

月食分：置黃道內外前後分，如食限三百四十以下者，食既；以上者，返減末準，餘以一百二十一除爲月食之大分。其食五分以下，在子正前後八刻內，以二百四十二除爲食之大分，命十爲限。其前後分，以九百以上入或食或不食之限，乾元交定分在七百五十二以下，食既；以上，返減末限，以二百六十四除之爲大分。儀天陽減陰加前後定分九百一十二半，在既限以下、食既以上，以去交分減之，以月食法除之爲大分。

日月食虧初復末：乾元謂之求定用刻。儀天謂之求日月汎用分、求虧初復末。百通日月食之大小分，以一千三百三十七乘之，各如其日離分，爲定用分；加食定餘，爲復末定分；減之，爲虧初定分。其月食，以食限減定用分，用減食甚，爲虧初定分；如不足減者，卽以食限分如望定餘爲食定分，餘却依日食加減，各得月食虧初、復末定分也。乾元月以五百八十八，日以五百二十九、秒二十乘所食分，退一等，半之，爲定用刻。儀天日以五百四十五、秒四十，月以六百六，皆乘所食分，其小分以本母除，從之，爲泛用分；其食又視去交定分在一千七百二十六以下增半刻，八百五十六以下又增半刻，以一千三百五十乘，以辰定分除，爲定用刻；皆減定朔、望小餘爲虧初，加之爲復末。

日食起虧：儀天謂之求日食初起。視距交分如四百二十以上者，初起西北，甚於正北，復於東北；如以下者，初起西南，甚於正南，復於東南。凡食八分以上者，皆初起正西，復於正東。儀天、乾元日在陰曆，初起西北；在陽曆，初起西南，餘並同應天。

月食起虧：乾元謂之月食初定。儀天謂之月食初起。月在內道，初起東南，甚於正南，復於西南；月在外道，初起東北，甚於正北，復於西北。凡食八分以上者，初起正東，復於正西。乾元、儀天以內道爲陰曆，外道爲陽曆，餘皆同應天。而儀天又法云，此法據古經所載，以究天體，食在午中前後一辰之內，其餘方若要的驗，當視日月食時所在方位高下，審詳黃道斜正、月行所向，起虧、復滿皆可知也。

帶食出入：儀天謂之求帶食出入見食分數。視其日出入分，如在虧初定分以上、復末定分以下，卽帶食出入。食甚在出入分以下，以出入分減復末定分，爲帶食差；食甚在出入分以上者，以虧初定分減出入分，爲帶食差；以乘食定分，滿定用而一，日陽以四十二、陰以九十六、月一百二十一除之，爲帶食之大分，餘爲小分。乾元各以食甚餘與其日晨昏分相減，餘爲帶食差；其帶食差在定用刻以下者，卽帶食出入；以上者，卽不帶食出入也。以帶食差乘所食之分，滿定用刻而一，所得以減所食之分，卽帶食出入所見之分也。其朔日食甚在晝者，晨爲已食之分，昏爲所殘之分；若食甚在夜，昏爲已食之分，晨爲所殘之分。其月食，見此可以知之也。儀天以食甚餘減晨昏分，餘爲出入前分，不足者，返減食甚，餘爲出入後分，以乘所食之分，其食分以本母通之，從其小分，滿定用分除之，所得以本母約之，不滿者，半以上爲半強，半以下爲半弱，卽得滯食出入之分數也。其日月食甚在出入前者，爲所殘之分，在出入後者，爲已退之分。

更點：乾元、儀天謂之月食入定點。各置虧初、食甚、復末定分，如晨分以下者加晨分，昏分以上者減去昏分，皆以更分除爲更數，不盡，以點分除之爲點數。命初更，算外，卽得所求。乾元法同。儀天倍其日晨分，以五除之爲更分，又以五除之爲點分。乃視所求小餘，如晨分以下加晨分，昏分以上減去昏分，求更點並同應天。

日月食宿分：乾元謂之日月食宿。以天正冬至黃道日度加朔望常日月度，命起斗初，算外，卽日月食在宿分也。乾元以距日沒辰至食甚辰之數，約其日離差，用加昏度。儀天用加時定月度也。

校勘記

〔一〕乾元轉曆二十七一千六百三十秒六千二十　五因乾元轉分，得八萬一千、秒六千二十，再以乾元元率二千九百四十除之，得乾元轉曆二十七、小餘一千六百二十、秒六千二十。此處「一千六百三十」應作「一千六百二十」。

〔二〕乾元轉差一三千八百六十九秒三千九百八十　乾元朔策減乾元轉曆，得乾元轉差日一、二千八百七十九、秒三千九百八十。此處「三千八百六十九」應作「二千八百七十九」。

〔三〕度母一萬一百　應作「度母：一萬」，注「儀天一萬一百」。二除應天轉日，以一萬爲度母，得十三、七千七百七十三、秒三千一百五，和應天曆中日數相較，雖相差一分，但可知度母應是一萬而非一萬一百。又二除儀天曆周，得數和儀天曆中全同，可知儀天度母是一萬一百。

〔四〕卽得晨昏前後度及分　「後」字原脫，據本條推步內容補。

〔五〕各爲每日曆定度及分也　按本條儀天推步內容爲求每日入曆定度，疑「每日」下脫「入」字。

〔六〕乾元　按二十四氣所在去極度，乾元、儀天和應天同，此二字誤衍。

〔七〕儀天不置六成法　按本立成無儀天法，此處「六」爲「立」之誤。

〔八〕又以元法除合差　「元」字原脫。按以元法除合差爲日差，故補。

〔九〕後多者累益初率後少者累減初率　據文義，疑應作正文。

〔一〇〕百除爲刻分命如前　「命」字原脫。按此言求日出入時刻命取之法，「刻分」下應有「命」字，故補。

〔一一〕前限一百八十八十一日小餘六千二百八十五　據下文冬至後上限五十九日，下限一百二十三日、小餘六千二百八十五，此處「八十一日」應作「二日」。

〔一二〕餘爲其日中晷景常數也　「晷」字原脫。按本條爲求每日陽城晷景常數，「日中」下應有「晷」字，故補。

〔三〕交總七十一萬七千八百一秒八十二　以應天元法乘正交三百六十三度，加小餘八千二百八十三，得三百六十三萬九千九，以五除之，得七十二萬七千八百一，餘四分；再以四分化爲四百秒，加秒七，得四百七秒，以五除之，得秒八十一又十分之四秒。此處「七十一萬七千八百一」應作「七十二萬七千八百一」。

〔四〕少交九十度九千五百二十一秒二十六太　二除半交，得九十度、餘九千五百七十二、秒二十六太。此處「九千五百二十一」應作「九千五百七十二」。

〔五〕交中日一十三餘六千一百二十一秒六千一百二十一　二除交終日，得交中日一十三、餘六千一百二十一、秒六千一百三十九半，疑原秒數誤。

〔六〕交朔日二餘三千二百一十五秒七千七百二十一　以儀天會日減儀天交終日，得交朔日二、餘三千二百一十三、秒七千七百二十一，疑原小餘數誤。

〔七〕交望日一十四餘七千七百二十九秒五千　二除儀天會日，得交望日一十四、餘七千七百二十八、秒五千，疑原小餘數誤。

〔八〕前限日一十二餘四千五百一十三秒七千二百七十九　以交望日減交朔日，得前限日一十二、餘四千五百一十四、秒七千二百七十九，疑原小餘數誤。

〔一九〕後限日一餘一千六百七秒八千八百六十半　二除交朔日，得後限日一、餘一千六百六、秒八千八百六十半，疑原小餘數誤。

〔二〇〕儀天以其日入盈朔限昇平定數　按日有盈縮而無「盈朔」，疑「朔」爲「縮」之誤。

〔二一〕前以上者　「前」字在此無義，疑衍。

〔二二〕便爲食定餘　按本條爲求食甚定餘，疑「食」下脫「甚」字。

〔二三〕以一百八十二日以下爲入陽曆　「入」字原脫。按本條爲求入盈縮曆，「爲」下應有「入」字，故補。

〔二四〕餘者爲得陽曆交後得減之　據本條推步內容，疑「得陽曆交後得」六字應作「陽曆交後定分，交後」。

〔二五〕定交分　據上下文，疑「定交」二字應倒。

宋史卷七十

志第二十三

律曆三

應天　乾元　儀天曆

步五星

歲星總：七十九萬七千九百三十一、秒五。乾元率二十三萬四千五百三十五、秒五千七百二十五。儀天木星周率四百二萬八千五百八十七、秒七千五百六十。

平合：三百九十八日、八千八百五十七、秒二十八〔一〕。乾元餘二千五百五十五、秒八千六百二十五〔二〕，約分八十七。儀天餘八千七百八十七、秒七千五百六十。二曆平合皆謂之周日，數同應天。

變差：空，秒一十六。乾元差二十八、秒九千四百二十三半，秒母一萬。儀天歲差九十八、秒九千五百，上限二百五度，下限一百六十度，二十五分，秒六十三。

熒惑總：一百五十六萬一百五十二、秒三。乾元率四十五萬八千五百九十二、秒九千一百八十三、十四。儀天火星周率七百八十七萬七千一百九十一、秒一千一百。

平合：七百七十九日、九千二百二、秒一十八。乾元餘二千七百四、秒五千九百一十七，約分九十二。儀天餘九千二百九十一、秒一千一百。二曆平合皆謂之周日，數同應天。

變差：三、秒空。乾元差二十九、秒一千一百三十五。儀天歲差九十八、餘三千八百，上限一百九十六度八十，下限一百六十八度四十五、秒六十三。

鎮星總：七十五萬六千三百一十一、秒八十五。乾元率二十二萬二千三百一十一、秒二千一百六十四，二十。儀天土星周率三百八十一萬八千六百八、秒三千五百。

平合：三百七十八日、八百六、秒五十一。乾元餘二百三十六、秒八百三十一，約分八。儀天餘八百八、秒三千五百。二曆平合皆謂之周日，數同應天。

變差：五、秒七十九。乾元差二十八、秒九千五百三。儀天歲差一百、秒一千一百，上限一百八十二度、六十三分、秒八十一，下限同上限。

太白總：一百一十六萬八千三十二、秒四十二。乾元率三十四萬三千三百三十九、秒一千五百四十七。儀天金星周率五百八十九萬七千四百八十九、秒五千四百。

平合：五百八十三日、八千九百九十六、秒一十。乾元餘二千六百七十六、秒一千七百三十五，約分九十一。儀天餘九千一百八十九、秒五千四百。二曆平合皆謂之周日，數同應天。

再合：二百九十一日、九千四百九十九、秒五。乾元、儀天不立此法。

變差：二、秒三十六。乾元差二十九、秒一千七百九十八。儀天歲差一百二十、餘八千三百九，上限一百九十七度一十六，下限一百六十八度、秒六十三。

辰星總：二十三萬一千八百六、秒四十二、八十。乾元率八萬八千一百三十七、秒四千四百一十，八十。儀天水星周率一百一十七萬三百八十七、秒二千八百。

平合：一百一十五日、八千八百二、秒三十。乾元餘二千五百八十七、秒二千九十四，約分八十八。儀天餘八千八百八十七、秒二千八百。二曆平合皆謂之周日，數同應天。

再合：五十七日、九千四百二、秒一十五。乾元、儀天不立此法。

變差：三、秒七十八。乾元差二十九、秒一千一百三十八。儀天歲差九十八、秒三十，上限一百八十三度、六十二分，下限一百八十二度、六十二分、秒六十三。

求五星天正冬至後加時平合日度分秒：乾元謂之五星平合變日。儀天謂之常合中日中度。各以星總除元積爲總數，不盡者，返減星總，餘，半而進位；又置總數，木、火三之，土如其數，皆百而從之，以元法收之，爲天正冬至後平合日度及分。乾元置歲積分，各以星率去之，不盡，用減星率，餘以五因之，滿元率收爲日，不滿，退除爲分。儀天各以其星周率去歲積分，不滿者，返減其周率，餘以宗法收爲日，不盡，退除爲分。

求平合入曆分：乾元謂之入曆。儀天謂之推五星常合入曆度分。各以其星變差展所求積年，滿三百六十五萬三千二百九十三、秒一十九去之，不盡，以元法收爲度，不滿爲分，以減平合日，爲入曆度分。乾元以積年乘星差，以周天策去之，不盡，以元率收爲度，不滿，退除爲分，用減平合變日，爲入曆分。儀天各置其星歲差，以積年乘之，滿三百六十八萬九千八百八、秒九千九百去之，不盡，以宗法收爲度，不滿，退收爲分。

求入陰陽變分：在陽末變分以下爲入陽曆；以上去之，餘爲入陰曆。置入陰陽曆分，以陰、陽變數去之，不盡，爲入陰、陽數及變分。

乾元歲星前限二萬五百五，中限一萬二百四十八，後限一萬六千二十；熒惑前限一萬九千六百八十二，中限六千五百六十四，後限一萬六千八百四十四；鎭星前限一萬八千二百六十二，中限九千一百二十六，後限同前限，前、後、中皆半周天；太白前限一萬九千七百一十六，中限九千八百五十八，後限一萬六千八百九；辰星前、中、後與鎭星同。又歲星前法一千七百八，後法一千三百三十四，熒惑前法一千六百四十一，後法一千四百三；鎭星、辰星、前後法皆一千五百二十二；太白前法一千六百四十三，後法一千四百二。儀天各置常合入曆度分，如在上限末數已下者爲增數；以上者，減去上限末數下度分，餘爲入下限減數。又，各置所入上、下限度分，以上、下限度分相近者減之，餘爲入次限、下限度及分。

歲星	陽變分	損益率	陽積	陰變分	損益率	陰積
初	一千七百九	損八十九	陽六	一千三百三十五	損九十三	陰一
二	一千四百一十七	損八十九	陽一百八十八	二千六百七十	損八十七	陰九十三
三	五千一百二十六	損九十二	陽三百七十六	四千六	損八十五	陰一百六十七
四	六千八百三十四	損九十一	陽五百一十三	五千三百四十一	損八十八	陰四百六十七
五	八千五百四十三	損九十六	陽六百六十七	六千六百七十六	損九十四	陰六百二十七
六	一萬二百五十二	損九十八	陽七百三十五	八千一十一	損九十四	陰七百七
七	一萬一千九百六十	益九十八	陽七百六十九	九千三百四十六	損九十九	陰七百五十四
八	一萬三千六百六十九	益九十一	陽七百三十五	一萬六百八十二	損九十九	陰七百六十七
九	一萬五千三百七十七	益九十五	陽五百八十一	一萬二千一十七	益八十九	陰七百八十
十	一萬七千八十六	益八十九	陽四百九十六	一萬三千三百五十三	益八十	陰七百六十七
十一	一萬八千七百九十四	益九十	陽三百八	一萬四千六百八十七	益八十一	陰五百

末	二萬五百三	益九十二	陽一百三十七	一萬六千二十二	益八十二	陰二百四十六
熒惑	陽變分	損益率	陽積	陰變分	損益率	陰積
初變度	一千五百二十二	損二十一	陽一	一千五百二十一	損七十三	陰二
二	三千四十四	損四十七	陽一千二百二	三千四十四	損七十二	陰四百四十四
三	四千五百六十六	損六十九	陽二千	四千五百六十六	損七十二	陰八百一十七
四	六千八十七	損八十五	陽二千四百七十七	六千八十七	損六十九	陰一千二百四十七
五	七千六百九	益九十八	陽二千六百九十九	七千六百九	損七十四	陰一千七百一十四
六	九千一百三十一	益八十八	陽二千六百六十八	九千一百三十一	損七十九	陰二千一百一十五
七	一萬六百五十三	益八十	陽二千四百八十六	一萬六百五十三	損八十六	陰二千四百三十九
八	一萬二千一百七十五	益七十四	陽二千二百八十	一萬二千一百七十五	損九十七	陰二千六百四十七
九	一萬三千六百九十七	益七十二	陽一千七百九十	一萬三千六百九十七	益八十九	陰二千七百
十	一萬五千二百一十九	益七十	陽一千五百六十	一萬五千二百一十九	益七十三	陰二千五百三十一

十一	一萬六千七百四十	益七十一	陽九百二	一萬六千七百四十	益五十一	陰二千一百六
末	一萬八千二百六十三	益六十九	陽四百六十五	一萬八千二百六十三	益十	陰一千三百六十一

鎮星	陽變分	損益率	陽積	陰變分	損益率	陰積
初	一千五百二十二	損八十四	陽空	一千五百二十五	損八十六	陰一
二	三千四十四	損八十五	陽二百八十九	三千四十四	損八十七	陰二百一十三
三	四千五百六十六	損八十九	陽五百一十七	四千五百六十六	損九十	陰四百一十一
四	六千八十七	損九十三	陽六百八十四	六千八十七	損九十一	陰五百六十三
五	七千六百九	損九十七	陽七百九十一	七千六百九	損九十四	陰七百
六	九千一百三十一	損九十九	陽八百三十七	九千一百三十一	損九十七	陰七百九十一
七	一萬六百五十三	益九十七	陽八百五十二	一萬六百五十三	損九十九	陰八百三十七
八	一萬二千一百七十五	益九十四	陽八百六	一萬二千一百七十七	益九十七	陰八百五十二
九	一萬三千六百九十七	益九十二	陽七百一十五	一萬三千六百九十七	益九十四	陰八百六

十	一萬五千二百一十九	益九十	陽五百九十三	一萬五千二百一十九	益九十	陰七百一十五
十一	一萬六千七百四十	益八十八	陽四百四十一	一萬六千七百四十	益八十五	陰五百六十三
末	一萬八千二百六十三	益八十三	陽二百五十	一萬八千六百二十三	益七十八	陰三百三十五

太白	陽變分	損益率	陽積	陰變分	損益率	陰積
初	一千六百四十四	損九十一	陽空	一千四百	損九十五	陰二
二	三千二百八十七	損九十三	陽一百八十一	二千八百	損九十二	陰七十
三	四千九百三十一	損九十五	陽三百二十九	四千二百	損九十三	陰一百八十三
四	六千五百七十四	損九十七	陽四百四十四	五千六百一	損九十三	陰二百八十
五	八千二百一十八	損九十八	陽五百二十六	七千一	損九十三	陰三百七十八
六	九千八百六十一	損九十八	陽五百七十五	八千四百一	損九十五	陰四百七十六
七	一萬一千五百五	益九十八	陽六百八	九千八百一	損九十七	陰五百四十六
八	一萬三千一百四十八	益九十七	陽五百七十五	一萬一千二百一	損九十九	陰五百八十八

九	一萬四千七百九十二	益九十五	陽五百二十六	一萬二千六百二	益九十七	陰六百二
十	一萬六千四百三十五	益九十三	陽四百四十四	一萬四千二	益九十二	陰五百六十
十一	一萬八千七十九	益九十一	陽三百二十九	一萬五千四百二	益八十七	陰四百四十八
末	一萬九千七百廿二	益八十九	陽一百八十三	一萬六千八百三	益八十一	陰二百六十六

辰星	陰陽變分	損益率	陰陽積
初	一千五百二十二	損九十四	空
二	三千四十四	損九十五	九十一
三	四千五百六十六	損九十六	一百六十八
四	六千八十七	損九十七	二百二十五
五	七千六百九	損九十八	二百七十一
六	九千一百三十一	損九十九	三百
七	一萬六百五十三	益九十九	三百一十四

八	一萬二千一百七十五	益九十八	三百
九	一萬三千六百九十七	益九十七	二百七十一
十	一萬五千二百一十九	益九十六	二百二十五
十一	一萬六千七百四十	益九十五	一百六十八
末	一萬八千三百六十三	益九十四	九十二

乾元五星

		前限初	一	二	三
歲星	差分	九空	九半	十一半	十二少
	差度	一少	一度八十八	三度六十八	五度一十九
熒惑	差分	空	二	三半	八
	差度	十五少	十二度十五	二十度二十二	二十四度九十一
鎭星	差分	空	十一太	九	七
	差度	九	一度二	二度二十八	四度二
太白	差分	空	十一	十四	十九太
	差度		一度八十	三度五十一	四度四十八

四	二十四半	六度五十八	四十九太	二十七度三	十二半	六度一十九	三十二太	五度三十一
五	三十八	七度二十八	八少	二十六度六十四	四十三少	七度三十八	九十六半	五度八十一
末限初	三十八	七度七十三	五	二十四度七十二	六十太	七度七十三	九十六半	六度二
一	十二	七度二十九	四	二十一度四十五	十二半	七度三十七	三十二太	五度七十九
二	二十	五度八十三	三太	十七度四十	七	六度一十八	十九太	五度三十
三	八半	五度二	三半	十三度一	九	四度二	十四	四度四十七
四	十太	三度二	三半	八度四十	十一太	二度三十一	十一	三度三十
五	十二少	一度三十八	四	三度九十八	十五少	一度三	九	一度七十九十
後初	十四太	限度空	三半	初空	五	空	二十一半	空
一	七太	空八十八	三少	三度九十八	四太	三度	十一太	一度
二	八少	二度五十九	三	八度四十	七半	五度二十四	十三太	一度八十一
三	八少	四度六十八	三	十三度一	三十半	七度二十三	十四	二度八十三

四	十六半	六度二十九	三半	十七度四十	末四十三半	七度七十三	十五半	三度八十六
五	三十三半	七度八	四少	二十一度四十五	七十六	七度三十九	十九半	四度七十三
六	八十九	七度八十四	六半	二十四度七十一	一百一半	七度十七	三十一少	五度四十
七	一百三十三半	七度六十三	八十七半	二十六度六十四	三百四	七度三	九十三少	五度八十七
末限初	一百三十三半	七度七十二	七	二十七度三	九半	七度一	末初九十三半	六度三
一	五	七度六十六	三	二十四度九十	九	五度三十七	十三少	五度五十一
二	五少	五度三	一太	二十度二十三	八半	三度六十八	七太	四度半
三	五半	二度三十八	一少	十二度十五	八	一度八十八	五	二度七十

辰星陰、陽差分并陰、陽差度並同初、末。

前限後初限同	差分	差度	末限後末限同	差分	差度
初	一十六半	空	初	一百六十九	三度二
一	二十少	九十八九十	一	六十太	二度八十九

二	二十六半	一度六十五	二	三十七	二度六十一
三	三十七	二度六十一	三	二十六半	二度二十五
四	六十太	二度八十九	四	二十少	一度六十三
五	一百六十九	二度	五	十六半	空度九十

儀天五星

木星限數	上限度分	損益率	增定度	下限度分	損益率	減定度
一	十七度八少	益一百一十一	空	十三度三十五半	益六十八	空
二	三十四度十六半	益一百六	一度八十九半	二十六度七十一	益一百二十七	空九十一
三	五十一度二十五	益八十八	三度十七半	四十度六少	益一百三十八	二度六十
四	六十八度三十三少	益八十二	五度二十半	五十三度四十一太	益一百二十	四度十二
五	八十五度四十一半	益四十一	六度六十半	六十六度七十七半	益六十	六度三十一
六	一百二度半	益二十六	七度三十半	八十度十二太	益三十	七度一十一

七	一百十九度五十八少	損二十六	七度太	九十三度四十一八半	益二十一	七度五十一
八	一百三十六度六十六半	損八十四	七度三十半	一百六度八十三半	益七	七度六十五半
九	一百五十三度太	損五十	五度八十七	一百二十度十九	損七	七度一十四半
十	一百七十度八十三少	損一百二十八	五度一半	一百三十三度五十四半	損一百九十九	七度六十五
十一	一百八十七度九十半	損八十一	一度三十八	一百四十六度九十	損一百九十五	四度九十九半
末	二百五度	損八十一	一度三十八	一百六十度三十五分六十三	損一百七十九	二度五十九

火星	上限度分	損益率	增定度	下限度分	損益率	減定度
一	一十六度四十	益七百四十一	空	十四度四	益二百八十三	空
二	三十二度八十	益四百九十五	十二度一十七	二十八度七十	益三百十五	三度九十三
三	四十九度二十	益二百八十七	二十一度二十七	四十二度十一少	益三百二十七	八度三十九
四	六十五度六十	益一百二十二	二十四度九十八	五十六度十五	益三百一十六	十二度九十八、
五	八十二度	損二十一	二十六度九十八	七十度十八太	益二百八十七	十七度四十二

六	九十八度四十	損一百十九	二十六度六十四	八十四度二十一半	益二百三十二	二十一度四十五
七	一百十四度八十	損一百九十六	二十四度六十九	九十八度二十六少	益一百四十五	二十四度七十一
八	一百三十一度二十	損二百四十八	二十一度四十八	一百一十一度十三	益十九	二十六度七十五
九	一百四十七度六十	損二百六十八	一十七度四十一	一百二十六度三十四	損一百四十六	二十七度二
十	一百六十四度	損二百八十一	一十三度二	一百四十度三十七太	損三百三十七	二十四度九十七
十一	一百八十度四十	損二百七十一	八度四十七	一百五十四度四十一半	損五百七十八	二十度二十四
末	一百九十六度八十	損二百四十二	三度九十七	一百六十八度四十五秒六十三	損八百六十四	一十二度一十三
土星	上限度分下限同	損益率	增定度		損益率	減定度
一	十五度二十二	益六十七	增空		益一百九十八	減空
二	三十度二十二太	益八十五	一度二		益一百四十八	三度一
三	四十五度六十五太	益一百一十一	二度三十一		益一百三十	五度二十六
四	六十度八十七半	益一百四十四	四度		益三十三	七度二十四

五	七十六度九十	益七十九	六度十九	損二十三	七度七十四
六	九十一度三十一半	益二十三	七度三十九	損十三	七度三十九
七	一百六度五十三少	損二十三	七度七十四	損十	七度十九
八	一百二十一度十五五少	損七十九	七度三十九	損四	七度四
九	一百三十六度九十七	損一百四十四	六度十九	損一百五	六度九十八
十	一百五十二度一十九	損一百一十一	四度	損一百一十一	五度三十八
十一	一百六十七度四十一	損八十五	二度三十一	損一百一十八	三度六十九
末	一百八十二度六十二分八十一	損六十七	一度二	損一百二十五	一度

金星	上限度	損益率	增定度	下限度	損益率	減定度
一	十六度四十三	益一百五十一	增空	十四度一	益一百四十	減空
二	三十二度八十六	益一百三十二	二度四十八	二十八度一	益一百三十	二度三十八
三	四十九度二十九	益五十	四度六十五	四十二度二	益八十	四度二十

四	六十五度七十二	益十九	五度四十七	五十六度三	益三十	五度三十一
五	八十二度十五	益九	五度七十八	七十度四	益十六	五度七十四
六	九十八度五十八	益五	五度九十三	八十四度五	益五	五度九十四
七	一百一十五度一	損五	六度一	九十八度五	損五	六度一
八	一百三十一度四十四	損九	五度九十三	一百十二度六	損十六	五度九十四
九	一百四十七度八十七	損十九	五度九十八	一百二十六度七	損三十	五度七十四
十	一百六十四度三十	損五十	五度四十七	一百四十度八	損八十	五度三十二
十一	一百八十度七十三	損一百三十二	四度六十五	一百五十四度九	損一百三十	四度二十
末	一百九十七度十太	損一百五十一	二度四十八	一百六十八度三九秒六十	損一百七十	二度三十八

水星	上下限	損益率	增減度
一	十五度二十一	益六十	增減空
二	三十度四十四	益五十	九十一

三	四十五度六十六	益三十八	一度六十七
四	六十度八十八	益二十七	二度二十五
五	七十六度十一	益十六	二度六十六
六	九十一度三十一	益六	二度九十
七	一百六度五十四	損六	二度九十九
八	一百二十一度七十六	損十六	二度九十
九	一百三十六度九十八	損二十七	二度六十六
十	一百五十二度二十	損三十八	二度二十五
十一	一百六十七度四十二	損五十	一度六十七
末	一百八十二度六十三	損六十	九十一

入陰陽定分：乾元謂之入諸曆變分。儀天謂之求五星常合入增減定數。以入變分各減初變分，餘却以其變下損益率展之，百而一爲分；損益次變下陰、陽積，爲定分。乾元置平合入曆分，以其星入段前、後限分加減之，如不足，加周天以減之，餘却依入曆分入初末限；各置其段入曆分，前限以下爲在前，以上者去之，爲

後限分；在中限以下爲初限，以上去之，爲末限分；置初、末，以前、後限星分除之爲限數，不滿，爲初末限日；各以其限差分約之，爲差；初限以加、末限以減，用加減前、後限度，爲定度。儀天各置常合所入限下度數及分，以其限下損益率乘之，退一等，以百約之爲度，不滿爲分，以損益其限下增、減積度及分。若求諸變增、減定度者，置其變入上下限，準此求之。

定合積日：乾元謂之求定日。儀天謂之求五星定合積日。百除陰、陽定分，爲日；陽加陰減平合日，爲定積日及分。乾元置變日，以前、後限度前加後減，爲定日。儀天各置其星常合中日及餘，以入曆增減度增者增之、減者減之，金、水返而加減之；以日躔定差先減後加之，金、水則先加後減，即得定合積日及分。又儀天求入盈縮初末限，皆以半周天爲準。

入氣盈縮度分：乾元謂之入氣。儀天謂之求入盈縮初末限。置定積，以常數去之，不盡者，爲入氣日分；置入氣日分，如求朔望盈縮術入之，即得入氣盈縮度分。乾元置定日，以氣策去之爲氣數，不盡，爲入氣日；命以冬至，算外，即得入氣日及分。儀天各置定合積日，在半周天以下者去之，餘爲在縮，乃視在盈縮初限日及約餘以下者，便爲在盈縮初限；以上者，減去盈縮初限日約餘，爲在盈縮末限日及餘。

定合日辰：乾元謂之日辰。儀天同應天。以其大、小餘加入氣日，命從甲子，算外，即得所求。乾元、儀天以冬至大、小餘加定日，各滿紀法去之，餘並同應天。乾元冬至小餘以元率退收，百爲母；又有日躔陰陽度，置其氣陰陽分，如求朔日度分術入之，即得所求。

求入月日數〔三〕：儀天謂之求定合在何月日。置定合日辰大餘，以定朔大餘減之，餘命算外，即得所求。二曆法同。

定合定星：乾元同。儀天謂之求日躔先後定數、求五星定合定度及分。各以其星入氣盈縮度分盈加縮減之，又以百除陰、陽定分，爲度分；陽加陰減，皆加減平合，爲定星；用加天正黃道日度，滿宿去之，不滿宿，即得所求。乾元各置其星平合中星，以日躔陰陽度陰減陽加之；又以其星入曆限度前加後減之，即爲其星定合定星。餘同應天。儀天置所入限日下小餘，以其日盈縮率乘，以宗法除爲分，以盈縮其日下先後定分，爲日躔先後定度及分；又各置其星常合中度及分，以入限增定度及分增減之。金、水二星增者減，減者增；又以日躔先後定度及分，木、火、土即先減後加，金、水先加後減其日躔差，木星二因，退位，火星除二，土星退位，從下加三；金、水倍，用即得定度及分。餘同應天。

歲星入段亦名入變

段名	平日乾元謂之變日 儀天謂之常日	平度乾元謂之變度 儀天謂之常度	陰陽曆分乾元謂之前後限分 儀天謂之上下限
晨見	十七半 二曆同	三半 二曆同	三百五十二 乾元三度五十四，用陰陽度，用盈縮度。儀天二度半，用躔差。

前疾	九十八 乾元八十一半 儀天八十一	十八半 乾元儀天並十五	一千八百五十一 乾元十四度九十八 儀天十五度
前遲	一百三十一半 乾元儀天並三十三半	二十二半 乾元儀天各四度	二千二百四十九 乾元三度九十八 儀天三度
前留	一百五十八 乾元二十六半 儀天二十七	空 乾元儀天同	空 乾元儀天同
前退	一百九十九半 乾元四十一半 儀天四十一	十六太 乾元儀天各五度太減	二千二百 乾元空四十九減 儀天一度半
後退	二百四十 乾元儀天各四十半	十一 乾元儀天五度太減	二千二百五十五 乾元空五十五 儀天一度四十六
後留	二百六十七半 乾元儀天各二十七	空 乾元儀天同	空 乾元儀天同

後遲	三百一 乾元三十三半 儀天二十三半	十四半 乾元儀天各三度半	一千四百五十 乾元八度五分減 儀天二度六十三
後疾	三百八十一 乾元八十三半 儀天八十半	三十二半 乾元十五度六十二半 儀天十五度六十三	三千一十二 乾元十五度六十，用陰陽，不用盈縮。 儀天十一，用躔差。
夕合	三百九十八八十九 乾元十七　三十七半 儀天十七　三十七分　秒一	三十三六十四 乾元三度五十半 儀天二度四十九　小分五十六	三千六百六十四 乾元三度五十一半，用陰陽度。 儀天二度五十二、小分五十八，用躔差

熒惑入段

段名	平日 乾元謂之變日 儀天謂之常日	平度 乾元謂之變度 儀天謂之常度	陽曆分 乾元謂之前限分 儀天謂之上限分〔四〕	陰曆分 乾元謂之後限度 儀天謂之下限度〔五〕
晨見	七十二 乾元儀天並同	五十五 乾元儀天並同	五千五百 乾元五千五百八 儀天五十五度六	四千一百三 乾元四千一百五，用盈縮度。 儀天四十一，用躔差。
前疾	一百八十 乾元一百十三 儀天一百十二	一百三十 乾元七十七半 儀天七十六度二十一	一萬二千二百五十 乾元六千七百四十九 儀天六十七度半	一萬二千二百五十 乾元八千一百四十九 儀天八十一半

前次	二百八十六 乾元儀天各一百二	六百九十太 乾元六十 儀天六十半	一萬七千一百 乾元四千八百四十九 儀天四十八半	一萬七千一百 乾元四千八百五十 儀天四十八半
前遲	三百五十 乾元六十四 儀天六十四半	二百一十六太 乾元二十四 儀天二十三	二萬四千五十 乾元三千三百五十 儀天三十三半	二萬五百 乾元三千四百 儀天三十三度九十六
前留	三百五十九 乾元儀天各九	空	空	空 二曆同
前退	三百八十九九十六 乾元儀天並三十四 十六	二百七十三 乾元儀天各減九度少	二萬七百三十二 乾元二百八十二 儀天二度十二	二萬七百三十二 乾元二百三十 儀天二百三十二
後退	四百二十九十六 乾元三十四 十六 儀天二十四 十五	一百九十七九十一 乾元儀天各減九度半	二萬一千一百 乾元三百六十 儀天三度五十九	一萬一千二百一十六 乾元四百八十三 儀天四度八十三
後留	四百二十九九十二 乾元儀天各九	空	空	空 二曆同

後遲	四百九十四九十二 乾元六十五 儀天六十四半	二百十九九十 乾元二十三 儀天二十三	二萬三千七百九十一 乾元二千六百九十一 儀天二十六　九十二	二萬四千三百六十六 乾元三千一百五十 儀天三十一度四十九
後次	五百九十七九十二 乾元一百三 儀天一百二	三百八十四六十四 乾元儀天各六十四半	一萬八千九百六十六 乾元五千一百七十五 儀天五十一　七十六	二萬八千九百六十六 乾元四千六百 儀天四十六
後疾	七百七九十二 乾元一百一十 儀天一百一十二	三百五十九六十六 乾元七十五　十六半 儀天七十六　二十一	三萬六千一百六十六 乾元七千二百二 儀天七十二度一	三萬六千一百六十六 乾元七千二百三，用盈縮度。 儀天七十二度，用躔差。
夕合	七百七十九九十二 乾元七十二 儀天七十二　小分九十六	四百一十四六十六 乾元五十五　二十六 儀天五十五　小分五十一	四千九百四十一 乾元三萬一千五百二十五減 儀天五十三　小分六十八	四千九百四十一 乾元三萬一千二百二十五 儀天五十三、小分六十八，用躔差。

鎮星入段

段名	平日	平度	陽分	陰分
晨見	十九 二曆同	三十 乾元二度十九 儀天二度五分半	一百二十 乾元一度十九 儀天一度一十	一百二十五 乾元一度三十七，用陰陽度，用盈縮度。 儀天一度十六，用躔差。

前疾	八十四 乾元儀天各六十五半	八六十二 乾元儀天各六度五十六	四百五十 乾元三度六十八 儀天三度六十五	四百八十八 乾元三度六十五 儀天二度六十八
前遲	一百三 乾元儀天各十九	九半 乾元空八十七 儀天空八十八	五百三十九 乾元空五十七 儀天空五十八	五百四十 乾元空五十四 儀天空五十五
前留	一百四十 乾元儀天各三十七	空	空	空 二曆同
前退	一百八十九四 乾元四十九 四分半 儀天四十九 四分半	六四十一 乾元三度八分減 儀天減三度七分	六百四十二 乾元一百七 儀天一度十四	六百四十 乾元一百 儀天二度六分
後退	二百三十八八 乾元儀天各四十九 四分	三三十四 乾元減三度八分 儀天減三度七分	七百四十五 乾元一百七 儀天一度十四	七百五十 乾元一百八 儀天一度十五
後留	二百七十五八 乾元儀天各三十七	空	空	空 二曆並同

後遲	二百九十四八 乾元儀天各十九	四二十一 乾元空八十七 儀天空八十八	七百九十四 乾元空四十七 儀天空四十八	七百八十 乾元空三十二 儀天空二十三
後疾	三百五十九八 乾元儀天各六十四半	十七十四 乾元儀天各六度五十六	一千一百六十四 乾元三度六十八 儀天三度六十五	一千一百五十 乾元三百七十四，用陰陽度，用盈縮度。儀天三度太，用躔差。
夕合	三百七十八八 乾元儀天各十九	十二八十四 乾元二度七分 儀天一度四分 小分五	一千二百八十四 乾元一度十九 儀天一度十分 五十九	一千二百四十八 乾元一百二十五，用陰陽度。儀天一度十四分 五十分，用躔差。

太白入段

段名	平日乾元謂之變日 儀天謂之常日	平度乾元謂之變度 儀天謂之常度	陰陽曆分
夕見	四十二 二曆同	五十三 乾元五十三 一分 儀天五十三 二分	五千三百一十 乾元五千三百一十，用盈縮度。儀天四十六，用躔差。

夕疾	一百四十五 乾元一百二 儀天一百三	一百八十半 乾元一百二十七半 儀天一百二十七　四十八	一萬八千五百五十一 乾元一萬二千七百四十，用盈縮度。儀天一百一十三。
夕次	二百一十九 乾元儀天各七十四	二百六十五 乾元儀天各八十四半	二萬六千五百二 乾元八千四百五十，用盈縮度。儀天七十八。
夕遲	二百六十九 乾元儀天各四十九	三百二十半 乾元三十七半 儀天三十七	二萬一百五十 乾元三千七百一十 儀天四十六　九十六
夕留	二百七十五 乾元儀天各七	空	空
夕退	二百八十五 乾元儀天各〔六〕	二百九十六 乾元六度半 儀天減六度	二萬九千六百二 乾元減五百八十八，用盈縮度。儀天四，用躔差。
再合	乾元謂之夕合 儀天無此法〔七〕		

	二百九十六九十五 乾元六　九十五半	二百九十一九十五 乾元四度五分減	二萬九千一百九十四 乾元減四百七分，用盈縮度。 儀天六十，用躔差。
晨見	二百九十八十九 乾元六　九十五半 儀天十三　九十一	二百八十七九十 乾元四度五分減 儀天減八度一十	二萬八千七百九十一 乾元減四百七，用盈縮度。 儀天六十，用躔差。
晨退	三百八十九十 乾元儀天各十	二百八十一 乾元儀天各六度半	二萬八千一百九十一 乾元減六百 儀天四
晨留	三百一十五九十 乾元儀天各七	空	空 二曆並同
晨遲	三百六十四九十 乾元儀天各四十九	三百一十八九十 乾元儀天各三十七	三萬一千八百九十一 乾元三千七百 儀天四十七　九十八
晨疾	四百三十八九十 乾元七十五 儀天七十四	四百三十四 乾元儀天各八十四半	三千八百一十五 乾元減二萬八千六　十六 儀天七十八

晨疾	五百四十一九十 乾元儀天各一百三	五百三十九十 乾元一百二十七半 儀天一百二十七　四十八	一萬六千五百六十五 乾元一萬二千七百四十三，用盈縮度。 儀天一百一十三，用躔差。
晨合	五百八十三九十 乾元儀天各四十二	五百八十三九十 乾元五十三　一分 儀天五十三　三分	二萬一千八百六十五 乾元五千三百一，用盈縮度。 儀天四十五、九千五百，用躔差。

辰星入段

段名	平日乾元變度 儀天常度	陰陽曆分〔八〕乾元前後限分 儀天上下限	陰陽曆分乾元前後限分 儀天上下限
夕見	十七 二曆同	三十四 二曆同	三千四百一 乾元三千四百一，不用盈度〔九〕。 儀天二十七、九十四，用躔差。
夕疾	二十九 乾元十七 儀天二十七	五十一 乾元二十二 儀天三十二	五千一百三 乾元二千二百三，用躔差，用盈縮度。 儀天二十九。
夕遲	四十四 乾元十 儀天無此法	六十四 乾元八	六千三百九十八 乾元八百，用躔差，用盈縮度。

夕留	四十七 乾元儀天各三	空	空 二曆並同
再合	五十七九十四 乾元十一　謂之夕合〔10〕	五十七九十四 乾元減六度	五千七百九十四 乾元減六百二，用躔差，用盈縮度。
晨見	六十八八十八 乾元十一 儀天一十二	五十一八十八 乾元減六度 儀天減十二度	五千一百八十八 乾元減六百四，用躔差，不用盈縮度。 儀天二，用躔差。
晨留	七十一八十八 乾元儀天各三	空 二曆並同	空
晨遲	八十六八十八 乾元十 儀天無此法	六十四八十八 乾元加八	六千四百八十八 乾元八百一，用躔差，不用盈縮度。
晨疾	九十八八十八 乾元十七 儀天二十七	八十一八十八 乾元二十三 儀天三十	八千一百八十七 乾元二千二百五，用躔差，用盈縮度。 儀天二十七度九十四，用躔差。
晨合	一百一十五八十八 乾元十六　八十八 儀天十六　八千七百九十九	一百一十五八十八 乾元三十三　八十三 儀天三十　八千七百九十九	一萬一千五百一十五 乾元二千三百八十四，用躔差，用盈縮度。 儀天二十七度九十四，用躔差。

諸段平日平度：乾元謂之諸星變定積。儀天謂之五星諸變中日中度。置平合日度，以諸段下平日平度加之，卽得所求。乾元各置其星變日，以所求入曆前後度前加後減之。其太白、辰星夕見變及晨疾變，皆以返用加減。熒惑晨見變定，置定差，以進一位滿十一除之爲定差，各依加減，卽得所求；在留變者，置其變定積，以前變前後度前加後減之。其火星三因之，後退者倍之。儀天各置其星常合中日中度及分，以其星諸變段下常加合中日〔一〕變度加減中星，卽得諸變中日中度及分。

諸段入曆：儀天謂之求五星諸變入限及增減定度。置平合入陰陽曆分，各以逐段陰陽曆分加之，爲諸段入曆分。乾元以在諸變曆分中入曆名曰限變度。儀天各置其星常合入曆度分，以其星諸變段下上下限度分累加之，滿周天去之，餘依常合術入之，各得增減定度。其金星在晨疾、晨合、夕見變者，置增減定度及分，以四乘三除，爲金星變定差。其火星在晨見變者，以九乘，增減定度及分，退一位，爲晨星變定差。

諸段入變分：置入曆分，各以變分去之，餘爲入變分。求陰陽定分，依平合術入之。乾元諸段變分在入變前述。儀天卽同應天。

五星諸段定積日：乾元謂之求五星諸變定日。置其入陰陽定分，百除，爲日分；陽減陰減諸段平日〔三〕。其金水夕見、晨疾返爲之定積。其金星晨次、晨遲，更用盈縮度縮加盈減定積爲定。求其入氣月日，如平合術入之。又熒惑前遲定積，置平合入陰陽曆分，加二萬一千六百七十五，盈三萬六千五百二十五半去之。餘與見求入陰陽曆同者，更不求之，如不同曆者，即依平合術入，所得，用加前遲留退、後退留平日爲定積，入氣月日如前。又五星定用盈縮差及陰陽定分〔三〕：歲熒惑鎭星晨見、夕疾、定合，太白定合、夕見、夕退、再合、晨見及後、晨疾，皆用盈縮定差，太白定合晨、夕見及後疾，皆用盈縮定差〔四〕。內歲星後疾不用盈縮定差，辰星諸段總用盈縮定差盈加縮減。熒惑晨見陰陽定分身外加一，前疾陽定分再析，各爲定分。乾元諸變定日在入變前。儀天各置其星入變中日，以其星所入變限增減定度及分，增者增之，減者減之。其金星定合、夕見、夕順疾、夕次疾、晨次疾，水星定合、夕見、晨疾變，皆以增減定度及分，增者減之，減者增之，各得定日。合用日躔差者，乃以日躔先後定差先減後加，乃爲定日及分。其日躔差，金水定合、夕見、晨疾，以日躔差先加後減，乃爲定日及分天之度數。

定星：乾元謂之求五星諸變定星。儀天謂之求五星諸變定度。以合用盈縮定差加減平度分，又以陰陽定分陽加陰減。其金水夕見、晨疾返用爲定星，求宿度，加平合入之。熒惑前遲、後退差度以二百三十六度加前遲定星，二百五十七度加後退定星，如半周天以下爲陽度；以上者去之，餘爲陰度；前遲陰陽度在一百一十度以上者，返減半周天，餘以五因之，後退入陰陽度在七十四度以下者，亦五因之，皆滿百爲度分，陽減陰加定星，爲前遲、後退定星；求宿度，加平合入之。乾元置其星其變中星，以入曆前後度前加後減之，又合用陰陽度者，陰減陽加之，爲定星；以冬至黃道日度加之，命從斗宿，算外，即其變所入宿次也。若在留變者，更不求定星也，只用前變定星爲留變定星。又熒惑留差，以一百一十九度減前遲定星，以一百三十四度減後退定星，在一百八十二度半以下爲前，以上者去之爲後；置前後度，在七十三度以下爲在前，以上者返減一百八十三度半，餘爲後度，皆倍之，百除爲度，命曰留差度及分也。又前退定星度，以一百二十三度減前退定星，又以一百三十一度減後退定星，在一百八十二度半以下者爲前，以上者去之爲後，視前後度在七十三度以下爲前，以上者返減一百八十二度半爲後：皆以倍之，百除爲度，即得前後退差度及分也；用前減後加其段定星爲定星。又五星用陰陽度：歲星熒惑鎭星晨見，後疾，夕合；太白夕見、退，夕合，晨見，後疾，平合皆用日躔、陰陽度〔五〕，其辰星諸段皆用之。

儀天各置其星其變中度及分，以其變入限增減定度及分，增者增之，減者減之。其金星定合、夕見、夕定度及分〔六〕，增者減之，減者增之，各得定日、次定日，各加減訖後，合用日躔先後定差者，以日躔先後定差及分先減後加之，即各得定度及分。其日躔差，木星定合，五因，半而退位，晨見先二因，退位，後五因，半而退位；後定疾先差五因，半而退位，定差二因退位；火星定合，身外除二，晨見先差七因，退位，後差身外除二，後差七因退位；土星定合，退位從下加三，晨見先差退位，後差從下加三，退位，後差退位；金星定合，二因之，夕見先差伏倍用，後差從下加三，晨疾伏先差從下加二，後差二因，夕退伏、晨退見六因，先後退位；水星夕見後差從下加三，先差二因，晨疾先差從下加三，後差倍用，定合乃用加減次定度爲定度，置定度及分，以加天正冬至加時黃道日度及分，命從斗宿初度起算，至不滿宿，算外，即得其變加時宿度；其火星前、後退及前遲變皆爲次定星，又置之，以留退定差度及分，增者增之，減者減之，得爲前、後退定度，前遲，置前留定差，以三除之，乃用增減前遲定度也。又火星留差，以一百二十四半減前遲次定度，又以二百四十六度少加後退定度，若在一百八十二度六十二分以下爲入在增；以上者，以減去一百八十二度六十二分爲入在減。置入在增、減度及分，如在七十二度以下者爲上限；以上者，返減一百八十二度六十二分，餘爲下限。各置所入上、下限增減度及分，在上限四因之，在下限倍，身外加三，皆以一百約之爲度及分，若在後留者，三因之爲定差度及分。

又，儀天有火星退定差度及分，以二百四十一度少加前退後次定度，又以一百一十九度減退次定度及分〔一七〕，餘，在一百八十二度六十二分以下者爲入在增；以上者，減去一百八十二度六十二分，餘爲入在減。又置入上、下限度分，若在七十二度以下者爲上限，如在七十二度以上者爲減一百八十二度六十二分，餘爲下限。又置上下限增減度分，在上爲度，不滿爲分，即各得退定差度及分，其定差，如在後退者，倍之爲定差。又有火星留定日，各置前、後留常中日，前留以前遲變入限增減定度及分，增者增之，減者減之，各以前、後留定差度及分，增者加之，減者損之，即得前、後留定日，其增減差通入曆用之。又有火星前、後退定度，各置前、後變次定度及分，以前、後退定差度及分，如在增者加之，在減者損之，即得定度及分；置定度及分，以加天正冬至黃道日度及分，命從斗宿初度去之，至不滿宿，算外，即得退行所在宿度及分也，其增減定度，三除乃用之。

日率度率：以本段定積減後段定積，爲泛日率；以本段定星減後段定星，爲定度率。又置後段甲子，以前段甲子減之，餘爲距後實日率。乾元以前段定積減後段定積爲日率，以其段定星減後段定星爲度率。儀天各置其段定日定度，以前段定日定度減之，餘者爲其段日率、度率。其退行段，置前段定度減之，餘爲退行度率。

平行分：儀天謂之求每日平行度及分。以距後日率除度率，爲平行分。乾元以日率除度率爲行分。

儀天各置其段度率及分，以其段日率除之，即得其星平行分。

初末行分：儀天謂之求每段初末日度及分。置其段平行分，與後段平行分相減，爲合差；半之，加減平行分，爲初、末行分；後多者減平行分爲初，加平行分爲末；後少者加平行分爲初，減平行分爲末。乾元法同。儀天各以其段平行分與後段平行分相減，餘爲會差，半會差，以加減其段平行分〔一八〕；餘同應天。又五星前留一段及後退段，皆加爲初、減爲末；後留一段及前退段，皆以半總差減爲初、加爲末。其總差消息前後段初、末分，令衰殺等以用總差，即得前後段初、末行分相應也。

求日差：以距後日除合差爲日差。乾元以日率除合差爲日差。儀天置其段總差，以減其日率，一百除之，即爲每日差行之分。

求每日行分：以日差後多者益、後少者損初日行分，爲每日行分。乾元、儀天法同。

求每日星所在：以每日行分順加逆減其星，命如前，即得所求。其木火土水前、後遲段平行分倍之，前爲初，後爲末分，各以距後日除，爲日差；前遲日損、後遲日益，爲每日行分〔一九〕。乾元以日差累損益初日行分，累加其段宿次，即得每日星行宿次及分。儀天求每日差行度及分，各置其段總差，以減其日率一日以餘之〔二〇〕，即爲每日差行之分。以每日差分累損益初日行分，爲每日行度及分。初日行分多於末日行分，累損初日行分；少於末日行分，累益初日行分。將其每日行度及分累加其星初日所在宿次，各得每日所在宿次及分。如是退行段，將每日行分累減其初日宿次及分，即得退行所在宿度及分。又儀天有直求其日星所在宿次，置其所求日，減一，以乘每日差分，所得，爲積差，以積差加減初日行分，初日多於末日減之；末日多於初日加之，卽得其日行分；以初日行分併之，乃半之，爲平行分；置平行分，以求日數乘之，爲積度及分；以其積度及分加其星初日星度，命去之，卽其星其日所在宿次及分。如是退行段，以其積度及分減其星初日宿度，餘，爲其星所在宿度及分。

漏刻，周禮挈壺氏主挈壺水以爲漏，以水火守之，分以日夜，所以視漏刻之盈縮，辨昏旦之短長。自秦、漢至五代，典其事者，雖立法不同，而皆本於周禮。惟後漢、隋、五代著于史志，其法甚詳，而歷載既久，傳用漸差。國朝復挈壺之職，專司辰刻，署置於文德殿門內之東偏，設鼓樓、鐘樓於殿庭之左右。其制有銅壺、水稱、渴烏、漏箭、時牌、契之屬：壺以貯水，烏以引注，稱以平其漏，箭以識其刻，牌以告時於晝，牌有七，自卯至酉用之，制以牙，刻字填金。契以發鼓於夜，契有二：一曰放鼓，二曰止鼓。制以木，刻字於上。常以卯正後一刻爲禁門開鑰之節，盈八刻後以爲辰時，每時皆然，以至於酉。每一時，直官進牌奏時正，雞人引唱，擊鼓一十五聲，惟午正擊鼓一百五十聲。至昏夜雞唱，放鼓契出，發鼓、擊鐘一百聲，然後下漏。每夜分爲五更，更分爲五點，更以擊鼓爲節，點以擊鐘爲節。每更初皆雞唱，轉點卽移水稱，以至五更二點，止鼓契出，凡放鼓契出，禁門外擊鼓，然後衙鼓作，止鼓契出亦然，而更鼓止焉。五點擊鐘一百聲。雞唱、擊鼓，是謂攢點，至八刻後爲卯時正，四時皆用此法。禁中又別有更點在長春殿門之外，玉清昭應宮、景靈宮、會靈觀、祥源觀及宗廟陵寢，亦皆置焉，而更以鼓爲節，點以鉦爲節。大中祥符三年，春官正韓顯符上銅渾儀法要，其中有二十四氣晝夜進退、日出沒刻數立成之法，合於宋朝曆象，今取其氣節之初，載之于左：

二十四氣	日出	日沒	晝刻	夜刻
冬至	卯四刻一百四十四半	申三刻五十一半	四十刻五	五十九刻一百四十二
小寒	卯四刻一百一十九半	申三刻七十六半	四十刻五十五	五十九刻九十二
大寒	卯四刻三十四半	申四刻十四半	四十一刻七十八	五十八刻六十九
立春	卯三刻五十六半	申四刻一百三十九半	四十三刻三十四	五十六刻一百一十三
雨水	卯二刻五十八半	申五刻一百三十七半	四十五刻三十	五十四刻一百一十七
驚蟄	卯一刻四十半	申七刻八半	四十七刻六十六	五十二刻八十一
春分	卯初空	酉初空	五十刻空	五十刻空
清明	寅七刻八〔三〕	酉一刻四十半	五十二刻八十一	四十七刻六十六

穀雨	寅五刻一百二十七半	酉二刻六十八半	五十四刻一百三十七	四十五刻十
立夏	寅四刻一百四十九半〔三〕	酉三刻七十六半	五十七刻六	四十二刻一百四十一
小滿	寅三刻一百四十六半	酉四刻四十九半	五十八刻九十九	四十一刻四十八
芒種	寅三刻七十一半	酉四刻一百二十四半	五十九刻一百二	四十刻四十五
夏至	寅三刻五十一半	酉四刻一百四十四半	五十九刻一百四十二	四十刻五
小暑	寅三刻七十一半	酉四刻一百二十四半	五十九刻一百二	四十刻四十五
大暑	寅三刻一百四十六半	酉四刻四十九半	五十八刻九十九	四十一刻四十八
立秋	寅四刻一百一十九半	酉三刻七十六半	五十七刻六	四十二刻一百四十一
處暑	寅五刻一百二十七半	酉二刻六十八半	五十四刻一百三十七	四十五刻十
白露	寅七刻八半	酉一刻四十半	五十二刻八十一	四十七刻六十六
秋分	卯初空	酉初空	五十刻空	五十刻空
寒露	卯一刻四十半	申七刻八半	四十七刻六十六	五十二刻八十一

霜降	卯二刻五十八半	申五刻一百三十七半	四十五刻三十	五十四刻一百一十七
立冬	卯三刻五十六半	申四刻六十九半〔三〕	四十三刻三十四	五十六刻一百一十三
小雪	卯四刻三十四半	申四刻十四半	四十一刻七十八	五十八刻六十九
大雪	卯四刻一百十九半	申三刻七十六半	四十刻五十五	五十九刻九十二

殿前報時雞唱，唐朝舊有詞，朱梁以來，因而廢棄，止唱和音。景德四年，司天監請復用舊詞，遂詔兩制詳定，付之習唱。每大禮、御殿、登樓、入閤、內宴、晝改時、夜改更則用之，常時改刻改點則不用。

五更五點後發鼓曰：

朝光發，萬戶開，羣臣謁。平旦寅，朝辨色，泰時昕。日出卯，瑞露晞，祥光繞。食時辰，登六樂，薦八珍。禺中巳，少陽時，大繩紀。日南午，天下明，萬物覩。日昳未，飛夕陽，清晚氣。晡時申，聽朝暇，湛凝神。日入酉，羣動息，嚴扃守。

初夜發鼓曰：

日欲暮，魚鑰下，龍韜布。甲夜己，設鉤陳，備蘭錡。乙夜庚，杓位易，太階平。丙夜辛，清鶴唳，夢良臣。丁夜壬，丹禁靜，漏更深。戊夜癸，曉奏闌，求衣始。

端拱中，翰林天文鄭昭晏上言：「唐貞觀二年三月朔，日有食之，前志不書分數、宿度、分野、虧初復末時刻。臣以乾元曆法推之，得其歲戊子，其朔戊申，日所食五分，一分在未出時前，四分出後，其時出在寅六刻，虧在三刻，食甚在八刻，復在卯四刻，當降婁九度。」又言：

按曆書云，凡欲取驗將來，必在考之既往。謹按春秋交食及漢氏以來五星守犯，以新曆及唐麟德、開元二曆覆驗三十事，以究其疏密。

日食：

春秋，魯僖公十二年春三月庚午朔，日有食之。其年五月庚午朔，去交入食限誤爲三也。文公元年春二月癸亥朔，日有食之。其年三月癸巳朔，去交入食限誤爲二也。文公十五年夏六月辛丑朔，日有食之。是月汎交分入食限前。漢元光元年七月癸未晦，日有食之。今按曆法，當以癸未爲八月朔，蓋日食朔、月食望，自爲常理，今云晦日食者，蓋司曆之失也。征和四年八月辛酉晦，日有食之。辛酉亦當爲九月朔，又失之。

五星守犯：

後漢永元五年七月壬午，歲星犯軒轅大星。麟德星五度。開元張五度。乾元張八度。

元初三年七月甲寅，歲星入輿鬼。麟德井二十九度。開元鬼一度。乾元柳五度。
後魏太延二年八月丁亥，歲星入鬼。麟德井二十八度。開元鬼二度。乾元柳三度。
正始二年六月己未，歲星犯昴。麟德昴二度。開元昴三度。乾元昴四度。
宋大明三年五月戊辰，歲星犯東井鉞。麟德參四度。開元參六度。乾元井初度。
後漢永和四年七月壬午，熒惑入南斗，犯第三星。麟德箕七度。開元斗一度。乾元斗十二度。
魏嘉平三年十月癸未，熒惑犯亢南星。麟德角六度。開元亢五度。乾元亢三度。
晉永和七年五月乙未，熒惑犯軒轅大星。麟德星七度。開元張二度。乾元張二度。
後魏太常二年五月癸巳，熒惑犯右執法。麟德翼六度。開元翼十二度。乾元翼十三度。
陳天嘉四年八月甲午，熒惑犯軒轅大星。麟德張二度。開元張五度。乾元張四度。
後漢延光三年九月壬寅，鎭星犯左執法。麟德翼十九度。開元軫二度。乾元翼五度。
晉永和十年正月癸酉，鎭星掩鉞星。麟德參六度。開元參七度。乾元井三度。
後魏神瑞二年三月己卯，鎭星再犯輿鬼積尸。麟德井二十八度。開元井三十度。乾元柳初度。
齊永明九年七月庚戌，鎭星逆在泣星東北。麟德危二度。開元虛九度。乾元危四度。
陳永定三年六月庚子，鎭星入參。麟德參七度。開元參八度。乾元井二度。
後漢永初四年六月癸酉，太白入鬼。麟德參五度。開元井三十度。乾元鬼初度。

閏，七月丁丑晨伏。

延光三年二月辛未，太白入昴。麟德晨伏。開元昴六度。乾元昴一度。

魏黃初三年閏六月丁丑，太白晨伏。麟德丁亥晨伏，後十日。開元同，丁丑晨伏。乾元十月置

晉咸康七年四月己丑，太白入輿鬼。麟德柳三度。開元鬼一度。乾元柳一度。

晉永和十一年九月己未，太白犯天江。麟德尾四度。開元尾九度。乾元尾十二度。

漢太始二年七月辛亥，辰星夕見。麟德伏未見。開元夕見軫九度。乾元夕見軫九度。

後漢元初五年五月庚午，辰星犯輿鬼。麟德井二十七度。開元井二十八度。乾元井二十九度。

漢安二年五月丁亥，辰星犯輿鬼。麟德夕見井二十二度。開元夕見鬼二度。乾元夕見鬼一度。

晉隆安三年五月辛未，辰星犯軒轅大星。麟德夕見星五度。開元夕見星三度。乾元夕見星五度。

後魏太和十五年六月丙子，辰星隨太白於西方。麟德張二度。開元星五度。乾元張初度。

端拱二年四月己未，翰林祗候張玭夜直禁中，太宗手詔曰：「覽乾元曆細行，此夕熒惑當退軫宿乃順行，今止到角宿卽順行，得非曆差否？」奏曰：「今夕一鼓，占熒惑在軫末、角初，順行也。據曆法，今月甲寅至軫十六度，乙卯順行，驗天差二度。臣占熒惑明潤軌道，兼前歲逆出太微垣，按曆法差疾者八日，此皆上天祐德之應，非曆法之可測也。」至道元年，

昭晏又上言：「承詔考驗司天監丞王睿雍熙四年所上曆〔四〕，以十八事按驗，所得者六，所失者十二。」太宗嘉之，謂宰相曰：「昭晏曆術用功，考驗否臧，昭然無隱。」由是賜昭晏金紫，令兼知曆算。二年，屯田員外郎呂奉天上言：

按經史年曆，自漢、魏以降，雖有編聯，周、秦以前，多無甲子。太史公司馬遷雖言歲次，詳求朔閏，則與經傳都不符合，乃言周武王元年歲在乙酉。唐兵部尚書王起撰五位圖，言周桓王十年，歲在甲子，四月八日佛生，常星不見；又言孔子生於周靈王庚戌之歲，卒於周悼王四十一年壬戌之歲，皆非是也。馬遷乃古之良史，王起又近世名儒，後人因循莫敢改易。臣竊以史氏凡編一年，則有一十二月，月有晦朔、氣閏，則須與歲次合同，苟不合同，何名歲次。本朝文教聿興，禮樂咸備，惟此一事，久未刊詳。臣探索百家，用心十載，乃知唐堯卽位之年，歲在丙子，迄太平興國元年，亦在丙子，凡三千三百一年矣。虞、夏之間，未有甲子可證，成湯旣沒，太甲元年始有二月乙丑朔旦冬至，伊尹祀于先王，至武王伐商之年正月辛卯朔，二十有八日戊午，二月五日甲子昧爽。又，康王十二年六月戊辰朔，三日庚午朏，王命作册畢。自堯卽位年，距春秋魯隱公元年，凡一千六百七年；從隱公元年，距今至道二年，凡一千七百一十五年；從太甲元年，距今至道二年，凡二千七百三十二年；從魯莊公七年四月辛卯夜常星不見，距今至道二年，凡一千六百八十一年；從周靈王二十年孔子生，其年九月庚戌、十月庚辰兩朔頻食，距今至道二年，凡一千五百四十五年；從魯哀公十六年四月乙丑孔子卒，距今至道二年，凡一千四百七十二年。以上並據經傳正文，用古曆推校，無不符合，乃知史記及五位圖所編之年，殊爲闊略。諸如此事，觸類甚多，若盡披陳，恐煩聖覽。臣耽研既久，引證尤明，起商王小甲七年二月甲申朔旦冬至，自此之後，每七十六年一得朔旦冬至，此乃古曆一蔀；每蔀積月九百四十、積日二萬七千七百五十九，率以爲常，直至春秋魯僖公五年正月辛亥朔旦冬至，了無差爽。用此爲法，以推經傳，縱小有增減，抑又經傳之誤，皆可以發明也。古曆到齊、梁以來，或差一日，更用近曆校課，亦得符合。伏望聖慈，許臣撰集，不出百日，其書必成。儻有可觀，願藏祕府。」

詔許之。書終不就。

又司天冬官正楊文鎰上言：「新曆甲子，請以百二十年。」事下有司，以其無所依據，議寢不行。太宗曰：「支干相承，雖止於六十，儻再周甲子，成上壽之數，使期頤之人得見所生之年，不亦善乎？」遂詔新曆甲子所紀百二十歲。

國初，有司上言：「國家受周禪，周木德，木生火，則本朝運膺火德，色當尚赤。臘以戌日。」詔從之。

雍熙元年四月，布衣趙垂慶上書言：「本朝當越五代而上承唐統爲金德，若梁繼唐，傳後唐，至本朝亦合爲金德。矧自國初符瑞色白者不可勝紀，皆金德之應也。望改正朔，易車旗服色，以承天統。」事下尚書省集議，常侍徐鉉與百官奏議曰：「五運相承，國家大事，著於前載，具有明文。頃以唐末喪亂，朱梁簒弑，莊宗早編屬籍，親雪國讎，中興唐祚，重新土運，以梁室比羿、浞、王莽，不爲正統。自後數姓相傳，晉以金，漢以水，周以木，天造有宋，運膺火德。況國初祀赤帝爲感生帝，于今二十五年，豈可輕議改易？」又云：「梁至周不合迭居五運，欲國家繼唐統爲金德，且五運迭遷，親承曆數，質文相次，間不容髮，豈可越數姓之上，繼百年之運？此不可之甚也。按唐書天寶九載，崔昌獻議自魏、晉至周、隋，皆不得爲正統，欲唐遠繼漢統，立周、漢子孫爲王者後，備三恪之禮。是時，朝議是非相半，集賢院學士衞包上言符同，李林甫遂行其事。至十二載，林甫卒，復以魏、周、隋之後爲三恪，崔昌、衞包由是遠貶，此又前載之甚明也。伏請祗守舊章，以承天祐。」從之。

大中祥符三年，開封府功曹參軍張君房上言：「自唐室下衰，土德隤圮，朱梁氏彊稱金統，而莊宗旋復舊邦，則朱梁氏不入正統明矣。晉氏又復稱金，蓋謂乘于唐氏，殊不知李昪建國于江南耳。漢家二主，共止三年，紹晉而興，是爲水德。洎廣順革命，二主九年，終于顯德。以上三朝七主，共止二十四年，行運之間，陰隱而難賾。伏自太祖承周木德而王，當於火行，上繫于商，開國在宋，自是三朝迄今以爲然矣。愚臣詳而辨之，若可疑者。太祖禪周之歲，歲在庚申。夫庚者，金也，申亦金位，納音是木，蓋周氏稱木，爲二金所勝之象也。太宗登極之後，詔開金明池於金方之上，此誰啓之，乃天之靈符也。陛下履極當彊圉之歲，握符在作噩之春，適宋道之隆興，得金天之正氣。臣試以瑞應言之，則當年丹徒貢白鹿，姑蘇進白龜，條支之雀來，潁川之雉至；臣又聞當封禪之時，魯郊貢白兎，鄆上得金龜，皆金符之至驗也。願以臣章下三事大臣，參定其事。」疏奏，不報。

天禧四年，光祿寺丞謝絳上書曰：

臣按古誌，凡帝王之興，必推五行之盛德，所以配天地而符陰陽也。故神農氏以火德，聖祖以土德，夏以木德，商以金德，周以火德。自漢之興，王火德者，以謂承堯之後。且漢，堯之裔也。五帝之大，莫大於堯，漢能因之，是不墜其緒而善繼其盛德也。國家膺開光之慶，執敦厚之德，宜以土瑞而王天下。然其推終始傳，承周之木德而火當其次。且朱梁不預正統者，謂莊宗復興于後。自石晉、漢氏以及于周，則李昪建國于江左而唐祚未絕，是三代者亦不得正其統矣。昔者，秦祚促而德暴，不入正統，考諸五代之際，亦是類矣。國家誠能下黜五代，紹唐之土德，以繼聖祖，亦猶漢之黜秦，興周之火德以繼堯者也。

夫五行定位，土德居中，國家飛運于宋，作京于汴，誠萬國之中區矣。傳曰：「土爲羣物主，故曰后土。」洪範曰：「土爰稼穡，稼穡作甘。」方今四海給足，嘉生蕃衍，邇年京師甘露下，泰山醴泉湧，作甘之兆，斯亦見矣。矧靈木異卉，資生於土，千品萬類，不可勝道，非土德之驗乎？

臣又聞之，太祖生于洛邑，而胞絡惟黃；鴻圖既建，五緯聚於奎躔，而鎭星是主。及陛下升中之次，日抱黃珥；朝祀于太清宮，有星曰含譽，其色黃而潤澤。斯皆凝命有表，盛德攸屬，天意人事響效之大者，則土德之符在矣。是故天心之在茲，陛下拒而罔受；民意之若是，陛下謙而弗答。氣壅未宣，河決遂潰，豈不神哉！然則天淵之勃流，水德之浸患，考六府之厭鎭，驗五行之勝剋，亦宜興土之運，禦時之災。伏望順考符應，詳習法度，惟陛下時而行之。

大理寺丞董行父又上言曰：「在昔泰皇以萬物生於東，至仁體乎木，故德始於木。木以生火，神農受之爲火德；火以生土，黃帝受之爲土德；土以生金，少昊受之爲金德；金以生水，顓頊受之爲水德；水以生木，高辛受之爲木德；木以生火，唐堯受之爲火德；火以生土，虞舜傳之爲土德。土以生金，夏爲金德；金以生水，商爲水德；水以生木，周爲木德；木以生火，漢應圖讖爲火德；火以生土，唐受曆運爲土德。陛下紹天之統，受天之命，固當上繼唐祚，以金爲德，顯黄帝之嫡緒，彰聖祖之丕烈。臣又按聖祖先降於癸酉，太祖受禪於庚申，陛下卽位於丁酉，天書下降於戊申。庚，金也，申、酉皆金也，天之體也。陛下紹唐、漢之運，繼黄帝之後，三世變道，應天之統，正金之德，斯又順也。」詔兩制詳議。既而獻議曰：「竊詳謝絳所述，以聖祖得瑞，宜承土德，且引漢承堯緒爲火德之比，雖班彪敍漢祖之興有五，其一曰帝堯之苗裔，及序承正統，乃越秦而繼周，非用堯之行。今國家或用土德，卽當越唐上承於隋，彌以非順，失其五德傳襲之序。又據董行父請越五代紹唐爲金德，若其度越累世，上承百代之統，則晉、漢洎周，咸帝中夏，太祖實受終於周室而陟于元后，豈可弗遵傳繼之序，續於遐邈之統？三聖臨御六十餘載，登封告成，昭姓紀號，率循火行之運，以輝炎靈之曜。兹事體大，非容輕議，矧雍熙中徐鉉等議之詳矣。其謝絳、董行父等所請，難以施行。」詔可。

校勘記

〔一〕平合三百九十八日八千八百五十七秒二十八　五因歲星總，元法而一，得三百九十八日、餘八千八百五十九、秒二十五。疑原小餘數和秒數誤。

〔二〕乾元餘二千五百五十五秒八千六百二十五　五因乾元率，元率而一，得三百九十八日、餘二千五百五十七、秒八千六百二十五。疑原小餘數誤。

〔三〕求入月日數　本條只注「儀天謂之求定合在何月日」，未注乾元名稱，但據下文所注「二曆法同」，知乾元有此法，史有脫文。

〔四〕乾元謂之前限分儀天謂之上限分　按本立成本項乾元所用單位爲分，儀天所用單位爲度，疑「上限分」應作「上限度」。

〔五〕乾元謂之後限度儀天謂之下限度　疑「後限度」應作「後限分」，理由同前。

〔六〕乾元儀天各　按本項其他各段皆有乾元、儀天數字而此處獨無，史有脫文。

〔七〕儀天無此法　據本段「陰陽曆分」項「儀天六十，用躔差」，疑本段有誤。

〔八〕陰陽曆分　據其他諸星入段立成，應作「平度」。

〔九〕不用盈度　按其他各段皆作「用盈縮度」或「不用盈縮度」，疑盈字下脫「縮」字。

〔一〇〕乾元十一謂之夕合　據本立成其他各段皆幷列乾元、儀天度數，或注「儀天無此法」，本段既無儀天度數，亦未注明緣故，疑史有脫文。

〔一一〕常加合中日　疑「加」字下有脫文。

〔一二〕陽減陰減諸段平日　疑「陽減」應作「陽加」。

〔一三〕又五星定用盈縮差及陰陽定分　疑上「定」字衍。

〔一四〕太白定合晨夕見及後疾皆用盈縮定差　據上下文，疑本句有誤。

〔一五〕皆用日躔陰陽度　按此說和太白入段立成所載不同。該立成只有「用躔差」和「用盈縮度」而無「陰陽度」字樣。

〔一六〕夕定度及分　「夕」下有脫文。

〔一七〕減退次定度及分　據上文，疑「減」下脫「前」字，「次」上脫「後」字。

〔一八〕以加減其段平行分　「行」字原脫，據上文補。又「分」下疑有脫文。

〔一九〕其木火土水前後遲段平行分倍之前爲初後爲末分各以距後日除爲日差前遲日損後遲日益爲每日行分　按本節爲求每日星所在，不應以求每日行分爲其內容，疑本段應屬求每日行分條。

〔二〇〕以減其日率一日以餘之　本句費解，疑「餘」爲「除」之誤。

〔二一〕寅七刻八　按清明和白露日出分同，「八」應作「八半」。

〔二二〕寅四刻一百四十九半　按立夏和立秋日出分同，「一百四十九半」應作「一百一十九半」。

〔二三〕申四刻六十九半　按立冬和立春日沒分同，「六十九半」應作「一百三十九半」。

〔二四〕雍熙四年所上曆　「雍熙」，宋會要運曆一之五、玉海卷一〇都作「淳化」。

宋史卷七十一

志第二十四

律曆四

崇天曆

道體爲一，天地之元，萬物之祖也。散而爲氣，則有陰有陽；動而爲數，則有奇有偶；凝而爲形，則有剛有柔；發而爲聲，則有淸有濁。其著見而爲器，則有律、有呂。凡禮樂、刑法、權衡、度量皆出于是。自周衰樂壞，而律呂候氣之法不傳。西漢劉歆、揚雄之徒，僅存其說。京房作準以代律，分六十聲，始於南事，終於去滅。然聲細而難分，世不能用。歷晉及隋、唐，律法微隱。宋史止載律呂大數，不獲其詳。今掇仁宗論律及諸儒言鐘律者記于篇，以補續舊學之闕。

仁宗著景祐樂髓新經，凡六篇，述七宗二變及管分陰陽、剖析清濁，歸之于本律。次及間聲，合古今之樂，參之以六壬遁甲。

其一、釋十二均，曰：「黃鐘之宮爲子、爲神后、爲土、爲雞緩、爲正宮調，太簇商爲寅、爲功曹、爲金、爲般頡、爲大石調，姑洗角爲辰、爲天剛、爲木、爲嗢沒斯、爲小石角，林鐘徵爲未、爲小吉、爲火、爲雲漢、爲黃鐘徵，南呂羽爲酉、爲從魁、爲水、爲滴、爲般涉調，應鐘變宮爲亥、爲登明、爲日、爲密、爲中管黃鐘宮，蕤賓變徵爲午、爲勝先、爲月、爲莫、爲應鐘徵。大呂之宮爲大吉、爲高宮，夾鐘商爲大衝、爲高大石，仲呂角爲太一、爲中管小石調，夷則徵爲傳送、爲大呂徵，無射羽爲河魁、爲高般涉，黃鐘變宮爲正宮調，林鐘變徵爲黃鐘徵。太簇之宮爲中管高宮，姑洗商爲高大石，蕤賓角爲歇指角，南呂徵爲太簇徵，應鐘羽爲中管高般涉，大呂變宮爲高宮，夷則變徵爲大呂徵。夾鐘之宮爲中呂宮，仲呂商爲雙調，林鐘角在今樂亦爲林鐘角，無射徵爲夾鐘徵，黃鐘羽爲中呂調，太簇變宮爲中管高宮，南呂變徵爲太簇徵。姑洗之宮爲中管中呂宮，蕤賓商爲中管商調，夷則角爲中管林鐘角，應鐘徵爲姑洗徵，大呂羽爲中管中呂調，夾鐘變宮爲中呂宮，無射變徵爲夾鐘徵。仲呂之宮爲道調宮，林鐘商爲小石調，南呂角爲越調，黃鐘徵爲中呂徵，太簇羽爲平調，姑洗變宮爲中管中呂宮，應鐘變徵爲姑洗徵。蕤賓之宮爲中管道調宮，夷則商爲中管小石調，無射角爲中管越調，大呂徵爲蕤賓徵，夾鍾羽爲中管平調，中呂變宮爲道調宮，黃鍾變徵爲仲呂徵。林鍾之宮爲南呂宮，南呂商爲歇指調，應鍾角爲大石調，太簇徵爲林鍾徵，姑洗羽爲高平調，蕤賓變宮爲中管道調宮，大呂變徵爲蕤賓徵。夷則之宮爲仙呂，無射商爲林鍾商，黃鍾角爲高大石調，夾鍾徵爲夷則徵，仲呂羽爲仙呂調，林鍾變宮爲南呂宮，太簇變徵爲林鍾徵。南呂之宮爲中管仙呂宮，應鍾商爲中管林鍾商，大呂角爲中管高大石角，姑洗徵爲南呂徵，蕤賓羽爲中管仙呂調，夷則變宮爲仙呂宮，夾鍾變徵爲夷則徵。無射之宮爲黃鍾宮，黃鍾商爲越調，太簇角爲變角，仲呂徵爲無射徵，林鍾羽爲黃鍾羽，南呂變宮爲中管仙呂宮，姑洗變徵爲南呂徵。應鍾之宮爲中管黃鍾宮，大呂商爲中管越調，夾鍾角爲中管變角，蕤賓徵爲應鍾徵，夷則羽爲中管黃鍾羽，無射變宮爲黃鍾宮，仲呂變徵爲無射徵。」

二、明所主事，調五聲爲五行、五事、四時、五帝、五神、五嶽、五味、五色，爲生數一二三四五、成數六七八九十，爲五藏、五官及五星。

三、辯音聲，曰：「宮聲沈厚麤大而下，爲君，聲調則國安，亂則荒而危。合口通音謂之宮，其聲雄洪，屬平聲，西域言『婆陁力』。一曰婆陁力〔一〕。商聲勁凝明達，上而下歸於中，爲臣，聲調則刑法不作，威令行，亂則其宮壞。開口吐聲謂之商，音將將、倉倉然，西域言『稽識』，『稽識』猶長聲也。角聲長而通徹，中平而正，爲民，聲調則四民安，亂則人怨。聲出齒間謂之角，喔喔、確確然，西域言『沙識』，猶質直聲也。徵聲抑揚流利，從下而上歸於中，爲事，聲調則百事理，亂則事隳。齒合而唇啓謂之徵，倚倚、巇巇然，西域言『沙臘』，『沙臘』，和也。羽聲嘤嘤而遠徹，細小而高，爲物，聲調則倉廩實、庶物備，亂則匱竭。齒開唇聚謂之羽，詡、雨、酗、芋然。西域言『般贍』。變宮，西域言『侯利箑』，猶言『斛律』聲也。變徵聲，西域言『沙侯加濫』，猶應聲也。」

其四、明律呂相生，祭天地宗廟，配律陽之數，曰：「太空，育五太：太易、太初、太始、太素、太極也。分爲七政，陽數七，所以齊律呂、均節度，不可加減也。以育六甲，六甲，天之使，行風雹，筴鬼神。爲歲日時有善惡，故爲九宮。九者，陽數變化之道也。爲四正卦、五行、十幹，陰陽錯綜，律呂相叶，命宮而商者應，修下而高者降，下生隔八，上生隔六，皆圖于左。」

其五、著十二管短長。

其六、出度量衡，辯古今尺龠。律呂眞聲，本陰陽之氣，可以感格天地，在於符合尺寸短長，宜因聲以定之。因聲定律，則庶幾爲得；以尺定聲，則乖隔甚矣。

初，馮元等上新修景祐廣樂記時，鄧保信、阮逸、胡瑗等奏造鐘律，詔翰林學士丁度、知制誥胥偃、右司諫高若訥、韓琦，取保信、逸、瑗等鐘律詳考得失。度等上議曰：「保信所製尺，用上黨秬黍圓者一黍之長，累而成尺。律管一，據尺裁九十黍之長，空徑三分，空圍九分，容秬黍千二百。遂用黍長爲分，再累成尺，校保信尺、律不同。其龠、合、升、斗深闊，推以算法，類皆差舛，不合周、漢量法。逸、瑗所製，亦上黨秬黍中者累廣求尺，製黃鐘之律。今用再累成尺，比逸、瑗所製，又復不同。至於律管、龠、合、升、斗、斛、豆、區、鬴亦率類是。蓋黍有圓長、大小，而保信所用者圓黍，又首尾相銜，逸等止用大者，故再改之卽不同。尺既有差，故難以定鐘、磬。謹詳古今之製，自晉至隋，累黍之法，但求尺裁管，不以權量參校〔二〕，故歷代黃鐘之管容黍之數不同。惟後周掘地得古玉斗，據斗造律，兼制權量，亦不同周、漢制度。故漢志有備數、和聲、審度、嘉量〔三〕、權衡之說，悉起於黃鐘。今欲數器之制參互無失，則班志積分之法爲近。逸等以大黍累尺、小黍實龠，自戾本法。保信黍尺以長爲分，雖合後魏公孫崇所說，然當時已不施用。況保信今尺以圓黍累之，及首尾相銜，有與實龠之黍再累成尺不同。其量器，分寸既不合古，卽權衡之法不可獨用。」詔悉罷之。

又詔度等詳定太府寺幷保信、逸、瑗所制尺，度等言：

尺度之興尚矣，周官璧羨以起度，廣徑八寸，袤一尺。禮記布手爲尺，淮南子十二粟爲一寸，孫子十氂爲分，十分爲寸，雖存異說，莫可適從。漢志，元始中，召天下通知鐘律者百餘人，使劉歆典領之。是時，周滅二百餘年，古之律度當有考者。以歆之博貫藝文，曉達曆算，有所制作，宜不凡近。其審度之法云：「一黍之廣爲分，十分爲寸，十寸爲尺。」先儒訓解經籍，多引以爲義，歷世祖襲，著之定法。然而歲有豐儉，地有磽肥，就令一歲之中，一境之內，取以校驗，亦復不齊。是蓋天物之生，理難均一，古之立法，存其大概爾。故前代制尺，非特累黍，必求古雅之器以雜校焉。晉泰始十年，荀勖等校定尺度，以調鐘律，是爲晉之前尺。勖等以古物七品勘之，一曰姑洗玉律，二曰小呂玉律，三曰西京銅望臬，四曰金錯望臬，五曰銅斛，六曰古錢，七曰建武銅尺。當時以勖尺揆校古器，與本銘尺寸無差，前史稱其用意精密。隋志所載諸代尺度，十有五等，然以晉之前尺爲本，以其與姬周之尺、劉歆銅斛尺、建武銅尺相合。

竊惟周、漢二代，享年永久，聖賢制作，可取則焉。而隋氏銷毀金石，典正之物，罕復存者。夫古物之有分寸，明著史籍，可以酬驗者，惟有法錢而已。周之圜法，歷載曠遠，莫得而詳。秦之半兩，實重八銖；漢初四銖，其文亦曰半兩。孝武之世始行五銖，下暨隋朝，多以五銖爲號。既歷代尺度屢改，故大小輕重鮮有同者，惟劉歆置銅斛。世之所鑄錯刀并大泉五十，王莽天鳳元年改鑄貨布、貨泉之類，不聞後世復有兩者。臣等檢詳漢志、通典、唐六典云：「大泉五十，重十二銖，徑一寸二分。錯刀環如大泉，身形如刀，長二寸。貨布重二十五銖，長二寸五分，廣一寸，首長八分有奇，廣八分，足股長八分，間廣二分，圍好徑二分半。貨泉重五銖，徑一寸。」今以大泉、錯刀、貨布、貨泉四物相參校，分寸正同。或有大小輕重與本志微差者，蓋當時盜鑄既多，不必皆中法度，但當較其首足、肉好、長廣、分寸，皆合正史者用之，則銅斛之尺從可知矣。況經籍制度皆起周世，以劉歆術業之博，祖冲之算數之妙，荀勗揆較之詳密，校之既合周尺，則最爲可法。兼詳隋牛弘等議，稱後周太祖敕蘇綽造鐵尺，與宋尺同，以調中律，以均田度地。唐祖孝孫云，隋平陳之後，廢周玉尺，用此鐵尺律，然比晉前尺長六分四氂。今司天監影表尺，和峴所謂西京銅望臬者，蓋以其洛都舊物也。晉荀勗所用西京銅望臬者，蓋西漢之物，和峴謂洛陽爲西京，乃唐東都爾。今以貨布、錯刀、貨泉、大泉等校之，則景表尺長六分有奇，略合宋、周、隋之尺。由此論之，銅斛、貨布等尺寸昭然可驗。有唐享國三百年，其間制作法度，雖未逮周、漢，然亦可謂治安之世矣。

今朝廷必求尺之中，當依漢錢分寸。若以爲太祖膺圖受禪，創制垂法，嘗詔和峴等用影表尺與典修金石，七十年間，薦之郊廟，稽合唐制，以示詒謀，則可且依影表舊尺，俟有妙達鐘律之學者，俾考正之，以從周、漢之制。王朴律準尺比漢錢尺寸長二分有奇，比影表尺短四分，既前代未嘗施用，復經太祖朝更易。其逸、瑗、保信及照所用太府寺等尺，其制彌長，出古遠甚。又逸進周禮度量法議，欲且鑄嘉量，然後取尺度權衡，其說疏舛，不可依用。謹考舊文，再造影表尺一、校漢錢尺二并大泉、錯刀、貨布、貨泉總十七枚上進。

詔度等以錢尺、影表尺各造律管，比驗逸、瑗并太常新舊鐘磬，考定音之高下以聞。度等言：「前承詔考太常等四尺，定可用者，止按典故及以漢志古錢分寸參校影表尺，略合宋、周、隋之尺，謂宜準影表尺施用。今被旨造律管驗音高下，非素所習，乞別詔曉音者總領校定。」詔乃罷之。而若訥卒用漢貨泉度尺寸，依隋書定尺十五種上之，藏于太常寺：一、周尺，與漢志劉歆銅斛尺、後漢建武中銅尺、晉前尺同；二、晉田父玉尺，與梁法尺同，比晉前尺爲一尺七氂；三、梁表尺，比晉前尺爲一尺二分二氂一毫有奇；四、漢官尺，比晉前尺爲一尺三分七毫；五、魏尺，杜夔之所用也，比晉前尺爲一尺四分七氂；六、晉後尺，晉江東用之，比晉前尺爲一尺六分二氂；七、魏前尺，比晉前尺爲一尺一寸七氂；八、中尺，比晉前尺爲一尺二寸一分一氂；九、後尺，同隋開皇尺、周市尺，比晉前尺爲一尺二寸八分一釐；十、東魏後尺，比晉前尺爲一尺三寸八毫；十一、蔡邕銅籥尺，同後周玉尺，比晉前尺爲一尺一寸五分八釐；十二、宋氏尺，與錢樂之渾天儀尺、後周鐵尺同，比晉前尺爲一尺六分四釐；十三、太府寺鐵尺，制大樂所裁造尺也；十四、雜尺，劉曜渾儀土圭尺也，比晉前尺爲一尺五分；十五、梁朝俗尺，比晉前尺爲一尺七分一釐。太常所掌，又有後周王朴律準尺，比晉前尺長二分一釐，比梁表尺短一釐；有司天監影表尺，比晉前尺長六分三釐，同晉後尺；有中黍尺，亦制樂所新造也。

其後宋祁、田況薦益州進士房庶曉音，祁上其樂書補亡三卷，召詣闕。庶自言：「嘗得古本漢志，云：『度起於黃鐘之長，以子穀秬黍中者〔四〕一黍之起，積一千二百黍之廣，度之九十分，黃鐘之長，一爲一分。』今文脫『之起積一千二百黍』八字，故自前世以來，累黍爲尺以製律，是律生於尺，尺非起於黃鐘也。且漢志『一爲一分』者，蓋九十分之一，後儒誤以一黍爲分，其法非是。當以秬黍中者一千二百實管中，黍盡，得九十分，爲黃鐘之長，九寸加一以爲尺，則律定矣。」直祕閣范鎮是之，乃爲言曰：「照以縱黍累尺，管空徑三分，容黍千七百三十；瑗以橫黍累尺，管容黍一千二百，而空徑三分四釐六毫：是皆以尺生律，不合古法。今庶所言，實千二百黍於管，以爲黃鐘之長，就取三分以爲空徑，則無容受不合之差，校前二說爲是。蓋累黍爲尺，始失之於隋書，當時議者以其容受不合，棄而不用。及隋平陳，得古樂器，高祖聞而歎曰：『華夏舊聲也！』遂傳用之。至唐祖孝孫、張文收，號稱知音，亦不能更造尺律，止沿隋之古樂，制定聲器。朝廷久以鐘律未正，屢下詔書，博訪羣議，冀有所獲。今庶所言，以律生尺，誠衆論所不及，請如其法，試造尺律，更以古器參考，當得其眞。」乃詔王洙與鎭同於修制所如庶說造律、尺、龠：律徑三分，圍九分，長九十分；龠徑九分，深一寸；尺起黃鐘之長加十分，而律容千二百黍。初，庶言太常樂高古樂五律，比律成，才下三律，以爲今所用黍，非古所謂一稃二米黍也。尺比橫黍所累者，長一寸四分。

庶又言：「古有五音，而今無正徵音。國家以火德王，徵屬火，不宜闕。今以五行旋相生法，得徵音。」又言：「尙書『同律、度、量、衡』，所以齊一風俗。今太常、教坊、鈞容及天下州縣，各自爲律，非書同律之義。且古者帝王巡狩方岳，必考禮樂同異，以行誅賞。謂宜頒格律，自京師及州縣，毋容輒異，有擅高下者論之。」帝召輔臣觀庶所進律、尺、龠，又令庶自陳其法，因問律呂旋相爲宮事，令撰圖以進。其說以五正、二變配五音，迭相爲主，衍之成八十四調。舊以宮、徵、商、羽、角五音，次第配七聲，然後加變宮、變徵二聲，以足其數。推以旋相生之法，謂五行相戾非是，當改變徵爲變羽，易變爲閏，隨音加之，則十二月各以其律爲宮，而五行相生，終始無窮。詔以其圖送詳定所。庶又論吹律以聽軍聲者，謂以五行逆順，可以知吉凶，先儒之說略矣。

是時瑗、逸制樂有定議，乃補庶試祕書省校書郎，遣之。鎮爲論於執政曰：

今律之與尺所以不得其眞，累黍爲之也。累黍爲之者，史之脫文也。古人豈以難曉不合之法，書之於史，以爲後世惑乎？殆不然也。易曉而必合也，房庶之法是矣。今庶自言其法，依古以律而起尺，其長與空徑、與容受、與一千二百黍之數，無不合之差。誠如庶言，此至眞之法也。

且黃鐘之實一千二百黍，積實分八百一十，於算法圓積之，則空徑三分，圍九分，長九十分，積實八百一十分，此古律也。律體本圓，圓積之是也。今律方積之，則空徑三分四釐六毫，比古大矣。故圍十分三釐八毫，而其長止七十六分二釐，積實亦八百一十分。律體本不方，方積之，非也。其空徑三分，圍九分，長九十分，積實八百一十分，非外來者也，皆起於律也。以一黍而起於尺，與一千二百黍之起於律，皆取於黍。今議者獨於律則謂之索虛而求分，亦非也。其空徑三分，圍九分，長九十分之起於律，與空徑三分四釐六毫，圍十分三釐八毫，長七十六分二釐之起於尺，古今之法，疏密之課，其不同較然可見，何所疑哉？

若以謂工作既久而復改爲，則淹引歲月，計費益廣，又非朝廷制作之意也。其淹久而計費廣者，爲之不敏也。今庶言太常樂無姑洗、夾鐘、太簇等數律，就令其律與其說相應，鐘磬每編才易數三，因舊而新，斂而爲之，則旬月功可也，又何淹久而廣費哉？執政不聽。

四年，鎭又上書曰：

陛下制樂，以事天地、宗廟，以揚祖宗之休，茲盛德之事也。然自下詔以來，及今三年，有司之論紛然未決，蓋由不議其本而爭其末也。竊惟樂者，和氣也。發和氣者，聲音也。聲音之生，生於無形，故古人以有形之物傳其法，俾後人參考之，然後無形之聲音得而和氣可道也。有形者，秬黍也，律也，尺也，龠也，鬴也，斛也，算數也，權衡也，鐘也，磬也，是十者必相合而不相戾，然後爲得，今皆相戾而不相合，則爲非是矣。有形之物非是，而欲求無形之聲音和，安可得哉？謹條十者非是之驗，惟裁擇焉！

按詩「誕降嘉種，維秬維秠。」誕降者，天降之也。許愼云：「秬，一稃二米。」又云：「一秬二米〔五〕。」後漢任城縣產秬黍二斛八斗，實皆二米，史官載之，以爲嘉瑞。又古人以秬黍爲酒者，謂之秬鬯。宗廟降神，惟用一尊；諸侯有功，惟賜一卣，以明天降之物，世不常有而可貴也。今秬黍取之民間者，動至數百斛，秬皆一米，河東之人謂之黑米。設有眞黍，以爲取數至多，不敢送官，此秬黍爲非是，一也。

又按先儒皆言律空徑三分，圍九分，長九十分，容千二百黍，積實八百一十分。今律空徑三分四氂六毫〔六〕，圍十分二氂八毫，是爲九分外大其一分三氂八毫，而后容千二百黍，除其圍廣，則其長止七十六分二氂矣。說者謂四氂六毫爲方分，古者以竹爲律〔七〕，竹形本圓，今以方分置算，此律之爲非是，二也。

又按漢書，分、寸、尺、丈、引本起黃鍾之長，又云九十分黃鍾之長者，据千二百黍而言也。千二百黍之施於量，則曰黃鍾之龠；施於權衡，則曰黃鍾之重；施於尺，則曰黃鍾之長。今遺千二百之數，而以百黍爲尺，又不起於黃鍾，此尺之爲非是，三也。

又按漢書言龠，其狀似爵，爵謂爵琖〔八〕，其體正圓。故龠當圓徑九分，深十分，容千二百黍，積實八百一十分，與律分正同。今龠乃方一寸，深八分一氂，容千二百黍，是亦以方分置算者，此龠之非是，四也。

又按周禮鬴法：方尺，圓其外；深尺，容六斗四升。方尺者，八寸之尺也；深尺者，十寸之尺也。何以知尺有八寸、十寸之別？按周禮：「璧羨度尺，好三寸以爲度〔九〕。」璧羨之制，長十寸，廣八寸，同謂之度尺。以爲尺，則八寸、十寸俱爲尺矣。又王制云：「古者以周尺八尺爲步，今以六尺四寸爲步〔一〇〕。」八尺者，八寸之尺也；六尺四寸者，十寸之尺也。同謂之周尺者，是周用八寸、十寸尺明矣。故知八寸尺爲鬴之方，十寸尺爲鬴之深，而容六斗四升，千二百八十龠也。積實一百三萬六千八百分。今鬴方尺，積千寸，此龠之非是，五也。

又按漢書斛法：方尺，圓其外，容十斗，旁有庣焉。當隋時，漢斛尚在，故隋書載其銘曰：「律嘉量斛〔二〕，方尺圓其外，庣旁九釐五毫，冪百六十二寸，深尺，容一斛。」今斛方尺，深一尺六寸二分，此斛之非是，六也。

又按算法，圓分謂之徑圍〔三〕，方分謂之方斜，所謂「徑三、圍九、方五、斜七」，是也。今圓分而以方法算之，此算數非是，七也。

又按權衡者，起千二百黍而立法也。周之龠，其重一鈞，聲中黃鐘；漢之斛，其重二鈞，聲中黃鐘。龠、斛之制，有容受，有尺寸，又取其輕重者，欲見薄厚之法，以考其聲也。今黍之輕重未眞，此權衡爲非是，八也。

又按：「鳧氏爲鐘：大鐘十分，其鼓間之，以其一爲之厚；小鐘十分，其鉦間之，以其一爲之厚〔三〕。」今無大小薄厚，而一以黃鐘爲率，此鐘之非是，九也。

又按：「磬氏爲磬，倨句一矩有半，其博爲一，股爲二，鼓爲三。」蓋各以其律之長短爲法也。今亦以黃鐘爲率〔四〕，而無長短厚薄之別，此磬之非是，十也。

前此者，皆有形之物也，可見者也。使其一不合，則未可以爲法，況十者之皆相戾乎？臣固知其無形之聲音不可得而和也。請以臣章下有司，問黍之二米與一米孰是？

律之空徑三分與三分四釐六毫孰是？律之起尺與尺之起律孰是？龠之圓制與方制孰是？龠之方尺圓其外，深尺與方尺孰是？斛之方尺圓其外，庣旁九釐五毫與方尺深尺六寸二分孰是〔一五〕？算數之以圓分與方分孰是？權衡之重以二米秬黍與一米孰是？鐘磬依古法有大小、輕重、長短、薄厚而中律孰是〔一六〕？是不是定，然後制龠、合、升、斗、斛，斛以校其容受；容受合，然後下詔以求眞黍；眞黍至，然後可以爲量、爲鐘磬；量與鐘磬合於律，然後可以爲樂也。今尺律本末未定〔一七〕，而詳定、修制二局工作之費無慮千萬計矣，此議者所以云云也。然議者不言有司論議依違不決，而顧謂作樂爲過舉，又言當今宜先政令而禮樂非所急，此臣之所大惑也。儻使有司合禮樂之論，是其所是，非其所非，陛下親臨決之，顧於政令不已大乎。

昔漢儒議鹽鐵，後世傳鹽鐵論。方今定雅樂以求廢墜之法，而有司論議不著盛德之事，後世將何考焉？願令有司，人人各以經史論議條上，合爲一書，則孰敢不自竭盡，以副陛下之意？如以臣議爲然，伏請權罷詳定、修制二局，俟眞黍至，然後爲樂，則必得至當〔一八〕而無事於浮費也。

詔送詳定所。鎭說自謂得古法，後司馬光數與之論難，以爲弗合。世鮮鐘律之學，卒莫辯其是非焉。

宋興百餘年，司天數改曆，其說曰：「曆者歲之積，歲者月之積，月者日之積，日者分之積，又推餘分置閏，以定四時，非博學妙思弗能考也。夫天體之運，星辰之動，未始有窮，而度以一法，是以久則差，差則敝而不可用，曆之所以數改造也。物銖銖而較之，至石必差，況於無形之數哉？」乾興初，議改曆，命司天役人張奎運算，其術以八千爲日法，一千九百五十八爲斗分，四千二百九十九爲朔，距乾興元年壬戌，歲三千九百萬六千六百五十八爲積年。詔以奎補保章正。又推擇學者楚衍與曆官宋行古集天章閣，詔內侍金克隆監造曆，至天聖元年八月成，率以一萬五百九十爲樞法，得九鉅萬數。既上奏，詔翰林學士晏殊制序而施行焉，命曰崇天曆。曆法曰演紀上元甲子，距天聖二年甲子，歲積九千七百五十五萬六千三百四十。上考往古，歲減一算；下驗將來，歲加一算。

步氣朔

崇天樞法：一萬五百九十。

歲周：三百八十六萬七千九百四十。

歲餘：五萬五千五百四十。

氣策：一十五、餘五千三百一十四、秒六〔二九〕。

朔實：三十一萬二千七百二十九。

歲閏：一十一萬五千一百九十二。

朔策：二十九、餘五千六百一十九。

望策：一十四、餘八千一百四、秒一十八。

弦策：七、餘四千五十二、秒九。

中盈分：四千六百二十八、秒一十二。

朔虛分：四千九百七十一。

閏限：三十萬三千一百二十九、秒二十四。

秒法：三十六。

旬周：六十三萬五千四百。

紀法：六十。

推天正冬至：置距所求積年，以歲周乘之，爲氣積分；滿旬周去之，不盡，以樞法約之爲大餘，不滿爲小餘。大餘命甲子，算外，即所求年天正冬至日辰及餘。若以後合用約分，即以樞法退除爲分秒，各以一百爲母。

求次氣：置天正冬至大、小餘，以氣策秒累加之，秒盈秒法從小餘，小餘滿樞法從大餘，滿紀法去之，不盡，命甲子，算外，卽各得次氣日辰及餘秒。

推天正十一月經朔：置天正冬至氣積分，朔實去之，不盡爲閏餘；以減天正冬至氣積分，爲天正十一月經朔加時積分〔一〇〕；滿旬周去之，不盡，以樞法約之爲大餘，不滿爲小餘。大餘命甲子，算外，卽所求年天正十一月經朔日辰及餘。

求弦望及次朔經日：置天正十一月經朔大、小餘，以弦策累加之，去命如前，卽各弦、望及次朔經日及餘秒。

求沒日：置有沒之氣小餘，三百六十乘之，其秒進一位，從之，用減歲周，餘滿歲餘爲日，不滿爲餘。命其氣初日，算外，卽其氣沒日日辰。凡二十四氣小餘滿八千二百六十五、秒三十以上爲有沒之氣。

求滅日〔一一〕：置有滅經朔小餘，三十乘之，滿朔虛分爲日，不滿爲餘。命經朔初日，算外，卽爲其朔滅日日辰。凡經朔小餘不滿朔虛分爲有滅之朔。

步發斂

候策：五、餘七百七十一、秒一十四。

卦策：六、餘九百二十五、秒二十四。

土王策：三、餘四百六十二、秒三十。

辰法：八百八十二半。

刻法：一千五十九。

秒法：三十六。

推七十二候：各因中節大、小餘命之，爲其氣初候日也；以候策加之，爲次候；又加之，爲末候。

求六十四卦：各因中氣大、小餘命之，爲公卦用事日；以卦策加之，得次卦用事日；以土王策加諸侯之卦，得十有二節之初外卦用事之日。

推五行用事日：各因四立日大、小餘命之，卽春木、夏火、秋金、冬水首用事日；以土王策減四季中氣大、小餘，命甲子，算外，卽其月土始用事日。

七十二候及卦日與應天同。

求發斂去經朔：置天正十一月閏餘，以中盈及朔虛分累益之，卽每月閏餘；滿樞法除之爲閏日，不盡爲小餘，卽各得其月中氣去經朔日及餘秒。其餘閏滿閏限至閏，仍先見定朔大小。其月內無中氣，乃爲閏月。

求卦候去經朔：各以卦、候策及餘秒累加減之，中氣前以減，中氣后以加。即各得卦、候去經朔日及餘秒。

求發斂加時：置小餘，以辰法除之爲辰數，進一位，滿刻法爲刻，不滿爲刻分。其辰數命子正，算外，即各加時所在辰、刻及分。

校勘記

〔一〕一曰婆陁力　按此注與正文同，必有訛字。

〔二〕不以權量參校　「權量」下原衍「累黍」二字，據長編卷一一九、通考卷一三一樂考刪。

〔三〕嘉量　「嘉」字原脫。據漢書卷二一上律曆志補。

〔四〕以子穀秬黍中者　「者」字原脫，據本書卷八一律曆志、長編卷一七一、通考卷一三一樂考補。

〔五〕一秠二米　說文禾部「秠」條和鬯部「秬」條都無「一秠二米」之語，疑引文有誤。

〔六〕今律空徑三分四氂六毫　「空」下原衍「律」字，據上下文刪。

〔七〕古者以竹爲律　「竹」下原衍「圍」字，據宋會要樂二之二六、長編卷一七二刪。

〔八〕爵謂爵琖　上「爵」字原脫，據同上書同卷補。

〔九〕好三寸以爲度　「度」原作「尺」，據周禮考工記玉人改。

〔一〇〕今以六尺四寸爲步　今本禮記王制「六尺四寸」上有「周尺」二字。

〔一一〕律嘉量斛　「律」上原衍「審」字，據隋書卷一六律曆志刪。

〔一二〕圓分謂之徑圍　「圍」原作「圓」，據宋會要樂二之二七、長編卷一七二改。

〔一三〕以其一爲之厚　「一」原作「二」，據周禮考工記梟氏改。

〔一四〕今亦以黃鐘爲率　「率」原作「變」，據宋會要樂二之二七、長編卷一七二改。

〔一五〕方尺深尺六寸二分孰是　「深尺」二字原脫，據上文和通考卷一三一樂考補。

〔一六〕鐘磬依古法有大小輕重長短薄厚而中律孰是　宋會要樂二之二七、長編卷一七二、通考卷一三一樂考，「中律」下都有「與不依古法而中律」八字。

〔一七〕今尺律本末未定　「末」字原脫，據宋會要樂二之二八、長編卷一七二補。

〔一八〕則必得至當　「得」字原脫，據同上書同卷補。

〔一九〕氣策一十五餘五千三百一十四秒六　三倍候策或以月閏加朔策再二除之，都得氣策一十五、餘二千三百一十四、秒六。原小餘數誤。

〔二〇〕爲天正十一月經朔加時積分　「積」原作「及」，據本條推步內容改。

〔二一〕求減日　舊唐書卷三四曆志、新唐書卷二八上曆志、新五代史卷五八司天考，「減」都作「滅」，下文同。

宋史卷七十二

志第二十五

律曆五

步日躔

周天分：三百八十六萬八千六十五、秒二。

周天度：三百六十五度。虛分二千七百一十五、秒二，約分二十五、秒六十四。

歲差：一百二十五、秒二。

乘法：三十二。

除法：四百八十七。

秒法：一百。

常氣	中積〔一〕	昇降分	盈縮分	損益率	朓朒積
冬至	空	昇七千三百四十七	盈空	益五百八十二	朒空
小寒	一十五 二千三百十四 六	昇六千廿一	盈七千三百四十七	益四百七十七	朒五百八十二
大寒	三十 四千六百廿八 一十二	昇四千六百九十六	盈一萬三千五百六十八	益三百七十二	朒一千五十九
立春	四十五 六千九百四十二 十八	昇三千三百九十六	盈一萬八千六百六十四	益二百六十九	朒一千四百三十一
雨水	六十 九千二百五十六 二十四	昇二千七十	盈二萬一千四百六十	益一百六十四	朒一千七百

驚蟄	七十六　九百八十三　三十	昇七百七十五	盈二萬三千五百三十	益六十	朒一千八百六十四
春分	九十一　三千二百九十五　空	降七百五十七	盈二萬四千二百八十七	損六十	朒一千九百廿四
清明	一百六　五千六百九　六	降二千七十	盈二萬三千五百三十	損一百六十四	朒一千八百六十四
穀雨	一百廿一　七千九百廿三　一十二	降三千三百九十六	盈二萬一千四百六十	損二百六十九	朒一千七百
立夏	二百三十六　一萬二百廿七　十八	降四千六百九十六	盈一萬八千六十四	損三百七十二	朒一千四百三十一
小滿	一百五十二　一千九百六十二　廿四	降六千廿一	盈一萬三千三百六十七	損四百七十七	朒一千五十九

芒種	一百六十七 四千三百七十五 三十	降七千三百四十七	盈七千三百四十七	損五百八十二	朒五百八十二
夏至	一百八十二 六千五百九十 空	降七千三百四十七	縮空	益五百八十二	朏空
小暑	一百九十七 八千九百四 六	降六千廿一	縮七千三百四十七	益四百七十七	朏五百八十二
大暑	二百一十三 六百廿八 一十二	降四千六百九十六	縮一萬三千三百六十八	益三百七十二	朏一千五十九
立秋	二百廿八 二千九百四十二 十八	降三千三百九十六	縮一萬八千六十四	益二百六十九	朏一千四百三十一
處暑	二百四十三 五千一百五十四 廿四	降二千七十	縮二萬一千四百六十	益一百六十四	朏一千七百

白露	二百五十八 七千五百七十 三十	降七百五十七	縮二萬三千五百三十	益六十	朒一千八百六十四
秋分	二百七十三 九千八百八十五 空	昇七百五十七	縮二萬四千二百八十七	損六十	朒一千九百廿四
寒露	二百八十九 一千六百九 六	昇二千七十	縮二萬三千五百三十	損一百六十四	朒一千八百六十四
霜降	三百四 三千九百廿三 一十二	昇三千三百九十六	縮二萬一千四百六十	損二百六十九	朒一千七百
立冬	三百一十九 六千二百三十七 一十八	昇四千六百九十六	縮一萬八千六百四十	損三百七十二	朒一千四百三十一
小雪	三百三十四 八千五百五十一 廿四	昇六千廿一	縮一萬二千三百六十八	損四百七十七	朒一千五十九

大雪	三百五十 二百七十五 三十	昇七千三百四十七	縮七千三百四十七	損五百八十二	朒五百八十二

求每日盈縮定數：以乘法乘所入氣昇降分，如除法而一，爲其氣中平率；與後氣中平率相減，爲差率；半差率，加減其氣中平率，爲其氣初、末汎率。至後加爲初，減爲末；分後減爲初，加爲末。又以乘法乘差率，除法而一，爲日差；半之，加減初、末汎率，爲初、末定率。至後減初加末，分後加初減末。以日差累加減氣之定率，爲每日昇降定率；至後減，分後加。以每日昇降定率，冬至後昇加降減，夏至後昇減降加其氣初日盈縮分，爲每日盈縮定數；其分，至前一氣先後率相減，以前末汎率爲其氣初汎率，以半日差，至前加之，分前減之。爲其氣初日定率。餘依本術〔三〕。求朏朒準此。

求經朔弦望入氣：置天正閏日及餘，如氣策及餘秒以下者，以減氣策及餘秒，爲入大雪氣；已上者去之，餘以減氣策及餘秒，爲入小雪氣：卽得天正十一月經朔入大、小雪氣日及餘秒。求弦、望及後朔入氣，以弦策累加之，滿氣策及餘秒去之，卽得。

求定氣日：冬、夏二至以常氣爲定。餘卽以其氣下盈縮分縮加盈減常氣約餘爲定氣，滿若不足，進退大餘，命甲子，算外，卽定氣日及分。

求經朔弦望入氣朏朒定數：各以所入氣小餘乘其日損益率，如樞法而一，卽得。

求赤道宿度

斗二十六度。　牛八度。　女十二度。　虛十度。及分。

危十七度。　室十六度。　壁九度。

北方七宿九十八度。虛分二千七百一十五、秒二，約分二十五、秒六十四。

奎十六度。　婁十二度。　胃十四度。　昴十一度。

畢十七度。　觜一度。　參十度。

西方七宿八十一度。

井三十三度。　鬼三度。　柳十五度。　星七度。

張十八度。　翼十八度。　軫十七度。

南方七宿一百一十一度。

角十二度。　亢九度。　氐十五度。　房五度。

心五度。　尾十八度。　箕十一度。

東方七宿七十五度。

前皆赤道度，其畢、觜、參及輿鬼四宿度數與古度不同，自大衍曆依渾天儀以測定，爲用紘帶天中，儀極是憑，以格黃道。

推天正冬至赤道日度：以歲差乘距所求積年，滿周天分去之，不盡，用減周天分，餘以樞法除之爲度，不盡爲餘秒。其度，命以赤道虛宿七度外起算，依宿次去之，不滿者，即得天正冬至加時赤道日躔所距宿度及餘秒。其餘以樞法退除爲分及秒，各以一百爲度。

求二十四氣赤道日度：置天正冬至加時赤道日度及餘秒，以氣策及餘秒累加之，先以三十六乘赤道秒，以一百乘氣策秒，然後加之，即秒母皆同三千六百。滿赤道宿次去之，即各得二十四氣加時赤道日躔宿度及餘秒。

求二十四氣昏後夜半赤道日度〔三〕：各以其氣小餘減樞法，其秒亦以一百乘，然乃減之〔四〕。餘加其氣加時赤道日躔宿度及餘秒，即其氣初日昏後夜半赤道日度及餘秒。求次日累加一度，滿宿次去之，各得所求。

求赤道宿積度：置冬至加時日躔赤道宿全度，以冬至加時日躔赤道宿度及約分秒減之，餘爲距後度及分秒；以赤道宿度累加距後度，即得各赤道宿積度及分秒。

求赤道宿積度入初末限：各置赤道宿積度及分秒，滿九十一度三十一分、秒一十一去之，餘四十五度六十六分以下爲入初之限；已上者，用減九十一度三十一分，餘爲入末限度及分秒。

求二十八宿黃道度：各置赤道宿入初、末限度及分，用減一百二十五，餘以初、末限度及分乘之，十二除爲分，分滿百爲度，命爲黃赤道差度及分；至後分前以減、分後至前以加赤道宿積度，爲其宿黃道積度；以前宿黃道積度減其宿黃道積度，爲其宿黃道度及分。其分就近約爲太、半、少。

黃道宿度

斗：二十三太。 牛：七半。 女：十一半。 虛：十、秒六十四。

危：十七太。 室：十七。 壁：九少。

北方七宿九十七度半、秒六十四

奎：十七半。 婁：十二太。 胃：十四太。 昴：十一。

畢：十六。 觜：一。 參：九少。

西方七宿八十二度。

井：三十。 鬼：二。 柳：十四。 星：七。

張：十八太。 翼：十九少。 軫：十八。

南方七宿一百一十度。

角：十三。 亢：九半。 氐：十五半。 房：五。

心：四。 尾：十七。 箕：十。

東方七宿七十四度。

求冬至加時黃道日躔宿次：以冬至加時赤道日躔宿度，用減一百二十五，餘以冬至加時赤道度及分乘之，十二除爲分，分滿百爲度，用減冬至加時赤道日度及分，即冬至加時黃道日躔宿度及分。

求二十四氣初日加時黃道日躔宿次：置所求年冬至日躔黃道赤道差，以次年黃赤道差減之，餘以所氣數乘之〔五〕，二十四而一，所得，以加其氣下中積及約分，又以其氣初日盈縮分盈加縮減之，用加冬時黃道日度〔六〕，依宿次命之，即各得其氣初日加時黃道日躔所在宿度及分。若其年冬至加時赤道日躔度空，分、秒在歲差已下者，即如前宿全度，乃求黃赤道差，以次年冬至加時黃赤道差減之，餘依本術，各得所求。此術以究算理之微，亟求其當，止以盈縮分加減中積，以天正冬至加時黃道日度加而命之。

求二十四氣初日晨前夜半黃道日躔宿次：置一百分，分以一百約其氣初日昇降分〔七〕，昇加降減之，一日所行之分乘其初日約分，所得，滿百爲分，分滿百爲度，不滿百分爲秒，以減其初日黃道加時日躔宿次，即其日晨前夜半黃道日躔宿次。

求每日晨前夜半黃道日躔宿次：各因二十四氣初日晨前夜半黃道日躔宿次，日加一度，以一百約每日昇降爲分秒，昇加降減之，以黃道宿次命之，即每日晨前夜半黃道日躔所距宿度及分。

步月離

轉周分：二十九萬一千八百三、秒五百九十四。

轉周日：二十七、餘五千八百七十三、秒五百九十四。

朔差日：一、餘一萬三百三十五、秒九千四百六。

望差：一十四、餘八千一百四、秒五千。

弦策：七、餘四千五十二、秒二千五百。

七日：初數九千四百四十一，初約分八十九；末數一千一百七十九，末約分一十一。

十四日：初數八千二百三十二，初約分七十八；末數二千三百五十八，末約分二十二。

二十一日：初數七千五十二，初約分六十九；末數三千五百三十八，末約分三十三。

二十八日：初數五千八百七十三，初約分五十六。

已上秒法一萬。

上弦：九十一度三十一分、秒四十一。

望：一百八十二度六十二分、秒八十二。

下弦：二百七十三度九十四分、秒二十三。

平行：一十三度三十六分、秒八十七半。

已上秒母一百。

推天正十一月經朔入轉：置天正十一月經朔積分，以轉周分秒去之，不盡，以樞法除之爲日，不滿爲餘秒，命日，算外，即所求天正十一月經朔加時入轉日及餘秒。若以朔差日及餘秒加之，滿轉周日及餘秒去之，即次日加時入轉〔八〕。

求弦望入轉：因天正十一月經朔加時入轉日及餘秒，以弦策累加之，去命如前，即上弦、望及下弦加時入轉日及餘秒。若以經朔、弦、望小餘減之，各得其日夜半入轉日及餘秒。

轉日	進退差	轉定分	轉積度	增減差	遲疾度	損益率	朏朒積
一日	進十二	一千二百五	空	增一百三十	遲空	益一千四十三	朒空
二日	進十九	一千二百十七	一十二度五	增一百廿	遲一度一三十	益九百四十六	朒一千四十三
三日	進二十三	一千二百三十六	廿四度廿二	增一百一	遲二度一五十	益八百二	朒一千九百八十九
四日	進廿二	一千二百五十八	三十六度五十八	增七十九	遲三度二五十	益六百三十	朒二千七百九十一

五日	進廿三	一千二百八十	四十九度一十六	增五十七	遲四度三十一	益四百五十	朒三千四百廿一
六日	進廿四	一千三百三	六十一度九十六	增三十三	遲四度八十八	益二百六十二	朒三千八百三十一
七日	進廿五	一千三百廿七	七十四度九十九	初增一十一 末減一	遲五度二十一	初益八十三 末損一十	朒四千百二十四
八日	進廿四	一千三百五十二	八十八度二十六	減一十五	遲五度三十一	損一百一十七	朒四千二百七
九日	進廿三	一千三百七十六	一百一度七十八	減三十九	遲五度十六	損三百七	朒四千九十
十日	進廿三	一千三百九十九	一百一十五度五十四	減六十二	遲四度七十七	損四百九十三	朒三千七百八十三
十一日	進廿	一千四百廿二	一百廿九度五十六	減八十五	遲四度一十五	損六百七十二	朒三千二百九十
十二日	進十八	一千四百四十二	一百四十三度七十五	減一百五	遲三度三十	損八百三十六	朒二千六百十八

十三日	進八	一千四百六十	一百五十八度一十七	減一百廿三	遲二度二十五	損九百七十一	朒一千七百八十二
十四日	退二	一千四百六十八	一百七十二度七十七	初減二百二 末增二十九	遲一度二	初損八百十一 末益二百廿三	朒八百一十一
十五日	退一十四	一千四百六十六	一百八十七度四十五	增一百廿九	疾空廿九	益一千廿三	朓三百三十二
十六日	退一十九	一千四百五十二	二百二度一十一	增一百一十五	疾一度五十八	益九百一十四	朓二千二百五十六
十七日	退廿一	一千四百三十三	二百一十六度六十三	增九十七	疾二度七十三	益七百六十四	朓二千一百七十
十八日	退廿三	一千四百一十三	二百三十度九十六	增七十五	疾三度七十	益三百九十一	朓二千九百廿四
十九日	退廿四	一千三百八十九	二百四十五度八	增五十一	疾四度四十五	益四百九	朓三千五百廿五
二十日	退廿四	一千三百六十五	二百五十八度九十七	增廿八	疾四度九十六	益二百廿	朓三千九百三十四

二十一日	退廿四	一千五百四十一	二百七十二度九十六	初增八末減四	疾五度廿四	初益六十三末減三十一	朒四千一百五十四
二十二日	退廿四	一千三百七十七	二百八十六度三	減廿	疾五度廿八	損一百五十九	朒四千一百八十六
二十三日	退廿四	一千二百九十三	二百九十九度二十	減四十四	疾五度八	損三百四十九	朒四千廿七
二十四日	退廿三	一千二百六十九	三百一十二度十三	減六十七	疾四度六十四	損五百三十一	朒三千六百七十八
二十五日	退一十八	一千二百四十六	三百廿四度八十二	減九十	疾三度九十七	損七百一十	朒三千一百四十七
二十六日	退一十七	一千二百廿八	三百三十七度廿八	減一百九	疾三度七	損八百六十七	朒二千四百三十七
二十七日	退四	一千二百一十一	三百四十九度五十六	減一百廿六	疾一度九十六	初損九百九十二	朒一千五百七十
二十八日	退三	一千二百七	三百六十一度六十七	初減七十二	疾空七十二	初損五百七十八	朒五百七十八

求朔弦望入轉朏朒定數：置所入轉餘，乘其日損益率，樞法而一，所得，以損益其下朏朒積爲定數。其四七日下餘如初數下，以初率乘之，初數而一，以損益朏朒爲定數。若初數已上者，以初數減之，餘乘末率，末數而一，用減初率，餘加朏朒，各爲定數。其十四日下餘若在初數已上者，初數減之，餘乘末率，末數而一，爲朏定數。

求朔望定日：各以入氣、入轉朏朒定數朏減朒加經朔、弦、望小餘，滿若不足，進退大餘，命甲子，算外，各得定日及餘。若定朔干名與後朔同名者大，不同者小，其月無中氣者爲閏月。凡注曆，觀朔小餘，如日入分已上者，進一日，朔或當定，有食應見者，其朔不進。弦、望定小餘不滿日出分，退一日，其望定小餘雖滿此數，若有交食虧初起在日出已前者，亦如之。有月行九道遲疾，曆有三大二小；若行盈縮累增損之〔九〕，則有四大三小，理數然也。若俯循常儀，當察加時早晚，隨其所近而進退之，不過三大二小。若正朔有加交，時虧在晦、二正見者，消息前後一兩月，以定大小〔一〇〕。

求定朔弦望加時日所在度：置定朔、弦、望約分，副之，以乘其日昇降分，一萬約之，所得，昇加降減其副，以加其日夜半日度，命如前，各得其日加時日躔黃道宿次。

推月行九道：凡合朔所交，冬在陰曆，夏在陽曆，月行青道；冬、夏至後，青道半交在春分之宿，當黃道東；立冬、立夏後，青道半交在立春之宿，當黃道東南：至所衝之宿亦如之。冬在陽曆，夏在陰曆，月行白道；冬、夏至後，白道半交在秋分之宿，當黃道西；立冬、立夏後，白道半交在立秋之宿，當黃道西北：至所衝之宿亦如之。春在陽曆，秋在陰曆，月行朱道；春、秋分後，朱道半交在夏至之宿，當黃道南；立春、立秋後，朱道半交在立夏之宿，當黃道西南：至所衝之宿亦如之。春在陰曆，秋在陽曆，月行黑道。春、秋分後，黑道半交在冬至之宿，當黃道北；立春、立秋後，黑道半交在立冬之宿，當黃道東北：至所衝之宿亦如之。四序月離雖爲八節〔二〕，至陰陽之所交，皆與黃道相會，故月行有九道。各視月所入正交積度，滿象度及分去之，入交積度及象度並在交會術中。若在半象以下者爲入初限；已上者，復減象度，餘爲入末限；用減一百二十五，餘以所入初、末限度及分乘之，滿二十四而一爲分，分滿百爲度，所得，爲月行與黃道差數。距半交後、正交前，以差數爲減；距正交後、半交前，以差數爲加。此加減出入六度，單與黃道相較之數，若較赤道，則隨氣遷變不常。計去冬、夏至以來度數，乘黃道所差，九十而一，爲月行與赤道差數。凡日以赤道內爲陰，外爲陽；月以黃道內爲陰，外爲陽。故月行宿度，入春分交後行陰曆，秋分交後行陽曆，皆爲同名；春分交後行陽曆，秋分交後行陰曆，皆爲異名。其在同名，以差數加者加之，減者減之；其在異名，以差數加者減之，減者加之。皆以增損黃道宿積度，爲九道宿積度；以前宿九道積度減之，爲其九道宿度及分。其分就近約爲少、半、太之數。

推月行九道平交入氣：各以其月閏日及餘，加經朔加時入交汎日及餘秒，盈交終日去之，乃減交終日及餘秒，卽各平交入其月中氣日及餘秒。滿氣策及餘秒去之，餘卽平交入後月節氣日及餘秒。因求次交者，以交終日及餘秒加之，滿氣策及餘秒去之，餘爲平交入其氣日及餘秒，若求其氣朏朒定數，如求朔、弦、望經日術入之，各得所求也。

求平交入轉朏朒定數〔三〕：置所入氣餘，加其日夜半入轉餘，以乘其日損益率，樞法而一，所得，以損益其下朏朒積，乃以交率乘之，交數而一，爲定數。

求正交入氣：以平交入氣、入轉朏朒定數，朏減朒加平交入氣餘，滿若不足，進退其日，卽正交入氣日及餘秒。

求正交加時黃道宿度：置正交入氣餘，副之，以乘其日昇降分，一百約之，昇加降減其副，乃一百乘之，樞法而一，以加其日夜半日度，卽正交加時黃道日度及分秒。

求正交加時月離九道宿度：以正交度及分減一百二十五，餘以正交度及分乘之，滿二十四，餘爲定差。以差加黃道宿度，仍計去冬、夏至以來度數乘差，九十而一，所得，依名同異而加減之，滿若不足，進退其度，命如前，卽正交加時月離九道宿度及分。

推定朔弦望加時月所在度：各置其日加時日躔所在，變從九道，循次相當。凡合朔加時，月行潛在日下，與太陽同度，是爲加時月離宿次；先置朔、弦、望加時黃道宿度，以正交加時黃道宿度減之，餘以加其正交加時九道宿度，命起正交宿度，算外，卽朔、弦、望加時所當九道宿度。其合朔加時若非正交，則日在黃道、月在九道各入宿度，雖多少不同，考其去極，若應繩準，故云月行潛在日下，與太陽同度。各以弦、望度及分秒加其所當九道宿度，滿宿次去之，命如前，卽各得加時九道月離宿次。

求定朔夜半入轉：各視經朔夜半入轉，若定朔大餘有進退者，亦加減轉日，不則因經爲定。

求次定朔夜半入轉：因定朔夜半入轉，大月加二，小月加一，餘皆四千七百一十六、秒九千四百六，滿轉周日及餘秒去之，卽次定朔夜半入轉；累加一日，去命如前，各得次日夜半轉日及餘秒。

求月晨昏度：以晨分〔三〕乘其日轉定分，樞法而一，爲晨轉分；減轉定分，餘爲昏轉分；乃以朔、弦、望定小餘乘轉定分，樞法而一，爲加時分；以減晨昏轉分，餘爲前；不足，覆減，餘爲後；仍前加後減加時月，卽晨、昏月所在度。

求朔弦望晨昏定程：各以其朔昏定月減上弦昏定月，爲朔後定程；以上弦昏定月減望日昏定月，爲上弦後定程；以望日晨定月減下弦晨定月，爲望後定程；以下弦晨定月減後朔晨定月，爲下弦後定程。

求每日轉定度：累計每程相距日轉定分，以減定程爲盈；不足，覆減爲縮；以相距日均其盈縮，盈加縮減每日轉定分，爲每日轉定度及分。

求每日晨昏月：因朔、弦、望晨昏月，加每日轉定度及分，盈宿次去之，爲每日晨昏月。

凡注曆，自朔日注昏，望後次日注晨。已前月度並依九道所推，以究算理之精微。如求其速要，即依後術求之。

推天正經朔加時平行月：置歲周，以天正閏餘減之，餘以樞法除之爲度，不盡，退除爲分秒，即天正經朔加時平行月積度。

求天正十一月定朔夜半平行月：置天正經朔小餘，以平行分乘之，樞法而一爲度，不盡，退除爲分秒，所得，爲加時度；用減天正經朔加時平行月，即經朔晨前夜半平行月，其定朔有進退者，即以平行度分加減之〔四〕。即天正十一月定朔晨前夜半平行月積度。

求次定朔夜半平行月：置天正定朔夜半平行月，大月加三十五度八十分、秒六十一，小月加二十二度四十三分、秒七十三半，滿周天度分去之，即每月定朔晨前夜半平行月積度及分。

求定望夜半平行月：計定朔距定望日數，以乘平行度及分秒，所得，加其定朔夜半平行月積度及分，即定望夜半平行月積度及分。

求天正定朔夜半入轉：因天正經朔夜半入轉，若定朔大餘有進退者，亦進退之，不則因經而定，即所求年天正定朔晨前夜半入轉及其餘；以樞法退除爲約分及秒，皆一百爲母。

求定望及次定朔夜半入轉：因天正定朔夜半入轉及分秒，以朔望相距日累加之，滿轉周日二十七及分五十五、秒四十六去之，即各得定望及次定朔晨前夜半入轉日及分秒。

求定朔望夜半定月：置定朔、望夜半入轉分，乘其日增減差，一百約之爲分，分滿百爲度，增減其下遲疾度，爲遲疾定度；遲減疾加夜半平行月，爲朔望夜半定月；以冬至加時黃道日度加而命之，即朔望夜半月離宿次。其入轉若在四七日下，如求朏朒術入之，即得所求。

求朔望定程：以朔定月減望定月，爲朔後定程；以望定月減次朔定月，即望後定程。

求朔望轉積：計朔至望轉定分，爲朔後轉積；自望至次朔，亦如之，爲望後轉積。

求每日夜半月離宿次：各以其朔、望定程與轉積相減，餘爲程差；以距後程日數除之，爲日差；加歲轉定分，爲每日行度及分；定程多，加之；定程少，減之。以每日行度及分累加朔、望夜半宿次，命之，即每日晨前夜半月離宿次。若求晨昏月，以其日晨昏分乘其日轉定度及分，樞法而一，以加夜半月，即晨昏月所在度及分。若以四象爲程，兼求弦日平行積餘，各依次入之。若以九終轉定分累加之，依宿次命之，亦得所求。

步晷漏

二至限：一百八十二、六十二分。

一象：九十一、三十二分。

消息法：七千八百七十三。

辰法：八百八十二半，八刻三百五十三。

昏明刻：一百二十九半。

昏明餘數：二百六十四太。

冬至陽城晷景　一丈二尺七寸一分半；初限六十二，末限一百二十六、十二分。

夏至陽城晷景：一尺四寸七分，小分八十；初限一百二十六、十二分，末限六十二。

求陽城晷景入二至後日數：各計入二至後日數，乃如半日之分五十，又以二至約分減之，卽入二至後來午中日數及分。

求陽城晷景入初末限定日及分：置其日中入二至後求日數及分〔三五〕，以其日午中入氣盈縮分盈加縮減之，各如初限已下爲在初限；已上，覆減二至限，餘爲入末限定日及分。

求盈縮分，置入二至後來午中日數及分，以氣策及約分除之〔三六〕爲氣數，不盡，爲入氣以來日數及分；加其氣數，命以冬、夏至，算外，卽其日午中所入氣日及分。置所入氣日約分，如出朏朒術入之，卽得所求。

求陽城每日中晷定數：置入二至初、末限定日及分，如冬至後初限、夏至後末限者，以初、末限日及分減一百四十六，餘退一等，爲定差；又以初、末限日及分自相乘，以乘定差，滿六千六百四十五爲尺，不滿，退除爲寸分，命曰晷差；以晷差減冬至晷數，卽其日陽城午中晷景定數。如冬至後末限、夏至後初限者，以初、末限日及分減一千二百一十七，餘再退，爲定差；亦以初末限日及分自相乘，以乘定差，滿二萬四千九百三十，餘爲尺，不滿，退除爲寸分，命曰晷差；以晷差加夏至晷數，即其日陽城中晷定數。若以中積求之，即得每日晷影常數。

求每日消息定數：以所入氣日及加其氣下中積〔七〕，一象已下，自相乘；已上者，用減二至限，餘亦自相乘，皆五因之，進二位，以消息法除之，爲消息常數；副置常數，用減五百二十九半，餘乘其副，以二千三百五十除之，加於常數，爲消息定數。冬至後爲消，夏至後爲息。

求每日黃道去極度及赤道內外度：置其日消息數，十六乘之，以三百五十三除爲度，不滿，退除爲分，所得，在春分後加六十七度三十一分，秋分後減一百一十五度三十一分，即每日黃道去極度分度。又以每日黃道去極度及分，與一象度相減，餘爲赤道內、外度。若去極度少，爲日在赤道內；去極度多，爲日在赤道外，即各得所求。其赤道內外度，爲黃、赤道相去度分。

求每日晨昏分日出入分及半晝分：以每日消息定數，春分後加一千八百五十三少，秋分後減二千九百一十二少，各爲每日晨分；用減樞法，爲昏分。以昏明餘數加晨分，爲日出分；減昏分，爲日入分；以日出分減半法，爲晝分。

求每日距中度：置每日晨分，三因，進二位，以八千六百九十八除爲度，不滿，退除爲分，卽距子度；用減半周天，餘爲距中度；又倍距子度，五除，爲每更差度及分。

求夜半定漏：置晨分，進一位，以刻法除爲刻，不滿爲分，卽每日夜半定漏。

求晝夜刻及日出入辰刻：倍夜半定漏，加五刻，爲夜刻；減一百刻，餘爲晝刻。以昏明刻加夜半定漏，命子正，算外，卽日出辰刻；以晝刻加之，命如前，卽日入辰刻。

求更籌辰刻：倍夜半定漏，二十五而一，爲籌差刻；五乘之，爲更差刻。以昏明刻加日入辰刻，卽甲夜辰刻；以更籌差刻累加之，滿辰刻及分去之，各得每更籌所入辰刻及分。

求每日昏明度：置距中度，以其日昏後夜半赤道日度加而命之，卽昏中星所格宿次；又倍距子度，加昏中星命之，卽曉中星所格宿次。

求五更中星：皆以昏中星爲初更中星，以每更差加而命之，卽乙夜所格宿次；累加之，各得五更中星所格宿次。

求九服距差日：各於所在立表候之，若地在陽城北，測冬至後與陽城冬至晷景同者，累冬至後至其日，爲距差日；若地在陽城南，測夏至後與陽城夏至晷景同者，累夏至後至其日，爲距差日。

求九服晷景：若地在陽城北冬至前後者，置冬至前後日數，用減距差日，爲餘日；以餘日減二百四十六，餘退一等，爲定差；以餘日自相乘而乘之，滿六千六百四十五除之爲尺，不滿，退除爲寸分，加陽城冬至晷景，爲其地其日中晷常數。若冬至前後日多於距差日，卽減去距差日，餘依陽城法求之，各其地其日中晷常數。若地在陽城南夏至前後者，以夏至前後日數減距差日，爲餘日；以減一千二百一十七，餘再退，爲定差；以餘日自相乘而乘之，滿二萬四千九百三十爲尺，不滿，退除爲寸分，以減陽城夏至晷數，卽其地其日中晷常數；如不及減，乃減去陽城夏至日晷景，餘卽晷在表南也。若夏至前後日多於距差日，卽減去距差日，餘依陽城法求之，各其地其日中晷常數。若求中晷定數，先以盈縮分加減之，乃用法求之，卽各得其地其日中晷定數。

求九服所在晝夜漏刻：冬、夏至各於所在下水漏，以定其處二至夜刻數，相減爲冬、夏至差刻。乃置陽城其日消息定數，以其處二至差刻乘之，如陽城二至差刻二十而一，所得，爲其地其日消息定數。乃倍消息定數，進一位，滿刻法約之爲刻，不滿爲分，乃加減其處二至夜刻，秋分後、春分前，減冬至夜刻；春分後、秋分前，加夏至夜刻。爲其地其日夜刻；用減一百刻，餘爲晝刻。求日出入辰刻及距中度五更中星，皆依陽城法。

校勘記

〔一〕中積　據崇天氣策推算，表內立夏日數應作「一百三十六」，餘秒應作「一萬二百三十七、十八」。

〔二〕爲其氣初日定率餘依本術　疑應作注文。

〔三〕求二十四氣昏後夜半赤道日度　「夜」字原脫，據本條推步內容補。

〔四〕然乃減之　疑「乃」爲「後」之誤。

〔五〕餘以所氣數乘之　按本條爲求二十四氣初日加時黃道日躔宿次，「所」下脫「求」字。

〔六〕用加冬時黃道日度　據上下文，「冬時」爲「冬至」之誤。

〔七〕分以一百約其氣初日昇降分　疑上「分」字衍。

〔八〕即次日加時入轉　按本條推步所得爲次朔加時入轉，「日」應作「朔」。

〔九〕若行盈縮累增損之　「若」下應有「日」字。

〔一〇〕若正朔有加交時虧在晦二正見者消息前後一兩月以定大小　按新唐書卷二八上曆志作「其正月朔有交，加時正見者，消息前後一兩月以定大小，令虧在晦、二」。「加交」二字應倒，「虧在晦二」應移作末句，幷在「虧」字上加「令」字。

〔一一〕四序月離雖爲八節　本書卷六九律曆志作「四序月離爲八節」，是。「雖」和「離」因形近而誤衍。

〔一二〕求平交入轉朏朒定數　「交」原作「加」，據本條推步內容改。

〔三〕晨分　「分」原作「昏」。按以晨分乘其日轉定分，樞法而一，爲晨轉分，「昏」爲「分」之誤，故改。

〔四〕其定朔有進退者卽以平行度分加減之　據上下文，疑應作正文。

〔五〕置其日中入二至後求日數及分　據宋朝諸曆推步用語，「求」爲「來」之誤。

〔六〕以氣策及約分除之　「及」原作「入」，按以氣策及約分除入二至後來午中日數及分爲氣數，「入」應作「及」，故改。

〔七〕以所入氣日及加其氣下中積　疑「及」下脫「餘秒」二字。

宋史卷七十三

志第二十六

律曆六

崇天曆

步交會

交終分：二十八萬八千一百七十七、秒四千二百七十七。

交終日：二十七、餘二千二百四十七、秒四千二百七十七。

交中日：一十三、餘六千四百一十八、秒七百三十八半〔一〕。

朔差日：二、餘三千三百七十一、秒五千七百二十三。

後限日：一、餘一千六百八十五、秒七千八百六十一半。

望策：十四、餘八千一百四、秒五十〔三〕。

前限日：十二、餘四千七百三十二、秒九千二百七十七。

交率：一百四十一。

交數：一千七百九十六。

交終度：三百六十三度七十六分。

交象：九十度九十四。

半交：一百八十一度八十八。

陽曆食限：四千二百。

陽曆定法：四百二十。

陰曆食限：七千。

陰曆定法：七百。

推天正十一月經朔加時入交：置天正十一月朔積分，以交終分秒去之，不盡，滿樞法爲日，不滿爲餘秒，卽天正經朔加時入交汎日及餘秒。

求次朔及望入交：因天正經朔加時入交汎日及餘秒，求次朔，以朔差日及餘秒加之；求望，以望策及餘秒加之：滿交終日及餘秒皆去之，卽次朔及望加時所入。若以經朔、望小餘減之，即各得朔、望夜半入交汎日及餘秒。

求定朔夜半入交：因經朔、望夜半入交，若定朔、望大餘有進退者，亦進退交日，不則因經爲定，各得所求。

求次定朔夜半入交：各因前定朔夜半入交〔三〕，大月加日二，小月加日一，餘皆加八千三百四十二、秒五千七百二十三；若求次日，累加一日；滿交終日及餘秒皆去之，即得次定朔及每日夜半入交汎日及餘秒。

求朔望加時入交常日：置經朔、望入交汎日及餘秒，以其朔、望入氣朏朒定數朏減朒加之，即朔、望入交常日及餘秒。

求朔望加時入交定日：置其朔、望入轉朏朒定數，以交率乘之，如交數而一，所得，以朏減朒加入交常日餘，滿若不足，進退其日，即朔、望加時入交定日及餘秒。

求月行入陰陽曆：視其朔、望入交定日及餘秒，在中日及餘秒以下者爲月在陽曆；如中日及餘秒已上者，減去之，爲月在陰曆。凡入交定日，陽初陰末爲交初，陰初陽末爲交中。

求朔望加時月入陰陽曆積度：置其月入陰陽曆日及餘，其餘，先以一百乘之，樞法除爲約分。以九百九乘之，六十八除爲度，不盡，退除爲分，即朔、望加時月入陰陽曆積度及分。其月在陽曆，即爲入陽曆積度；月在陰曆，即爲入陰曆積度。

求朔望加時月去黃道度：置入陰陽曆積度及分，如交象以下爲在少象；已上，覆減半交，餘爲入老象。置所入老少象度及分，以五因之，用減一千一十，餘，以老少象度及分乘之，八十四而一，列於上位；又置所入老少象度及分，如半象以下爲在初限；已上，減去半象，餘爲入末限。置初、末限度及分於上，列半象度及分於下，以上減下，餘以乘上，四十而一，所得，初限以減，末限以加，上位滿百爲度，不滿爲分，卽朔、望加時月去黃道度數及分。

求食定餘：置定朔小餘，如半法以下覆加半法，餘爲午前分；已上，減去半法，餘爲午後分。置午前、後分於上，列半法於下，以上減下，以下乘上，午前以三萬一千七百七十除〔四〕，午後以一萬三千八百八十五除之，各爲時差。午前以減、午後以加定朔小餘，各爲食定小餘。以時差加午前、後分，爲午前、後定分。其月食，直以定望小餘便爲食定小餘。

求日月食甚辰刻：置食定小餘，以辰法除之爲辰數，不滿，進一位，刻法除之爲刻，不滿爲刻分。其辰數命子正，算外，卽食甚辰、刻及分。

求氣差：置其朔中積，滿二至限去之，餘在一象以下爲在初；已上，覆減二至限，餘爲在末；皆自相乘，進二位，滿二百三十六除之，用減三千五百三十三，爲氣差；以乘距午定分，半晝分而一，所得，以減氣差，爲定數。春分後，交初以減，交中以加；秋分後，交初以加，交中以減。

求刻差：置其朔中積，滿二至限去之，餘，列二至限於下，以上減下，餘以乘上，進二位，滿二百三十六除之，爲刻差；以乘距午定分，四因之，樞法而一，爲定數。冬至後食甚在午前，夏至後食甚在午後。交初以加，交中以減。冬至後食甚在午後，夏至後食甚在午前。交初以減，交中以加。

求日入食限：置入交定日及餘秒，以氣、刻、時三差定數各加減之，如中日及餘秒以下爲不食；已上者，減去中日及餘秒，如後限以下、前限已上爲入食限；後限以下爲交後分；前限以上覆減中日，餘爲交前分〔五〕。

求日食分：置入交前後分，如陽曆食限以下者爲陽曆食定分；已上者，覆減一萬一千二百，餘爲陰曆食定分；不足減者，不食。各如陰陽曆定法而一，爲食之大分，不盡，退除爲小分，半已上爲半強，半以下爲半弱。命大分以十爲限，得日食之分。

求日食汎用分〔六〕：置朔入陰陽曆食定分，一百約之，在陽曆者列八十四於下，在陰曆者列一百四十於下，各以上減下，餘以乘上，進二位，陽曆以一百八十五除，陰曆以五百一十四除，各爲日食汎用分。

求月入食限：視月入陰陽曆日及餘，如後限以下爲交後分〔七〕；前限已上覆減中日，爲交前分。

求月食分：置交前後分，如三千二百以下者，食既；已上，用減一萬二百，不足減者不食；餘以七百除之爲大分，不盡，退除爲小分，小分半已上爲半強，半已下爲半弱。命大分以十爲限，得月食之分。

求月食汎用分：置望入交前後分，退一等，自相乘，交初以九百三十五除，交中以一千一百五十六除之，得數用減刻率，交初以一千一百一十二爲刻率，交中以九百爲刻率。各得所求。

求日月食定用分：置日月食汎用分，以一千三百三十七乘之，以所食日轉定分除之，卽得所求。

求日月食虧初復滿小餘：各以定用分減食甚小餘，爲虧初；加食甚小餘，爲復滿：卽各得虧初、復滿小餘。若求時刻者，依食甚術入之。

求月食更籌定法：置其望晨分，四因之，退一等，爲更法；倍之，退一等，爲籌法。

求月食入更籌：置虧初、食甚、復滿小餘，在晨分以下加晨分，昏分已上減去昏分，餘以更法除之爲更數，不滿，以籌法除之爲籌數。其更數命初更，算外，卽各得所入更、籌。

求朔、望食甚宿次：置其經朔、望入氣小餘，以入氣、入轉朏朒定數朏減朒加之，乘其日升降分，樞法而一，加減其日盈縮分，至後、分前以加，分後、至前以減。一百約之爲分，分滿百爲度，以盈加縮減其定朔、望加時中積，以天正冬至加時黃道日度及分加而命之，卽定朔、望加時日躔宿次。其望加半周天，命如前，卽朔、望食甚宿次。

求月食既內外刻分：置月食交前、後分，覆減三千二百，不及減者，爲食下既。一百約之，列六十四於下，以上減下，餘以乘上，進二位，交初以□百九十三除〔八〕，交中以三百六十五除，所得，以定用分乘之，如汎用分而一，爲月食既內刻分；覆減定用分，卽既外刻分。

求日月帶食出入分數：各以食定小餘與日出、入分相減，餘爲帶食差；其帶食差滿定用分已上者，不帶食出入也。以帶食差乘所食分，滿定用分而一，若月食既者，以既內刻分減帶食差，餘所食分〔九〕，以既外刻分而一，不及減者，爲帶食既出入也。各以減所食分，卽帶出、入所見之分。其朔日食甚在晝者，晨爲漸進之分，昏爲已退之分；若食甚在夜者，晨爲已退之分，昏爲漸進之分。其月食者，見此可知也。

求日食所起：日在陰曆，初起西北，甚於正北，復於東北；日在陽曆，初起西南，甚於正南，復於東南。其食八分已上者，皆起正西，復於正東。此據午地而論之，其餘方位，審黃道斜正、月行所向，可知方向。

求月食所起：月在陰曆，初起東南，甚於正南，復於西南；月在陽曆，初起東北，甚於正北，復於西北。其食八分已上，皆起正東，復於正西。此亦據午地而論之，其餘方位，依日食所向，卽知既虧、復滿。

步五星

五星會策：十五度二十一分、秒九十。

木星周率：四百二十二萬四千五十八、秒三十二。

周日：三百九十八、餘九千二百三十八、秒三十二。

歲差：一百三、秒六。

伏見度：一十三。

變目	變日	變度	限度	初行率
前伏	一十六日八十	三度八十	二度八十五	二十二
前疾初	二十八日	六度六十	四度五十五	二十二
前疾末	二十八日	五度五十二	四度一十五	二十二
前遲初	二十八日	四度四十一	三度三十三	一十八
前遲末	二十八日	二度二十二	一度六十五	一十三
前留	二十四日			

前退	四十六日六十四	五度一十八	空度二十九	空
後退	四十六日六十四	五度一十八	空度二十九	一十六
後留	二十四日			
後遲初	二十八日	二度二十一	一度六十六	空
後遲末	二十八日	四度四十一	三度三十二	一十三
後疾初	二十八日	五度五十二	四度一十五	一十八
後疾末	二十八日	六度六十	四度五十五	二十
後伏	一十六日八十	三度八十	二度八十五	二十二

木星盈縮曆

會數	損益率	盈積度	會數	損益率	縮積度
初	益一百六十三	盈空	初	益二百	縮空
一	益一百四十九	盈一度	一	益一百八十四	縮空一

二	益一百二十六	盈三度一十三	二	益一百五十九	縮三度八十五
三	益九十五	盈四度三十八	三	益一百二十七	縮五度四十五
四	益五十五	盈五度三十三	四	益八十八	縮六度七十一
五	益二十二	盈五度八十八	五	益三十八	縮七度五十七
六	損三十九	盈六度一十	六	損一十五	縮七度九十五
七	損六十五	盈五度七十一	七	損七十三	縮七度八十
八	損九十六	盈五度六	八	損一百二十六	縮七度七
九	損一百二十	盈四度一十	九	損一百六十七	縮五度八十一
十	損一百三十九	盈二度九十	十	損一百九十八	縮四度一十四
十一	損一百五十一	盈一度五十一	十一	損二百一十六	縮二度一十六

火星周率：八百二十五萬九千三百六十六、秒五十九。

周日：七百七十九、餘九千七百五十六、秒五十九。

歲差：一百三、秒五十三。

伏見度，二十。

變目	變日	變度	限度	初行率
前伏	六十九日	四十九度空	四十六度四十六	七十一
前疾初	六十一日	四十二度五十	四十一度二十三	七十一
前疾末	四十三日五十	三十度一十	二十八度五十六	七十
前次疾初	四十三日五十	二十九度三	二十七度五十二	六十八
前次疾末	四十三日五十	二十六度九十二	二十五度五十四	六十三
前遲初	四十三日五十	二十二度七十二	二十一度五十四	五十七
前遲末	四十三日五十	一十四度二十八	一十三度五十五	四十三
前留	一十三日			
前退	二十八日九十六	八度二十一	二度九十二	空
後退	二十八日九十六	八度二十一	二度九十二	二十九
後留	一十三日			

後遲初	四十三日五十	一十四度二十八	一十三度五十五	空
後遲末	四十三日五十	二十二度七十二	二十一度五十四	四十三
後次疾初	四十三日五十	二十六度九十二	二十五度五十四	五十七
後次疾末	四十三日五十	二十九度三	二十七度五十二	六十三
後疾初	四十三日五十	三十度一十	二十八度五十六	六十八
後疾末	六十一日五十	四十三度五十	四十三度二十五	七十
後伏	六十九日	四十九度空	四十六度四十六	七十一

火星盈縮曆

會數	損益率	盈積度
初	益一千一百三十五	盈空
一	益八百七十六	盈一十一度
二	益四百一十七	盈二十度十一

會數	損益率	縮積度
初	益四百一十二	縮空
一	益四百三十三	縮四度一十二
二	益四百五十五	縮八度四十五

三	益一百四十五	盈二十四度二十八	三	益四百六十七	縮十三度空
四	損二十四	盈二十五度七十三	四	益四百一	縮十七度六十七
五	損一百四十六	盈二十五度四十九	五	益三百四	縮二十一度六十八
六	損二百九十六	盈二十四度三	六	益一百五十二	縮二十四度七十二
七	損三百八十八	盈二十一度七	七	益二十六	縮二十六度廿四
八	損四百五十八	盈一十一度一十九	八	損一百五十二	縮二十六度五十
九	損四百四十五	盈一十二度六十一	九	損四百三十八	縮二十四度九十八
十	損四百二十	盈八度一十六	十	損九百	縮二十度六十
十一	損三百九十六	盈三度九十六	十一	損一千一百六十	縮一十一度六十

土星周率：四百萬三千八百七十二、秒三十九。

周日：三百七十八、餘八百五十二、秒三十九。

歲差：一百三、秒七十八。

伏見度：一十六。

變目	變日	變度	限度	初行率
前伏	一十八日三十四	二度三十四	一度四十六	一十二
前疾	二十八日	三度二十九	二度五	一十二
前次疾	二十八日	二度七十三	一度七十一	一十一
前遲	二十八日	一度六十四	一度二	八
前留	三十六日			
前退	五十日七十	三度五十八	度空一十八	空
後退	五十日七十	三度五十八	度空一十八	一十
後留	三十六日			
後遲	二十八日	一度六十四	一度二	空
後次疾	二十八日	二度七十三	一度七十一	八
後疾	二十八日	三度二十九	二度五	一十一

後伏	一十八日三十四	二度三十四	一度四十六	一十二

土星盈縮曆

會數	損益率	盈積度	會數	損益率	縮積度
初	益一百八十七	盈空	初	益一百九十一	縮空
一	益一百七十一	盈一度八十七	一	益一百七十六	縮一度九十一
二	益一百四十四	盈三度五十八	二	益一百五十二	縮三度六十八
三	益一百一十二	盈五度二	三	益一百二十	縮五度二十
四	益六十七	盈六度一十四	四	益七十九	縮六度四十
五	益二十	盈六度八十一	五	益三十一	縮七度一十九
六	損二十九	盈七度一	六	損二十一	縮七度五十
七	損七十四	盈六度七十一	七	損七十二	縮七度二十九
八	損一百一十二	盈五度九十八	八	損一百一十九	縮六度五十七

九	損一百四十三	盈四度八十六	九	損一百五十五	縮五度三十八
十	損一百六十四	盈三度四十三	十	損一百八十三	縮三度八十三
十一	損一百七十九	盈一度九十七	十一	損二百	縮二度

金星周率：六百一十八萬三千五百九十九、秒一十六。

周日：五百八十三、餘九千六百二十九、秒一十六。

歲差：一百三十、秒八十。

夕見晨伏度：一十一。

晨見夕伏度：十。

變目	變日	變度	限度	初行率
前伏合	三十八日五十	四十九度五十	四十七度六十	一度二十七
夕疾初	六十二日	七十八度四十六	七十五度四十三	一度二十七
夕疾末	三十三日五十	四十一度七十	四十度一十	一度二十五
夕次疾初	三十三日五十	四十度三十六	三十八度八十	一度二十二

夕次疾末	三十三日五十	三十七度六十七	三十六度二十二	一度一十六
夕遲初	三十三日五十	二十二度二十九	三十一度四	一度五
夕遲末	三十三日五十	二十七度五十二	二十度六十九	八十五
夕留	八日			
夕退	十日九十五	五度五十五	一度二十二	
夕伏退	五日	四度	度空八十六	七十三
再合退	五日	四度	度空八十六	八十三
晨退	十日九十五	五度五十五	一度二十一	七十三
晨留	八日			
晨遲初	三十三日五十	二十七度五十三	二十度六十九	
晨遲末	三十三日五十	三十二度二十九	三十一度四	八十五
晨次疾初	三十三日五十	三十七度六十七	三十六度二十五	一度五

晨次疾末	三十三日五十	四十度三十六	三十八度八十	一度十五
晨疾初	三十三日五十	四十一度七十	四十度一十	一度十五
晨疾末	六十二日	七十八度四十六	七十五度四十二	一度二十五
後伏	三十八日	四十九度五十	四十七度六十	一度二十五

金星盈縮曆

會數	損益率	盈積度
初	益五十二	盈空
一	益四十八	盈空五十二
二	益四十一	盈一度
三	益三十一	盈一度四十一
四	益二十一	盈一度七十二
五	益七	盈一度九十三

會數	損益率	縮積度
初	益五十二	縮空
一	益四十八	縮空五十二
二	益四十一	縮一度
三	益三十一	縮一度四十一
四	益二十一	縮一度七十二
五	益七	縮一度九十三

六	損七	盈二度	六	損七	縮二度
七	損二十一	盈一度九十三	七	損二十一	縮一度
八	損三十一	盈一度七十二	八	損三十一	縮一度七十二
九	損四十一	盈一度四十一	九	損四十一	縮一度四十一
十	損四十八	盈一度	十	損四十八	縮一度
十一	損五十二	盈空	十一	損五十二	縮五十二

水星周率：一百二十二萬七千一百七十、秒二十八。

周日：一百一十五、餘九千三百二十、秒二十八。

歲差：一百三、秒九十四。

夕見晨伏度：一十四。

晨見夕伏度：二十一。

變目	變日	變度	限度	初行率
前伏合	一十六日	三十度	二十六度八	一度九十五

夕疾	一十三日	二十一度一十五	一十八度三十八	一度七十九
夕遲	一十三日	一十四度八十五	一十二度一十六	一度四十七
夕留	三日			
夕伏退	一十二日九十四	八度六	一度三十二	
再合退	一十二日九十四	八度六	一度三十二	九十三
晨留	三日			
晨遲	一十三日	一十四度八十五	一十二度一十六	
晨疾	一十三日	二十一度一十五	一十八度三十八	一度四十七
後伏	一十六日	三十度	二十六度八	一度七十九

水星盈縮曆

會數	損益率	盈積度	會數	損益率	縮積度
初	益五十七	盈空	初	益五十七	縮空

一	益五十三	盈空五十七	一	益五十三	縮空五十七
二	益四十五	盈一度一十	二	益四十五	縮一度一十
三	益三十五	盈一度五十五	三	益三十五	縮一度五十五
四	益二十二	盈一度九十	四	益二十二	縮一度九十
五	益八	盈二度一十二	五	益八	縮二度一十二
六	損八	盈二度二十	六	損八	縮二度二十
七	損二十二	盈二度一十二	七	損二十二	縮二度一十二
八	損三十五	盈一度九十	八	損三十五	縮一度九十
九	損四十五	盈一度五十五	九	損四十五	縮一度五十五
十	損五十三	盈一度一十	十	損五十三	縮一度一十
十一	損五十七	盈空五十七	十一	損五十七	縮空五十七

推五星天正冬至後諸變中積中星：置氣積分，各以其星周率去之，不盡，覆減周率，餘滿樞法除之爲日，不滿，退除爲分，即天正冬至後平合中積；命之，積平合中星，以諸段

變日、變度累加之，即諸變中積中星。其經退行者，即其變度；累減之，即其星其變中星。

求五星諸變入曆：以其星歲差乘積年，滿周天分去之，不盡，以樞法除之爲度，不滿，退除爲分，以減其星平合中星，即平合入曆；以其星其變限度依次加之，各得其星諸變入曆度分。

求五星諸變盈縮定差：各置其星其變入曆度分，半周天以下爲在盈；以上，減去半周天，餘爲在縮。置盈縮限度及分，以五星會策除之爲會數，不盡，爲入會度及分；以其會下損益率乘之，會策除之爲分，分滿百爲度，以損益其下盈縮積度，即其星其變盈縮定差。若用立成者，以其所入會度下差而用之。其木火土三星後退、後留者，置盈縮差，各列其星盈縮極度於下，皆以上減下，餘以乘上，八十七除之，所得，木、土三因，火直用之；在盈益減損加、在縮益加損減其段盈縮差，爲後退、後留定差，因爲後遲初段定差。各須類會前留定差，觀其盈縮初末，審察降殺，皆裒多益少而用之。

求五星諸變定積：各置其星其變中積，以其變盈縮定差盈加縮減之，即其星其變定積及分；以天正冬至大餘及分加之，即其星其變定日及分；以紀法去定日，不盡，命甲子，算外，即得日辰。

求五星諸變在何月日：各置諸變定日，以其年天正經朔大餘及分減之，若冬至大餘少，加經朔大餘者，加紀法乃減之。餘以朔策及分除之爲月數，不滿，爲入月日數及分。其月數命以天正十一月，算外，卽其星其變入其月經朔日數及分。若置定積，以天正閏月及分加之，朔策除爲月數，亦得所求。

求五星諸變入何氣日：置定積，以氣策及約分除之爲氣數，不盡，爲入氣巳來日數及分。其氣數命起天正冬至，算外，卽五星諸變入其氣日及分。其定積滿歲周日及分卽去之，餘在來年天正冬至後。

求五星諸變定星：各置其變中星〔一〇〕，以其變盈縮定差盈加縮減之，其金、水二星，金以倍之，水以三之，乃可加減。卽五星諸變定星；以天正冬至加時黃道日度加而命之，卽其星其變加時定星宿次及分。五星皆以前留爲前退初日定星，後留爲後遲初日定星。

求五星諸變初日晨前夜半定星：以其星其變盈縮所入會度下盈縮積度與次度下盈縮積度相減，餘爲其度損益分；乘其變初行率，一百約之，所得，以加減其日初行率，在盈，益加損減；在縮，益減損加。爲初行積率；又置一百分，亦依其數加減之，以除初行積率，爲初日定行率；以乘其率初日約分，一百約之，順減退加其日加時定星，爲其變晨前夜半定星；加冬至時日度命之，卽所在宿次。

求諸變日度率：置後變定日，以其變定日減之，餘爲其變日率；又置後變夜半定星，以其變夜半定星及分減之，餘爲其變度率及分。

求諸變平行分：各置其變度率及分，以其變日率除之爲平行分，不滿，退除爲秒，卽各得平行度及分秒。

求諸變總差：各以其段平行分與後段平行分相減，餘爲汎差；併前段汎差，四因之，九而一，爲總差。若前段無平行分相減爲汎差者，各因後段初日行分與其段平行分相減，爲半總差；倍之，爲總差。若後段無平行分相減爲汎差者，各因前段末日行分與其段平行分相減，爲半總差〔一〕。其前後退行者，各置本段平行分，十四乘，十五除，爲總差。其金星夕退、夕伏、再合、晨退，各依順段術入之，卽得所求。

求諸段初末日行分：各半其段總差，加減其段平行分，後段行分多者，減之爲初，加之爲末；後段行分少者，加之爲初，減之爲末。卽各得其星其段初、末日行度及分秒。凡前後段平行分俱多或俱少，乃平注之；及本段總差不滿大分者，亦平注之。其退行段，各以半總差前變減之爲初，加之爲末；後變加之爲初，減之爲末。

求每日晨前夜半星行宿次：置其段總差，減其段日率一，以除之，爲日差；以日差累損益初日行分，後段行分少，日損之；後段行分多，日益之。爲每日行度及分；以每日行度及分累加其星其段初日晨前夜半宿次，命之，卽每日星行宿次。遇退行者，以每日行分累減之，卽得所求。

徑求其日宿次：置所求日，減一，日差乘之，加減初日行分，後行分少，卽減之；後行分多，卽加之。爲所求日行分；加日行分而半之，以所求日乘之，爲徑求積度；加減其星初日宿次〔三〕，命之，卽其日星行宿次。

求五星定合日定星〔四〕：以其星平合初日行分減一百分，餘以約其日太陽盈縮分爲分，分滿百爲日，不滿爲分，命爲距合差日；以盈縮分減之，爲距合差度；以差日、差度縮加盈減平合定積、定星，爲其星定合日定積、定星。其金、水二星，以一百分減初日行分，餘以除其日太陽盈縮分，爲距合差日；以盈縮分加之，爲距合差度；以差日、差度盈加縮減之。金、水二星退合者，以初日行分加一百分，以除太陽盈縮分，爲距合差日；以距合差日減盈縮分，爲距合差度；以差日、差度盈減縮加再合定積定星爲其星再合定日定積定星。其金、水二星定積，各依見伏術，先以盈縮差求其加減訖，然後以距合差日、差度加減之。

求木火土三星晨見夕伏定日：各置其星其段定積，乃加減一象度，晨見加之，夕伏減之。半周天已下自相乘，半周天已上，覆減周天度及分，餘亦自相乘，一百約爲分，以其星伏見度乘之，十五除之，爲差；乃以其段初日行分覆減一百分，餘以除其差爲日，不滿，退除爲分，所得，以加減定積，晨見加之，夕伏減之。各得晨見、夕伏定積；加天正冬至大餘及分，命甲子，算外，卽得日辰。

求金水二星夕見晨伏定日：各置其星其段定積，其定積先倍其段盈縮差，縮加盈減之，然加減一象度，夕見減之，晨伏加之。半周天已下自相乘，已上，覆減周天度，餘亦自相乘，一百約爲分，以其星伏見度乘之，十五除，爲差；乃置其段初日行分，減去一百分，餘以除其差爲日，不滿，退除爲分，所得，以加減定積，夕見加之，晨伏減之。各得夕見、晨伏定積。

求金水二星晨見夕伏定日：置其星其段定積，其定積先以一百乘其段盈縮差，乃以一百分加其日行分，以除其差，所得，盈加縮減，然加減一象度，晨見加之，夕伏減之。半周天已下自相乘，已上，覆減周天度，餘亦自相乘，一百約爲分，以其星伏見度乘之，十五除，爲差；乃置其段初日行分，如一百，以除其差爲日，不滿，退除爲分，所得，以加減定積，晨見加之，夕伏減之。各爲其星晨見、夕伏定積。

曆既成，以來年甲子歲用之，是年五月丁亥朔，日食不效，算食二分半，候之不食。詔候驗。至七年，命入內都知江德明集曆官用渾儀較測。時周琮言：「古之造曆，必使千百年間星度交食，若應繩準，今曆成而不驗，則曆法爲未密。」又有楊皞、于淵者，與琮求較驗，而皞術於木爲得，淵於金爲得，琮於月、土爲得，詔增入崇天曆，其改用率數如後：

周天分：三百八十六萬八千六百六十六、秒一十七。

周天：三百六十五度。虛分二千七百一十六、秒十七，約分二十五、秒六十一。

歲差：一百二十六、秒一十七。

木星

會數	損益率	盈積度
初	益一百五十	盈空
一	益一百三十六	盈一度五十
二	益一百一十六	盈二度八十六
三	益八十七	盈四度二
四	益五十一	盈四度八十九
五	益二十	盈五度四十
六	損三十六	盈五度六十
七	損六十	盈五度二十四
八	損八十八	盈四度六十四
九	損一百一十	盈三度七十六
十	損一百二十八	盈二度六十六

十一	損一百三十八	盈一度三十八

求諸變總差：各以其段平行分與後段平行分相減，餘爲汎差；併前段汎差，四因之，退一等，爲總差。若前段無平行分相減爲汎差者〔四〕，各因後段初日行分與其段平行分相減，爲半總差；倍之，爲總差。若後段無平行分相減爲汎差者，各因前段末日行分與其段平行分相減，爲半總差；倍之，爲總差。其前後退行者，各置本段平行分，十四乘，十五除〔五〕，爲總差。其金星夕退、夕伏、再合、晨退，各依順段術入之，即得所求。

求五星定合及見伏汎用積：其木、火、土三星，各以平合及前疾、後伏定積爲汎用積，金、水二星平合及夕見、晨伏者，置其星其段盈縮差，金以倍之，水以三之，列於上位；又置盈縮差，以其段初行率乘之，退二等，以減上位；又置初行率，減去一百分，餘以除之爲日，不滿，退除爲分，乃盈減縮加中積，爲其星其變汎用積。金、水二星再合及夕伏、晨見者，其星其段盈縮差，金星直用，水以倍之，進一位，以其段初行率加一百分以除之，所得，并盈縮差，以盈加縮減中積，爲其星其段汎用積。

求五星定合定積定星：其木、火、土三星平合者，以平合初日行分減一百分，餘以約其日太陽盈縮分爲分，滿百爲日，不滿爲分，命爲距合差日；以盈縮分減之，爲距合差度；以差日、差度縮加盈減其星平合汎用積，爲其星定合日定積定星。金、水二星平合者，以一百分減初日行分，餘以除其日太陽盈縮分，爲距合差日；以盈縮分加之，爲距合差度；以差日、差度盈加縮減平合汎用積，爲其星定合日定積定星也。金、水二星退合者，以初日行分一百分，以除太陽盈縮分，爲距合差日；以距合差日減盈縮分，爲距合差度；以差日盈減縮加再合汎用積，爲其星再合定日定積差度；盈加縮減再合汎用積，爲其星再合日定星；各加冬至大、小餘及黄道加時日躔宿次命之，卽得其日日辰及宿次。

求木火土星晨見夕伏定用積：各置其星其段汎用積，乃加減一象度，晨見加之，夕伏減之。半周天已下自相乘，已上，覆減周天度，餘亦自相乘，各二因百約之，在一百六十七已上，以一百約其日太陽盈縮分減之，不滿一百六十七者卽加之，以其星本伏見度乘之，十五除，爲差；乃置其段初日行分，覆減一百分，餘以除其差爲日，不滿，退除爲分，所得，以加減汎用積，晨見加之，夕伏減之。各得其星晨見、夕伏定用積；加天正冬至大餘，命甲子，算外，卽得日辰。

求金水二星夕見晨伏定用積：各置其星其段汎用積，乃加減一象度，夕見減之，晨伏加之。半周天已下自相乘，已上，覆減周天度，餘亦自相乘，二因百約之，滿一百六十七已上，以一百約太陽盈縮分減之，不滿一百六十七者卽加之，以其星本伏見度乘之，十五除，爲差；乃置其段初日行分，減去一百分，餘以除其差爲日，不滿，退除爲分，所得，以加減汎用積，晨見加之，夕伏減之。各得夕見、晨伏定用積；加命如前，卽得日辰。

求金水二星晨見夕伏定用積：各置其星其段汎用積，乃加減一象度，晨見加之，夕伏減之。半周天以下自相乘，已上，覆減周天度，餘亦自相乘，二因百約之，在一百六十七已上，以百約太陽盈縮分減之，不滿一百六十七者卽加之，以其星本伏見度乘之，十五除，爲差；金星者，直以一百除其差爲日，不滿，退除爲分，所得，以加減汎用積，晨見加之，夕伏減之。各爲其星晨見、夕伏定用積；加命如前，卽得日辰。

景祐元年七月，日官張奎言：「自今月朔或遇節首，勿避。」詔中書集曆官參議，而丁愼言請如舊制。有詔，卒從奎議。

校勘記

〔一〕交中日一十三餘六千四百一十八秒七百三十八半　二除交終日，得十三日、餘六千四百一十八、秒七千一百三十八半。「七」下脫「千一」二字。

〔二〕望策十四餘八千一百四秒五十　二除朔策，得十四日、餘八千一百四、秒五千。下「十」字應作「千」。

〔三〕各因前定朔夜半入交　「半」下原衍「二」字，據本條推步內容刪。

〔四〕午前以三萬一千七百七十除　「除」原作「餘」，據本條推步內容改。

〔五〕餘爲交前分　「前」原作「後」。按前限以上覆減中日，餘爲交前分，故改。

〔六〕求日食汎用分　「分」原作「法」，據本條推步內容改。

〔七〕爲交後分　原脫。按視月入陰陽曆日及餘，如後限以下，爲交後分，故補。

〔八〕交初以□百九十三除　空格處殿、局本皆作「二」字。

〔九〕餘所食分　「餘」下疑脫「乘」字。

〔一〇〕各置其變中星　「置」下疑脫「其星」二字。

〔一一〕各因前段末日行分與其段平行分相減爲半總差　句下疑脫「倍之，爲總差」五字。

〔一二〕加減其星初日宿次　「減」字原脫，據曆法常例補。

〔一三〕求五星定合日定星　據本條推步內容，「日」下疑脫「定積」二字。

〔一四〕若前段無平行分相減爲汎差者　「者」字原脫，據曆法常例補。

〔一五〕十五除　「除」字原脫，據本條推步內容補。